东北是个好地方

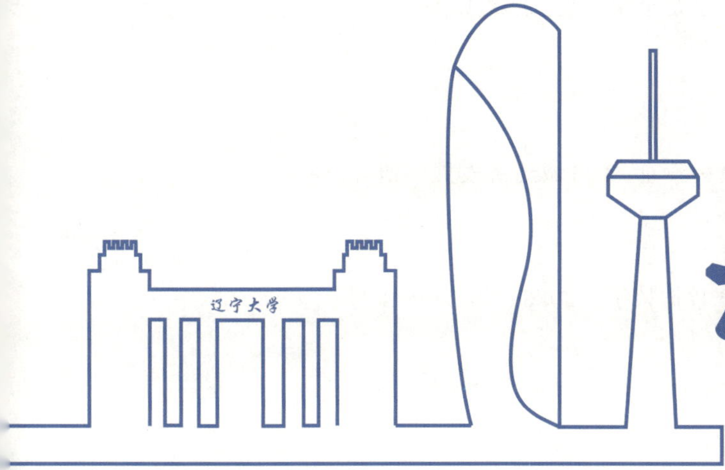

辽宁是个聚宝盆

Northeast China is a great place
Liaoning is a cornucopia

余淼杰 著

By Yu Miaojie

辽宁大学出版社 Liaoning University Press | 沈阳

图书在版编目（CIP）数据

东北是个好地方：辽宁是个聚宝盆/余森杰著. --
沈阳：辽宁大学出版社，2024.2
ISBN 978-7-5698-1504-7

Ⅰ.①东… Ⅱ.①余… Ⅲ.①区域经济发展－研究－
辽宁 Ⅳ.①F127.31

中国国家版本馆 CIP 数据核字（2023）第 245511 号

东北是个好地方：辽宁是个聚宝盆
DONGBEI SHI GE HAO DIFANG：LIAONING SHI GE JUBAOPEN

出 版 者：辽宁大学出版社有限责任公司
（地址：沈阳市皇姑区崇山中路 66 号　　邮政编码：110036）
印 刷 者：大连金华光彩色印刷有限公司
发 行 者：辽宁大学出版社有限责任公司
幅面尺寸：170mm×240mm
印　　张：25.75
字　　数：334 千字
出版时间：2024 年 2 月第 1 版
印刷时间：2024 年 2 月第 1 次印刷
责任编辑：徐振利　金　华　陈晓东
封面设计：余禹燊
责任校对：张　茜

书　　号：ISBN 978-7-5698-1504-7
定　　价：98.00 元

联系电话：024-86864613
邮购热线：024-86830665
网　　址：http://press.lnu.edu.cn

前 言

2023年是东北振兴战略实施20周年，习近平总书记在这个重要节点和关键时刻，于9月7日专程到黑龙江省进行考察，主持召开了新时代推动东北全面振兴座谈会并发表重要讲话。随后，总书记于10月27日主持召开中央政治局会议，专题研究东北振兴的战略部署，审议《关于进一步推动新时代东北全面振兴取得新突破若干政策措施的意见》，为东北地区指明了振兴发展的目标、机遇、任务和实现路径，为推进中国式现代化东北实践提供了根本遵循和行动指南。新时代新征程，东北地区新一轮振兴蓄势待发、可期可望。近年来，东北在推动振兴方面取得了新进展新成效。我们要深入贯彻落实习近平总书记的重要讲话精神，充分发挥优越的要素禀赋和产业优势，坚持“两个毫不动摇”，深刻领会国有企业和民营企业的互补共赢关系，持续巩固“国企敢闯、民企敢干、外企敢投”的生动局面。用开放续推改革，打通并发展东北海陆大通道，加快推进中日韩自贸区建设，大力推动中俄远东经济战略合作，助力辽宁成为开放的桥头堡。深化改革推动高质量发展，加快优化营商环境，加快形成国内统一大市场，化发展的潜力为振兴的实力，大力推进新型农业现代化、新型工业现代化、新型城镇化和新型信息化，奋力谱写中国式现代化辽宁新篇章。

目前，东北迎来了全面振兴的最好时机。之所以这么讲，是因为东北经济的全面振兴，正处于一个天时、地利、人和的绝好机遇，东北三省的全面振兴，特别是辽宁省的全面振兴，其时已至、其势已成、其兴可待。

先讲对“天时”的理解。9月7日习近平总书记的重要讲话，是对东北发展的纲领性方向性的引领，对东北振兴、辽宁振兴起到把航定向的重要作用。习近平总书记的重要讲话中讲到“12345”。“1”是要统筹好发展和安全的关系。“2”是要做到两个牢牢把握，把握好高质量发展这个首要任务和新发展格局这个战略任务。“3”是要做到三个结合：问题导向和目标导向的结合；锻长板和补短板的结合；挖掘内生动力和继续加大支持的相结合。“4”是指总书记在会上提出东北在四方面面临的重大机遇。“5”则是指振兴东北我们当务之急必须要完成的五项任务。可以说，总书记指出的东北振兴的“12345”就是东北全面振兴的最佳“天时”。

习近平总书记在讲话中特别强调，我们东北发展面临着四个历史性的机遇。第一个机遇，就是东北要把握好高水平科技的自立自强。东北具有科教优势和产业优势。我们要把科教优势和产业优势转化为发展的优势潜力。具体来讲，创新是第一动力，人才是第一资源，科技是第一生产力。东北三省科教底蕴深厚，仅辽宁省目前有114所高校，其中更有辽宁大学这样的国家“双一流”建设高校，所以我们应该发挥高校的人才优势，与我们的产业结合，变成我们发展的强大动力。东北一些地区的创新在全国范围也是走在前面的。目前，全国的创新强度（即创新跟GDP的比重）是2.6%，沈阳市和大连市的指标都超过3%。习近平总书记指出，实体经济是基础。因为实体经济可以避免一个经济体掉入发展的陷阱。而打好这个根基，必须靠我们的创新，所以说创新是第一原动力，方向就是必须更好地跟产业结合在一起。这是我们的第一个机遇优势。

第二个机遇就是我们有非常重要的战略地位。这个重要的战略地位使我们可以融入到双循环中，融入到新发展格局中去。新发展格局的重要内容就是发挥国内大循环以及国际双循环。如何怎样融入到国际的循环中呢？我们正在构建东北海陆大通道，特别是正在加强跟远东的经贸合作。所以说，陆上丝绸之路的重点应该是向东发展。而海上丝绸之路的重点，一方面自然是向南发展，但同时，更为主要的是也要向北发展，加强中国跟日韩之间的经贸合作，加强跟俄罗斯、蒙古国的经贸合作。如果说陆上丝绸之路向东、海上丝绸之路向北，那我们可以看到连接点就是我们东北。所以，东北海陆大通道上升为国家战略是利国利民的大战略大方向，这是我们所讲的外循环。内循环方面重点则在于畅通国内循环，把东北融入到国内统一大市场中。正如习近平总书记指出的，东北经济要更好地融入到京津冀一体化，融入到粤港澳大湾区、长江经济带，包括西部大开发。这是第二个战略机遇。

第三个机遇是要在推进中国式现代化进程中强化东北战略支撑作用。党的二十大报告指出，中国式现代化包括五个方面的内涵：一是人口规模巨大的现代化。东北的人口高质量发展，既要有量的合理增长，也要有质的有效提升。二是人与自然和谐的现代化。东北特别是辽宁目前高度重视发展绿色经济。辽宁正在打造的辽西清洁能源基地，通过风光火核储一体化来推进辽宁的生态建设。三是实现共同富裕的现代化。辽宁的城乡差距指数目前只有1.93，在全国各省中属于最低之一，是共同发展的范例。四是和平发展的现代化。东北三省目前正在大力推进东北海陆大通道建设，辽宁也正在努力打造成为东北亚开放合作枢纽地，全力推进全面开放新格局的构建，实现更大规模、更宽领域、更深层次的发展。五是物质文明和精神文明建设高度统一的现代化。在精神文明建设方面，要推进马克思主义中国化时代化，做到马克思主义与中国优秀传统文化相结合。对东北而言，除了传承中华儒家传统优秀文化以外，正如习近平总书记在“9·7”讲话中特别提到的，还有东北抗联精神、大庆精神（铁人精神）、北大荒精神，这些宝贵的精神我们都要大力弘扬。

可以说，以上这些方面就是东北全面振兴不可或缺、无可比拟的“天时”，可以小结为一句话：东北是个好地方。

从东北或者辽宁的地利上来讲，至少有三方面突出优势。第一，东北的各种投入要素禀赋特别丰富，包括耕地土地、重工业资本、人力、河流、森林、矿产、能源，再加上数据要素，相对于全国其他地方来讲，东北的比较优势都是非常明显的。事实上，东北纬度较高，常年平均气温较低，这对发展数据算力网络体系很有帮助。以辽宁省为例，北纬40度线通过辽宁省，这一黄金纬度再加上东北平原，千里沃土，2700多万亩的黑土地对发展现代化农业提供了绝好的自然环境。第二，东北完整的产业链和供应链优势。中国41个大产业门类中，辽宁有39个；全国206个中等工业门类中，辽宁有197个；全国666个工业小类中，辽宁有接近500多个，这种全产业链的比较优势，不但在全国其他地方少有，放在全球各个经济体也是稀少的。此外，东北特别是辽宁，产业集聚明显。仅辽宁一省就有22个大的产业集聚群。产业集聚可以帮助企业降低固定成本、实现规模经济。第三，东北特别是辽宁的区位优势明显。东北地区战略地位优越，地处东北亚地区的核心地带；在地缘政治紧张时期，更是历来兵家必争之地。同时，东北地区也是我国最早实现工业化的地区，铁路、公路、机场、管道等重要基础设施齐全密布。正在论证推进的东北海陆大通道更是对加强东北亚区域合作、联通国内国际双循环的战略作用显著。一句话，东北地区，特别是辽宁有这么多突出独到的地利，可以说：辽宁是个聚宝盆。

在“人和”方面，自从习近平总书记2015年视察东北，2018年在辽宁发表重要的“9·28”讲话以来，东北的政治生态和营商环境有了质的提升。特别是近年来，辽宁省委、省政府以“刮骨疗毒”“刀刃向内”的大无畏勇气，全方位无死角并持之以恒地正风肃纪，反腐倡廉。今天的辽宁，政治生态有了本质性的改善，辽宁的营商环境发生了根本性的变化，经济走出多年来最困难的时期。最近，辽宁省委、省政府更是以时不我待的历史责任感提出“大干三年、奋斗三年，打一场新时代的‘辽沈战役’”，全方位设计谋划新时代辽宁的全面振兴。近年来，东北特别是辽宁营商环境的改善也是大家有目共睹的，2023年初召开的辽宁全省4.3万余人参加的优化营商环境大会也体现了对政策的高度重视。辽宁省纪委更是号召各级机关要全力打造“用权不图好处、办事不用求人”的“亲、清”政商环境。同时，将“两个毫不动摇”和“两个健康”真正落到实处。一方面，我们要做大做强国有经济，增强国有经济的创造力、影响力、控制力、竞争力。可以看到，已经有一大批国企来辽宁投资。另一方面，我们也要毫不动摇地发展民营经济，引导民营经济。在市场准入、要素支持、法律保障、优化服务，改善环境五方面发力。可以说，东北特别是辽宁迎来了民营经济的春天。最具体的一个体现就是各类人才，特别是专业高端人才和企业家，都选择凤栖东北，到东北创业发展，投入到振兴东北的洪流中来。不同于以前“孔雀东南飞”，现在的态势是

“孔雀东北飞”“凤凰栖辽沈”！

为了更好地落实习近平总书记关于东北全面振兴的“9·7”重要讲话精神，辽宁省第一时间提出要打造辽宁发展的“新六地”，就是要把辽宁打造成为国家重大战略支撑地、重大技术创新策源地、具有国际竞争力的先进制造业新高地、现代化大农业发展先行地、高品质文体旅融合发展示范地和东北亚开放合作枢纽地。如果说，传统的辽宁“红色六地”定位——雷锋精神发祥地、共和国工业奠基地、解放战争转折地、抗美援朝出征地、新中国国歌素材地和抗日战争起始地——是历史选择辽宁的话，那么辽宁省委、省政府提出的打造辽宁“新六地”就是辽宁选择了未来，选择了一条实现东北全面振兴、谱写中国式现代化东北新篇章的康庄大道。

总之，今日东北大地、辽沈大地日新月异，全面振兴其时已至，其势已成，其兴可待。

朋友们，有空的话来东北看看，相信我，您也会同我一样喜欢上这片热土，跟我一样感叹：东北是个好地方！

目录
CONTENT

地利：辽宁是个聚宝盆

人和：孔雀东北飞

东北是个好地方

安全是发展的前提，发展是安全的保证。东北的全面振兴必须要有安全的保证。党中央对东北的安全高度重视。习近平总书记在2018年视察东北时在沈阳发表的『9·28』讲话中更明确提出东北的『五大安全』任务，即维护国家粮食安全、能源安全、生态安全、产业安全和国防安全。2023年的中央经济工作会议在强调安全和发展的辩证关系时，富有创造性地指出必须做到『以进促稳』。本章着重谈谈对『五大安全』及发展和安全关系的理解。

第一章 一个统筹：发展与安全

安全是发展的前提，发展是安全的保证。东北的全面振兴必须要有安全的保证。党中央对东北的安全高度重视。习近平总书记在2018年视察东北时在沈阳发表的“9·28”讲话中更明确提出东北的“五大安全”任务，即维护国家粮食安全、能源安全、生态安全、产业安全和国防安全。2023年的中央经济工作会议在强调安全和发展的辩证关系时，富有创造性地指出必须做到“以进促稳”。本章着重谈谈对“五大安全”及发展和安全关系的理解。

第一节 发展是硬道理

发展是安全的保证，安全是发展的前提。2023年的中央经济工作会议特别强调，要坚持“稳中求进、以进促稳、先立后破”。以进促稳，指只有在发展中才能解决问题，只有高质量的发展才能保证高水平的安全。先立后破，之前一般是指绿色发展理念，今年不仅包含了绿色发展理念，也包括了新发展理念的其他方方面面。个人以为，除了绿色发展理念我们要毫不动摇地坚持“先立后破”这个指导方针以外，在贯彻“创新”和“开放”这两个发展理念时一样也需要坚持“先立后破”这个指导方针。“创新”的“先立后破”重在提升基础研究占研发的比重，要从现在的6.6%提高到“十四五”结束时的7%。“开放”的“先立后破”则重在实现出口目的地的多元化，扩大进口的规模化，实现服务贸易扩总量、调结构、树特色，推动中国企业走出去、走进去、走上去，推进陆上丝绸之路向东、海上丝绸之路向北发展，深入推进我国区域经贸合作。这些相关内容我们在本书的其他章节再展开讨论。

第二节　粮食安全

粮食安全关乎民生国本。东北三省既是粮食生产大省，也是粮食中转大省，在保障粮食安全方面责任重大。东北只有以打造粮食产业枢纽为抓手，探索“粮食流通枢纽+”，打造粮食高标准生产示范省、食品大省、农业科技强省，方能服务全国粮食安全保障大局，支持东北全面振兴战略，形成高质量发展的新突破口。以下以辽宁为例，着重讨论东北在保障粮食安全中的战略定位和比较优势。

一、战略定位

粮食安全事关经济发展、社会稳定、政治安全，是实现国家安全的重要基础。党的十八大以来，以习近平同志为核心的党中央立足世情国情粮情，确立了“以我为主、立足国内、确保产能、适度进口、科技支撑”的国家粮食安全战略，提出了“谷物基本自给、口粮绝对安全”的新粮食安全观。

落实国家粮食安全战略，首先要实现国内粮食稳产保供。近年来疫情、极端天气、俄乌冲突等因素为全球粮食生产带来了不确定性。国际农产品供应链受到各国产量变动和地缘政治因素的多重影响，存在较大不稳定性。因此，我国粮食安全必须立足国内，以国内粮食稳产保供的稳定性来应对外部环境的不确定性。

东北三省是我国粮食主产区，是我国粮食安全的压舱石。近年来，东北三省粮食产量占全国的五分之一以上，商品粮量约占四分之一，粮食调出量约占三分之一，对全国粮食增产贡献率超过50%。东北三省一年粮食产量可供全国人民食用半年。要确保全国粮食产量保持在1.3万亿斤以上，必须确保东北三省粮食供应稳定。近年来我国大豆进口规模较大，对外依存度较高，属于粮食安全中的薄弱环节。东北三省一区是我国大豆最重要的主产区，近年来大豆播种面积约占全国大豆播种面积的六成。深入推进大豆产能提升工程离不开东北地区的扩种增产。

支持辽宁成为我国粮食流通枢纽，有利于强化粮食产业链安全。作为东北地区出关入海的门户，辽宁具有独特的区位优势、扎实的工业基础、完备的物流体系、丰富的人才积累，有潜力成长为集粮食产、销、储、运、加、研于一体的粮食流通枢纽。目前，辽宁已是我国粮食流通中转量最大的省份。辽宁若能整合资源，进一步提升粮食流通体系支持能力，破除粮食流通环节中的制约因素，将进一步畅通国内大循环、增强粮食供应链韧性、服务我国粮食安全大局。

二、比较优势

保障国家粮食流通顺畅是辽宁为我国粮食安全作出的特有贡献。粮食安全不能只看账面上的供需平衡，还要考虑空间上的产需格局。

随着我国粮食生产重心北移，人口重心南移，粮食产需出现空间错配。北粮南运成为我国粮食产需格局的主要特征。辽宁位于东北地区出关入海的主通道，是东北三省及内蒙古东部地区粮食接入消费市场的必经之路。辽宁的粮食流通储运加工能力关乎中国四分之一粮食产量的调配。虽然符拉迪沃斯托克（海参崴）等地未来或承担部分粮食南北运输功能，但辽宁的运输量和稳定性不可替代。若要推动新发展格局，实现区域协调发展，提高辽宁粮食流通储运加工能力势在必行。

建设国家粮食流通枢纽充分发挥了辽宁的比较优势。辽宁具有得天独厚的自然条件和充分的产业条件，集农业资源、工业基础、物流体系、技术支撑于一身，有能力建设好国家粮食流通枢纽。

区位优势：辽宁地处东北亚经济圈和环渤海经济圈关键地带，具备融入新发展格局的区位优势和打造粮食流通枢纽的有利条件。作为东北地区唯一的入海口和连接东北与京津冀地区的桥梁，辽宁是北粮南运的天然通道，紧密衔接北方粮食生产重心与南方人口重心。随着中俄粮食陆路走廊的加快建设，辽宁对接东北亚经济圈的潜能进一步释放，打造粮食流通枢纽的条件日趋成熟。

交通优势：辽宁立体交通运输网络四通八达，区域内拥有两个国际性交通枢纽城市（沈阳、大连）和一个全国性交通枢纽城市（营口），已形成以港口为核心，贯穿东北腹地的集疏运体系。近年来，辽宁依托东北海陆大通道建设，围绕粮食运输全方位多举措优化运输结构，大力推进多式联运基础设施“硬联通”与规则标准“软联通”，重点优化海铁联运通道与铁路大通道的粮食发运能力。

产业优势：发展粮食流通枢纽需要农业资源与工业基础的有机结合。辽宁是工业大省，也是农业大省。辽宁是我国13个粮食主产省之一，是全国畜牧业、渔业、优质水果等优质特色农产品重点产区和重要出口基地，还是我国“菜篮子工程”的北起点。辽宁粮食单位产量常年超全国平均水平，在粮食主产区中排名前三。2022年辽宁用占全国3.0%的播种面积生产了全国3.6%的粮食，相当于节约了1081万亩耕地资源。同时，辽宁工业门类齐全，钢铁冶金、装备制造、石油化工等优势产业居全国领先水平，能有效支撑农产品生产运输加工行业发展。辽宁还具有东北地区最丰富的金融资源和唯一一家商品交易所——大连商品交易所，能充分利用国际期货市场服务农业农村发展。

禀赋优势：辽宁是粮食生产的重要基地。辽宁最核心的中部辽河平原，地势平坦，土壤肥沃，水源充足，拥有面积可观的黑土地。而且辽宁的轻重工业体系较为完备，对于农业的反哺能力也相对较强。因此，辽宁的粮食作物不仅规模大，而且质量好，辽宁是我国商品粮基地之一，也是我国农业机械化水平较高的省份。

地理优势：辽宁地处北纬38°到43°黄金农业纬度的松辽平原，雨热同季，日照丰富，四季分明，适宜水稻等粮食作物生长。区域内近三成土地为耕地，黑土地约2800万亩，为建设现代化高标准农田提供了有力保障。辽宁还是我国唯一的既沿海、沿江又沿边的省份，海岸线长、冷暖流交织，为发展渔业生产提供了十分有利的条件。

科研优势：辽宁农业技术底蕴深厚，形成了产学研一体化的科研生态。辽宁拥有以沈阳农业大学为代表的18家涉农高校和省农科院等9家科研院所。在农业科研人才方面，辽宁拥有3名院士、4名长江学者和一批杰出青年基金获得者。在科研平台方面，辽宁拥有玉米生物育种国家重点实验室、国家海洋食品工程技术研究中心等2个国家级平台，均处于国内相关领域领先水平。

第三节　产业安全

产业安全是指在全球产业分工中，一国产业链在受到外部冲击后仍能保持各个环节畅通。东北在保障国家的产业安全方面发挥着不可替代的作用，以下以辽宁为例，着重讨论东北在保障产业安全中的战略定位和比较优势。

一、战略定位

辽宁是中国最重要的工业基地，在维护国家产业安全和促进产业高质量发展上具有独特战略地位。

第一，辽宁产业结构与全国平均产业结构相似。2022年，辽宁地区生产总值28975.1亿元，在东北三省中居于首位。从产业结构来看，第一产业增加值2597.6亿元，比重为9%；第二产业增加值11755.8亿元，比重为40.5%；第三产业增加值14621.7亿元，比重为50.5%。同期全国第一产业比重为7.3%，第二产业比重为39.9%，第三产业比重为52.8%，与辽宁产业结构较为相似。因此，辽宁经济活动覆盖了全国范围内的主要行业，是中国经济的典型代表。促进辽宁产业安全与高质量发展，将为全国其他地区产业转型升级起到示范先导作用。

第二，辽宁工业基础扎实，具有全产业链竞争优势。辽宁工业体系完备，在国家发布的41个工业大类中拥有40个、207个工业中类拥有197个、666个工业小类拥有500多个。辽宁的工业体系代表了中国工业的现状和发展趋势。完整产业链带来规模配套优势，可大大降低企业要素供给成本，提高生产效率，增强竞争力。因此，辽宁工业的振兴发展可以彰显中国工业体系的竞争优势，对于中国参与全球产业竞争具有战略意义。

第三，辽宁矿产资源丰富，对产业安全起到支撑作用。辽宁菱镁矿储量分别占全国储量和世界储量的85.6%和25%左右，硼矿、铁矿、金刚石矿储量居全国首位，滑石矿、玉石矿储量居全国第二位，石油储量居全国第四位。辽宁矿产地集中，便于规模开发。菱镁矿、滑石矿主要分布在鞍山、营口、辽阳地区，硼矿主要分布在丹东、营口地区，铁矿主要分布在鞍山、本溪、辽阳地区，金刚石矿分布在大连，石油、天然气集中在盘锦、沈阳。矿产资源配套性好，钢铁工业所需的主元素矿产和辅助原料矿产、能源矿产基本配套齐全。辽宁重化工业在全国具有重要地位，装备制造、石油化工、钢铁冶金等优势产业具备国际竞争力，为维护国家产业安全、促进产业高质量发展提供了战略基础。

第四，辽宁城镇化率居于全国前列，产业人才储备丰富。2022年辽宁常住人口城镇化率超过73%，高于同期全国65.22%的平均水平，位列东北三省第一，全国排名第七。辽宁城镇化和工业化水平基本均衡，工业化建设为城镇化发展创造了条件，城镇化发展为工业化建设培养了人才。辽宁人口受教育程度高于全国平均水平，第七次全国人口普查数据显示：辽宁每10万人中有18216人具有大学文化程度，排名全国第七；15岁以上人口平均受教育年限为10.34年，位居全国第六，是名副其实的人才大省。因此，辽宁较高的城镇化率和丰富的人才储备为产业振兴发展提供了宝贵的人力资源和智力支撑。

二、比较优势

辽宁的工业实力是中国应急应战能力的集中体现。现代战争对于给养和资源的需求非常大，所以“就近补给”显得越发关键。毕竟，在冲突的初期就迅速做出足够反应，比问题严重后再亡羊补牢式地大量投放资源，显然要有效得多，也重要得多。辽宁地区以重工业为主的工业基础，是保卫东北乃至中国的物质基础，是中国重要的战略支撑，是中国综合国力，特别是战争潜力的重要指标。东北地区的安全关系着中国的全局稳定，鉴于东北地区的地理特点，党中央关于振兴东北地区老工业基地的具体部署，对于平衡来自美国“重返亚太”战略的压力便有着极其深远的意义。

产业安全意味着关键生产环节自主可控。通过掌握产业链关键环节或重点领域核心技术，能够防止在零件或技术等方面出现“卡脖子”问题；通过在战略支柱产业上打造核心竞争力，能够维护自身全球产业链分工地位。东北要发挥好产业安全的作用是指东北要保证国家的产业链、供应链的稳定安全，其目标在于改变我国产业链整体上处于中低端、大而不强、宽而不深的现状。

习近平总书记在《国家中长期经济社会发展战略若干重大问题》中强调：“产业链、供应链在关键时刻不能掉链子，这是大国经济必须具备的重要特征。”所以，产业安全是我国经济高质量发展的重要支柱。在国家产业布局中，辽宁具备极为独特的战略地位，相比于其他省份，其制造业的发展既有显著的比较优势，又在全国具有战略指导意义。在辽宁的产业发展中，应从贸易、创新、质量、“三篇大文章”、数字化和产业集聚方面继续推进。特别地，辽宁的产业安全要真正做到练长板，确保高铁、新能源等产业在国际上的领先地位；同时也要注意补短板，解决好国产化产品不愿用、不敢用、不好用问题，解决好基础研究“最先一公里”缺失和成果转化、市场应用“最后一公里”断链的问题。

第四节　生态安全

生态安全是指一国生态环境确保国民身体健康、为国家经济提供良好的支撑和保障能力的状态。习近平总书记强调：生态环境是关系党的使命宗旨的重大政治问题，也是关系民生的重大社会问题。生态安全是贯彻新发展理念、推动经济社会高质量发展的必然要求，也是人民群众追求高品质生活的共识和呼声。辽宁坚决维护生态安全，打赢蓝天、碧水、净土保卫战，做全国保护生态环境的排头兵。以下以辽宁为例，着重讨论东北在保障生态安全中的战略定位和比较优势。

一、战略定位

辽宁的大气生态安全是北京的“蓝天”的重要屏障。辽宁位于北京的东北部，辽宁的大气生态安全对于整个中国北部的“蓝天保卫战”有积极意义。辽西北防风治沙对防治北京及周边地区的沙尘天气能作出重要贡献。辽西北的固沙造林可以抑制土地沙土化，提高重点地区的森林覆盖率，抑制中国北方沙尘天气的源头。

辽宁的核安全就是北京乃至整个中国北方的核安全。目前，辽宁省正在运行的是红沿河核电站，徐大堡核电站和庄河核电站也正在建设中，未来也可能会规划更多的核电站以及反应堆。从地理距离上看，辽宁的核电站距北京直线距离600~700公里，所以辽宁的核安全责任重大且艰巨。

二、比较优势

辽宁有丰富的重工业生态治理经验，不断推进重点行业减污降碳。近年来，辽宁省已督促推进重点钢铁企业完成214项超低排放改造工程。截至“十三五”末期，全省基本完成燃煤机组超低排放改造，涉及装机容量32906兆瓦；采取超标淘汰、清洁替代、深度治理等方式，整治工业炉窑5101台。

辽宁在辽河流域生态修复和保护方面取得重大成果。辽宁的母亲河辽河流域水质持续向好，首次进入全国七大流域前三名；辽河干流发现鱼类51种、鸟类118种、植物400种，来辽河口栖息的斑海豹逐年增加，河流完整性、生物多样性持续恢复。

进入新时代以来，辽宁在保护国家生态安全方面做了大量工作，特别是在扎实推进蓝天工程、大力实施清洁取暖改造、坚持“碧水保卫战”、坚持实施新碧海行动计划、防止科尔沁沙地南侵、绿色矿山治理以及全面加强核电安全管理方面做了大量的工作。

辽宁扎实推进蓝天工程。辽宁通过加强PM2.5污染防治，强化细颗粒物和臭氧协同控制。2022年，辽宁省6项大气主要污染物年均浓度均达到国家二级标准，PM2.5年均浓度为31微克/立方米，同比降低11.4%；优良天数比率为90%，同比上升2.1个百分点。辽宁推进工业炉窑治理和非电行业超低排放改造，大力推进挥发性有机物和氮氧化物减排，带动多污染物、多污染源协同控制；逐步建立城市大气污染来源解析和污染源清单等业务化机制；采取措施降低细颗粒物平均浓度，基本消除重污染天气。

辽宁大力实施清洁取暖改造，成效显著。截至“十三五”末期，全省累计拆除燃煤锅炉2.1万台，提标改造燃煤锅炉1427台，达到特别排放限值，完成散煤替代200余万吨。沈阳、营口、阜新、盘锦四市纳入中央财政冬季清洁取暖支持范围，有序推进供暖领域减污降碳。

辽宁坚持“碧水保卫战”。辽宁坚持精准治污、科学治污、依法治污，以工业、生活、农业“三源齐控”为主线，统筹实施溯源控污、截污纳管、面源管理、生态修复，使全省水生态环境质量持续改善。2022年，辽宁省地表水水质状况良好，优良水体比例为88.7%，同比上升5.4个百分点。

辽宁坚持实施新碧海行动计划。辽宁重点整治辽东湾、锦州湾、大连湾等海湾污染。2022年，辽宁省优良（一、二类）水质海域面积占辖区海域面积的85.7%。辽宁省规范入海排污口设置，在沿海地区开展入海排污口清理整顿工作。辽宁大力实施渤海、黄海海域海洋生态红线制度，将重要、敏感、脆弱等海洋生态系统纳入海洋生态红线区管控范围并实施强制保护和严格管控。“十三五”时期，辽宁恢复滨海湿地翅碱蓬3300亩；修复海洋岸线64公里、滨海湿地6424公顷，海洋生态修复项目历史遗留问题全部清零。

防止科尔沁沙地的南侵是辽宁重点的生态工程项目。2022年，辽宁省完成营造林158万亩，完成草原生态修复治理83.4万亩，完成水土流失治理300万亩。辽西北的固沙造林不但可以抑制土地沙土化，提高重点地区的森林覆盖率，抑制中国北方沙尘天气的源头，而且可以发挥森林的碳中和效应，抵消辽宁省其他工业活动带来的碳排放量。

辽宁的绿色矿山治理对于全国的矿山治理起表率作用。辽宁加强生产矿山地质环境保护与恢复治理，推进尾矿治理，加大废弃矿山治理修复力度，科学推进阜新海州露天矿、新邱露天矿和抚顺西露天矿等矿坑综合治理。“十三五”时期，辽宁省治理历史遗留矿山面积3362公顷，治理生产矿山面积3656公顷。2021年，辽宁省新建省级绿色矿山26座。

辽宁还全面加强核电安全管理。辽宁实行最严格的安全标准和最严格的监管，始终把“安全第一、质量第一”的方针贯穿于核电建设、运行的各个环节，持续提升载运在建机组安全水平，确保万无一失。

第五节　能源安全

能源安全是关系国家经济社会发展的全局性、战略性问题，是新发展格局的重要保障。习近平总书记作出了“能源的饭碗必须端在自己手里”重要指示。能源安全问题包含两个方面。一方面，指物质安全，即能源资产、基础设施、供应链和贸易路线的安全，以及紧急情况下必要和迅速的能源资产、基础设施、供应链和贸易路线的替代。另一方面，指在应对气候变化和环境安全的约束情况下，提供充足和及时的能源供应，即加快新能源的发展以确保在传统化石能源受到环境约束的情况下的能源供应。

东北三省特别是辽宁省作为中国老工业基地和重要能源生产冶炼基地，要将传统能源与新能源并重发展，加快节能减排的步伐，维护好国家的能源安全。东北三省特别是辽宁省要发挥好保障国家能源安全的重任，必须将“四个革命”“一个合作”五位一体齐头推进。首先，要做到消费革命，遏制不合理能源消费、引导绿色消费理念，形成能源节约型社会；要推动能源消费总量和能耗强度“双控”向碳排放总量和碳排放强度“双控”转变。其次，要做好能源供给革命，全面推进“风光火核储”多类能源供给。再次，要推动能源技术革命，带动产业升级。最后，要推进能源体制革命，做到上游油气资源多主体多渠道供应、中间统一管网高效集输、下游销售市场充分竞争的油气市场体系，全方位加强国际合作。以下以辽宁为例，着重讨论东北在保障能源安全方面的战略定位和比较优势。

一、战略定位

辽宁是中国重要的能源生产基地，能源综合生产能力保持稳定。2022年全省煤炭产量为3158万吨，原油开采量为984.1万吨，天然气产量为8.4亿立方米，发电量为2119.7亿千瓦时。

辽宁的全产业链保障中国能源产业链。辽宁工业体系完备，在国家发布的41个工业大类中拥有40个、207个工业中类拥有197个、666个工业小类拥有500多个。能源矿产开发基本配套齐全。能源行业配套的运输、化工等产业链条完整。

辽宁积极发展新能源，做新能源产业基地。2020年，全省非化石能源装机规模达到2178万千瓦，占发电总装机比重由2015年的29.5%提高至36.9%，提前超额完成“十三五”规划目标。其中风电装机规模达到981万千瓦，是2015年的1.5倍；光伏装机规模达到400万千瓦，是2015年的25倍，实现跨越式增长。

二、比较优势

辽宁发挥其海陆大通道的交通枢纽作用，确保中国传统能源供应链安全。2022年，辽宁发挥其东北海陆大通道的交通区位优势，显著增强能源储运能力。内蒙古东部地区至辽宁铁路煤炭运输能力提升至2.5亿吨。原油港口海运接卸和管道输送能力分别达到6500万吨/年和5500万吨/年。天然气通过LNG接收站、管道系统调入保障能力进一步提升。220千伏及以上输电线路长度突破2.5万公里，变电容量接近1.2亿千伏安，传统能源优化配置能力大幅提升。

辽宁发挥其石化工业的比较优势，保障传统能源产业链安全。石化工业是传统能源产业链上不可或缺的环节。辽宁是中国石化工业的“摇篮”，经过几十年的发展，建立了生产、销售、管道、物流、科研等较为完备的产业体系。辽宁原油加工能力1.46亿吨，位列全国第二位，千万吨级以上炼油企业6家，大连长兴岛（西中岛）石化产业基地为国家七大石化产业基地之一，盘锦辽东湾新区石化及精细化工产业园区为国家新型工业化产业示范基地。辽宁在环氧乙烷深加工、催化剂、特种气体等领域已形成较强的产业规模优势，涌现出一批细分领域的科技型领军企业。

第六节　国防安全

国无防不立，民无防不安。在“五大安全”中，国防安全关系国家存亡和民族兴衰，是定国安邦的基石。维护国防安全是全国各族人民根本利益所在。在推动新时代东北振兴和推进中国式现代化的过程中，除了需要完善东北地区的新发展格局，更需要牢牢守住安全这条底线，防范化解东北地区在国防安全上的风险隐患，打造与之相适应的新安全格局。辽宁是筑牢国防安全至关重要的北方屏障，是保障国家国防安全的中流砥柱。辽宁只有发挥军工比较优势，实现军民深度融合，方能扛起维护国防安全重大政治责任，为建设更高水平的平安中国贡献“长子”力量。以下以辽宁为例，着重讨论东北在维护国防安全中的战略定位和比较优势。

一、战略定位

辽宁的地理位置决定了辽宁是巩固国防的军事要地。事实上，辽宁历来是兵家必争之地，可以说辽宁是东北亚地区的核心地带，同时也是拱卫京津的海防要塞。

辽宁是东北亚地区的核心地带。辽宁位于东北地区的南部，把握着唐山—锦州走廊，是保卫华北腹心地区的战略“锁钥”。辽宁有作为东西南北两大交通动脉的南满路、北宁路贯穿省内，是沟通东北与关内的重要通道，也是东北地区通向世界、连接欧亚大陆桥的重要门户和前沿地带。辽宁是全国仅有的两个海、陆、空港出入境口岸俱全的省份之一，毫不夸张地说，连接关内、关外、朝鲜半岛和蒙古高原的辽宁是整个东北亚地区的心脏地带。辽宁的东部主要是以山地丘陵区为主的林区，易守难攻，战略意义重大。

辽宁是拱卫京津的海防要塞。辽宁的另一大优势是拥有属于自己的漫长海岸线和辽东半岛。辽东半岛与山东半岛隔海相望，是拱卫京畿的一个天然的军事屏障，从这里进入渤海湾后可直取北京，所以作为海防要地，其军事地位极其重要。元、明、清三代建都北京，无不在重点建设辽东半岛、山东半岛，以成掎角之势而拱卫京津。新中国成立后，北海舰队司令部定点山东半岛之青岛，而辽东半岛的大连一直是北海舰队的重要基地。事实上，辽宁在历史上始终是东北地区军政的统治中心。

二、比较优势

辽宁经济的高质量发展已成为“六方会谈”的重要谈判筹码。经济因素已是各国安全战略的首要问题。冷战时期，各国一直视军事安全为第一需要。冷战结束后，以往在国际关系中起决定性作用的军事因素在各国安全战略中的地位日趋下降，而经济因素走出国际关系的幕后，成为直接制约各国安全的重要力量。东北亚历来是大国盘根错节的利益交汇点，东北亚各国经济的发展必然要受到各大国政策和利益调整的影响及制约。在东北亚区域经济合作比较落后的情况下，欧盟与北美都企图把自己的经济联盟扩展到亚洲各国，中、日、俄、韩都是被争取的对象。

“六方会谈”是我国主导区域经济的关键契机。围绕朝核问题开展的“六方会谈”对东北亚地区的经济合作与未来发展的走向有着极其重要的影响。东北亚各国，不论是已经建立完全市场经济的国家还是没有建立或正在完善市场经济的国家，基本上都可归类于政府主导型的经济体制，经济发展的主要推动力都源于政府由上至下的引导。由于各国政府在推动经济发展中的作用，东北亚经济合作的模式与深入程度必然是各国政府在力量博弈后的结果。而“六方会谈”给我国在地区事务中发挥核心作用提供了平台与契机。我国可借“六方会谈”使自己成为东北亚地区政治稳定的核心、经济安全的核心，并成为区域经济合作中的主导力量。中国应以“六方会谈”的协调机制为制度基础，争取建立以中国为协调人的地区安全合作组织，确立以中国为主导的东北亚区域经济合作模式，确保政治安全下的经济安全，在新一轮地区经济发展中掌握主动权。

辽宁振兴才能提高我国在“六方会谈”中的话语权。只有辽宁的经济得以迅速发展，产业结构明显提升，使东北真正建成重装备业中心和重化工业中心，中国才可以担当起东北亚地区自由贸易的主导，中国的东北亚发展战略才能最终确立，中国才能在东北亚地区发展战略的确定中改变自己长期以来规则服从者的地位，成为规则的制定者。若辽宁的经济没有得到充分发展，则振兴东北老工业基地就会成为无根之木、无源之水，在当前中、日、韩合作仍以垂直分工为主的前提下，我国也将很难成为促成东北亚区域经济一体化的第一动力和主导因素。

第二章
两个把握：高质量发展和新发展格局

第一节　把握高质量发展的首要任务

习近平总书记在视察东北的“9·7”讲话中明确指出，东北要牢牢把握高质量发展这个首要任务和构建新发展格局这个战略任务。党的十八大以来，中国经济进入新发展阶段。在新发展阶段，中国的经济发展如同其他国家一样也面临两个挑战，即人口老龄化与逆全球化势力抬头。通过积极应对挑战，中国经济已成功由高速发展转为高质量发展。如何理解高质量发展呢？正如《习近平经济思想学习纲要》中指出的，理解高质量发展可以从供给、需求等不同方面理解。从供给看，高质量发展要求实现完整的产业体系、网络化智能化的生产组织方式。从需求看，高质量发展要求产品和服务必须能满足人民日益增长的差异化、个性化需求。从投入产出看，高质量发展要求产出投入比高，全要素生产率不断提升。从分配看，高质量发展要求按要素的边际贡献确定要素价格，充分反映各要素对市场的贡献。从宏观经济看，高质量发展要求三大产业协同发展，生产、流通、消费、分配循环畅通，国家经济重大比例关系和空间布局比较合理。

2017年，习近平总书记在中央经济工作会议上强调："从供给看，高质量发展应该实现产业体系比较完整，生产组织方式网络化智能化，创新力、需求捕捉力、品牌影响力、核心竞争力强，产品和服务质量高。从需求看，高质量发展应该不断满足人民群众个性化、多样化、不断升级的需求，这种需求又引领供给体系和结构的变化，供给变革又不断催生新的需求。从投入产出看，高质量发展应该不断提高劳动效率、资本效率、土地效率、资源效率、环境效率，不断提升科技进步贡献率，不断提高全要素生产率。从分配看，高质量发展应该实现投资有回报、企业有利润、员工有收入、政府有税收，并且充分反映各自按市场评价的贡献。从宏观经济循环看，高质量发展应该实现生产、流通、分配、消费循环通畅，国民经济重大比例关系和空间布局比较合理，经济发展比较平稳，不出现大的起落。"

结合习近平总书记重要讲话精神，笔者以为东北地区具体到辽宁的高质量发展的内涵可以从产品质量提高、产品附加值明显增加、劳动生产率持续提升、全产业链特色明显、产业集聚优势突出以及产业分工比例协调六个方面进行诠释。

一、产品质量提高

据余淼杰和张睿（2017）核算，若是依据单价、市场份额和边际成本来衡量工业产品的平均出口质量，并将东北地区2000年时的产品质量标准化为1，那么东北地区的产品平均出口质量到2013年时提升了37%，达到1.374（见图2-1）。若将辽宁2000年时的产品质量标准化为1，则辽宁的产品平均出口质量到2013年时提升了40%，达到了1.401（见图2-2）。而在同一时间段内，中国的产品平均出口质量则提升了30%。总体上看，东北地区的产品质量提升在全国处于领跑地位。

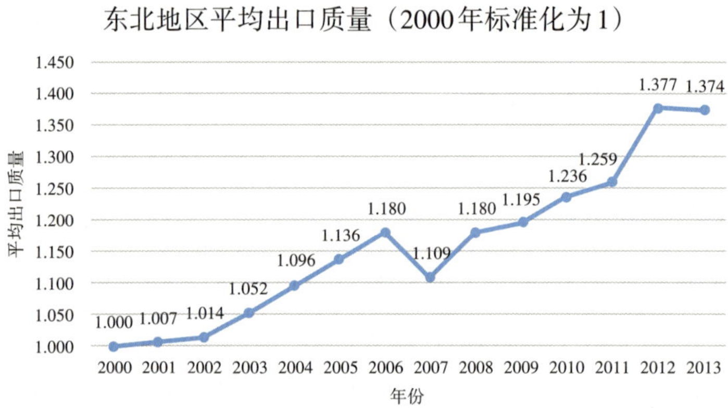

图2-1　2000—2013年东北地区平均出口质量

资料来源：余淼杰和张睿（2017）。

图2-2　2000—2013年辽宁省平均出口质量

资料来源：余淼杰和张睿（2017）。

与此同时，东北地区涌现出一批中小企业，它们立足本地的资源禀赋和优势产业，坚持走“专精特新”的发展道路，逐渐崛起为“小巨人”企业。这些企业以技术创新为核心，持续致力于产品和服务的创新。通过在研发、生产和服务等方面的专业化和精细化经营，不断推动产品质量的全面提升。这些企业主打生产具有地域特色或独特功能的产品，以及拥有自主知识产权的高新技术产品，从而带动整个行业质量标准的提高。例如，辽宁孔雀表业（集团）有限公司凭借300多个种类的机芯产品和60多项专利技术，荣获国家级专精特新“小巨人”企业的殊荣。丹东奥龙射线仪器集团有限公司成功研制出液化天然气瓶专用数字成像检测系统、液化天然气瓶专用全自动智能式成像检测系统、储罐专用平板成像检测系统等高端设备，如今其产品占据国内射线市场份额的三分之一。吉林作为新中国汽车工业的发源地，是新中国汽车工业“长子”一汽公司的总部所在地。多年来，汽车工业的增加值占吉林省工业总产值的四分之一以上，利润更是占全省工业利润的一半以上，汽车销售量更是占据国内市场份额的10%以上，为吉林省的经济发展作出巨大贡献。吉林在汽车产业上的长期耕耘为“小巨人”企业在汽车制造业领域的茁壮成长打下了坚实的产业基础，推动了中国汽车制造质量的全面提升。（见表2-1）

表2-1　东北三省“小巨人”企业集聚数量前三的行业大类

省份	第一行业大类	第二行业大类	第三行业大类
辽宁	专用设备制造业（29）	电气机械和器材制造业（26）	研究和试验发展（26）
吉林	汽车制造业（12）	专用设备制造业（7）	研究和试验发展（6）
黑龙江	专用设备制造业（7）	专业技术服务业（6）	通用设备制造业（6）

注：已删去缺失行业大类信息的企业样本。括号中为该行业大类中的“小巨人”企业数量。

资料来源：工信部公布的四批“小巨人”企业名单及工商注册数据。

在质量管理的道路上，品牌代表着卓越的质量，抓好品牌建设是谋求企业高质量发展的重要一环。在升级改造“老字号”、深度挖掘“原字号”、培育发展“新字号”这“三篇大文章”中，品牌建设是工作的重点。辽宁是东北三省品牌建设的典范。在农业领域，辽宁拥有8个被农业部认定的中国特色农产品优势区。截至2021年底，辽宁地区拥有89种国家地理标志保护产品，139件地理标志商标，98种农产品地理标志登记产品。盘锦大米等10个地理标志产品成功入选“中欧地理标志保护与合作协定清单”。在装备制造业领域，辽宁形成了一系列名牌产品，如X60植保无人直升机、静压植桩机、黄海牌大客车、CR-211型铁白粉、智能交互电液耦合系统、土压平衡盾构机等。此外，辽宁还培育了165家省级及以上的“老字号”企业，其中包括34家“中华老字号”企业。16家“老字号”企业荣获A级景区称号，同时有75家“老字号”企业的生产（服务）技艺被列为非物质文化遗产。这一系列的成就不仅彰显了辽宁在品牌建设方面的卓越表现，也为其未来的高质量发展做好了铺垫。

二、产品附加值明显增加

自2006年以来，中国对外贸易结构持续优化，曾一度达到中国货物进出口总额半壁江山之多的加工贸易目前比重已降到20.1%，而一般贸易的比重上升到63.7%。东北地区的加工贸易比重由2006年的34.9%逐步下降至2022年的14.6%，一般贸易比重则由49.6%上升至75.3%（见图2-3）。辽宁的加工贸易比重由2006年的47.2%逐步下降至2022年的20.0%，一般贸易比重则由44.7%上升至68.9%（见图2-4）。可以看到，无论是辽宁还是东北地区，其一般贸易的占比均高于全国平均水平。一般贸易比重的上升意味着东北地区出口产品附加值的增加，反映了东北地区经济结构的升级和转型。同时，东北地区在加工贸易产业内部也发生了深刻的变化。从过去的以服装、鞋帽等劳动力密集型产业为主转变为以机器设备、电子仪器产品等资本密集型产业为主。这一转变不仅提高了生产效率，也进一步提升了东北地区产品的附加值。

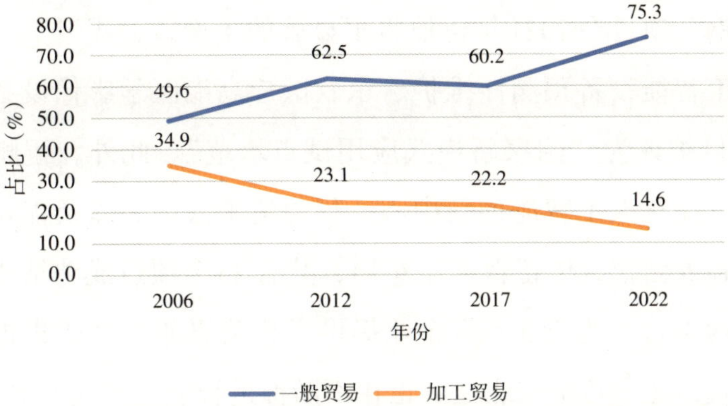

图2-3　东北地区一般贸易与加工贸易在货物进出口总额中的占比情况

资料来源：作者整理。

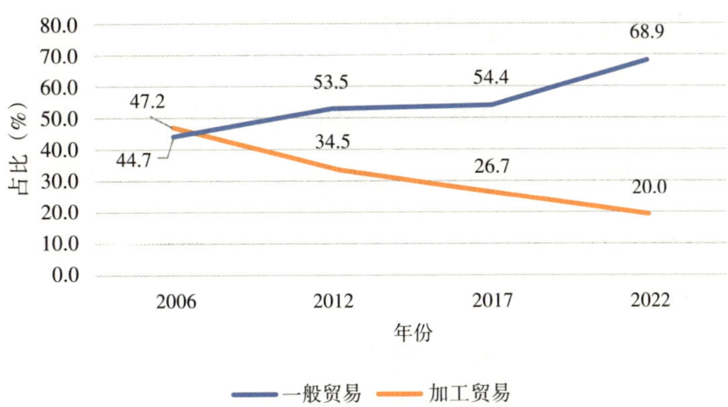

图2-4　辽宁省一般贸易与加工贸易在货物进出口总额中的占比情况

资料来源：作者整理。

随着科技的不断创新和产业结构的深度优化，东北地区在供应链和价值链中崭露头角，正从传统制造逐渐迈向高端制造和智能制造。在辽宁，产业智能化发展取得显著成果。一些企业如沈阳海尔、特变电工沈变公司等相继建成智能工厂，这些智能工厂带来了巨大的效益，包括提升了21.2%的生产效率、降低了15.6%的成本以及降低了21.2%的不良率。值得一提的是，鞍钢炼钢总厂启动的“5G+智慧炼钢”项目在2021年也取得了显著的生产效益提升。沈阳科网通信人工智能设备预测性维护、东软医疗高端医学影像设备研发等15个项目被评为“国家新模式应用试点示范”。此外，鲲鹏产业孵化基地、沈抚人工智能创新中心、华为沈阳云中心以及锦州云计算数据中心等创新载体正在辽宁布局，共有33个项目成功纳入省级工业互联网平台，为近3万家企业提供了相关服务。这些积极的发展迹象表明，辽宁乃至东北地区正在不断推进智能化和高端制造转型，通过技术创新和产业升级，为地方经济的高质量发展注入了新的活力。

三、劳动生产率持续提升

克鲁格曼曾言，生产率不是一切，但在长期中近乎一切。近年来，辽宁及东北地区的劳动生产率持续提升。辽宁的劳动生产率自2016年的8.9万元/人上升至2021年的12.6万元/人，东北地区的劳动生产率自2016年的7.8万元/人上升至2021年的11.5万元/人（见图2–5）。劳动生产率的提高意味着能够更有效地利用资源，从而增加产出，推动社会总财富的增长。

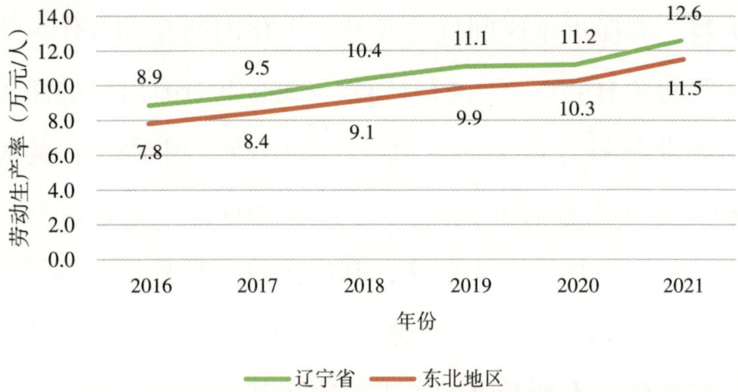

图2-5　2016—2021年辽宁及东北地区劳动生产率情况

资料来源：作者整理。

四、全产业链特色明显

按照联合国产业分类标准，辽宁拥有41个产业大类中的40个、207个产业中类中的197个、666个产业小类中的500多个，东北地区则拥有全部的产业大类、产业中类和产业小类，产业体系非常完备，涵盖了全产业链（见表2-2）。东北的工业体系代表了中国工业的现状和发展趋势。完整产业链带来规模配套优势，可大大降低企业要素供给成本，提高生产效率，增强竞争力。因此，东北工业的振兴发展可以彰显中国工业体系的竞争优势，对于中国参与全球产业竞争具有战略意义。而辽宁作为传统工业大省，按照全国第四次经济普查公报，进入全国前5名的产业数量为9个，全国排名第5，仅次于广东、山东、江苏、浙江。较为完备的工业体系与优越的地理环境，使辽宁具备承接东部地区产业梯度转移的产业基础条件。辽西地区是京津冀制造产业转移半径最短的承接区域之一；辽中南地区面朝大海，依托东北腹地，能够直接参与区域产业分工协作，承接东部地区产业转移和创新要素辐射；同时，辽宁与江苏、沈阳与北京、大连与上海的对口合作机制，能促进地区间优势互补、深化南北互动合作。

若按照海关HS六位码进行计算，2020年中国出口的海关产品为6104种，东北三省为4054种，辽宁为3816种。中国出口的海关产品为5003种，东北三省为3780种，辽宁为3603种（见表2–3）。可以看到，无论辽宁还是整个东北地区，其进出口产品种类涵盖了全国贸易产品种类的60%以上，产品种类非常丰富，有力地夯实了满足人民个性化、多样化、不断升级的需求的物质基础。

表2–2 辽宁、东北地区及中国的产业门类情况

单位：个

产业门类	辽宁	东北地区	全国
产业大类	40	41	41
产业中类	197	207	207
产业小类	500多	666	666

资料来源：作者整理。

表2–3 东北三省及中国进出口产品种类数

单位：种

地区	产品种类数（HS六位码）	
	出口	进口
辽宁	3816	3603
吉林	2196	1764
黑龙江	2796	1947
东北三省	4054	3780
全国	6104	5003

资料来源：中国海关数据库。

五、产业集聚优势突出

东北地区许多工业城市都形成了独特的产业集群，这为其降低固定成本、获取正外部收益、实现规模报酬递增提供了坚实基础。辽宁是其中的典型代表，各城市展示了多样化的“产业名片”。沈阳形成了航空装备产业集群。作为国内承担航空发动机研制生产任务最多的地区，沈阳延伸航空工业沈飞、黎明等头部公司的优势，建立起涵盖航空发动机整机、民用飞机大部件转包和零部件制造、通用航空及无人机整机，以及航空运营与服务的全产业链航空体系。大连形成了船舶与海工装备产业集群。依托大连船舶重工、大连中远海运重工、大连中远海运川崎、渤海船舶重工等龙头企业，在大连湾、旅顺开发区、葫芦岛龙港一带业已形成了以船舶与海工装备制造业、海洋渔业、海洋交通运输业、滨海旅游业为主的海洋产业体系。2020年辽宁海洋船舶工业实现增加值91.5亿元，在全国排名第三。盘锦形成了精细化工产业集群。盘锦的辽滨开发区依托区域内现有炼化、有机原料、特种橡胶、专用精细化学品等产业基础，构建基础石化原料深加工产业体系，目前已形成合成树脂、合成橡胶、合成纤维、功能助剂、新能源材料五大产业集群，涵盖通用塑料、特种工程塑料、合成橡胶等13个领域。锦州形成了先进有色金属材料产业集群。集群内企业重点生产钛、锆、铬、铪、钼、锰等合金及粉末，金属铬、工业锆分别占国内产量的85%、90%以上，金属钼加工的企业数及产量在国内产业集中度最高，集群内高纯金属铬提纯、全流程海绵钛生产、氯化法制钛白粉等技术达到国内先进水平。在农业方面，辽宁作为全国的粮食主产省和“北粮南运”重要节点，粮食产量稳定在460亿斤以上。粮油加工业初步形成了以中粮、益海嘉里、九三、禾丰、鼎翔、富虹等大中型企业为主的粮油产业集群（见表2-4）。这些产业集群通过中心外溢作用，促使相近产业在同一地区集聚。这不仅有助于提高规模效益，还为东北地区实现高质量发展提供了根本保障。通过深度整合各产业链条，实现更紧密的产业协同，将进一步推动东北地区向高质量、高附加值的发展模式迈进。

表2-4　辽宁省22个重点产业集群

12个千亿级产业集群		10个战略性新兴产业集群	
精细化工产业集群	菱镁精深加工产业集群	新能源汽车产业集群	集成电路装备产业集群
船舶与海工装备产业集群	粮油产业集群	软件产业集群	先进医疗装备产业集群
航空装备产业集群	畜禽产业集群	工业互联网产业集群	生物医药产业集群
轨道交通装备产业集群	先进有色金属材料产业集群	人工智能产业集群	节能环保产业集群
压缩机和制冷装备产业集群	电力装备产业集群	机器人及无人机产业集群	氢能产业集群
数控机床产业集群	高品质钢铁材料产业集群		

资料来源：作者整理。

六、产业分工比例协调

近十年来，中国第一产业所占比重已由9.1%下降至7.3%，与全球其他国家，尤其是发达国家基本一致。虽然辽宁的第一产业所占比重也逐步下降至9.0%，但仍高于全国平均水平。而且东北地区的第一产业所占比重始终维持在13%~14%的高位（见表2–5）。这与东北地区的国家粮食安全“压舱石”的重要战略定位是密不可分的。近年来，东北地区粮食综合生产能力不断提高，东北三省粮食产量连续多年占全国的1/5以上（见图2–6），商品粮量约占全国的1/4，粮食调出量约占全国的1/3。2023年更是实现粮食“二十连丰”，粮食产量达到14538.1万吨。2022年，黑龙江粮食作物种植面积达到22024.8万亩，占全国的12.4%，同比增加197.9万亩；粮食总产量达1552.6亿斤，占全国的11.3%，连续13年位居全国第一。吉林粮食总产量达到816.16亿斤，粮食单产居全国13个粮食主产区第1位。东北三省农业机械化水平均达到65%以上，明显高于全国平均水平，其中，黑龙江省综合机械化率达87.7%，居全国前列。农业现代化建设加快推进。

中国第二产业比重2022年为39.3%，而发达国家第二产业比重较低，一般在15%以下。东北地区的第二产业比重近年来下降至36.3%，低于全国平均水平。而辽宁的第二产业比重基本处于高位，达到40.6%。辽宁作为“共和国长子”，是中国重要的工业基地，其装备制造、钢铁冶金、石油化工等优势产业具备国际竞争力，是维护国家产业安全的根本战略保障。2021年，全省规模以上工业增加值同比增长4.6%。支柱行业中，装备制造业、冶金工业、石化工业增加值同比分别增长8.1%、0.6%、3.2%，其中，汽车制造业增加值同比增长8.4%，比全国平均水平高2.9个百分点。高技术产品生产发展势头良好，新能源汽车集成电路、金属切削机床等产品产量分别同比增长124%、42.8%、33.8%。2022年，辽宁省围绕具有国际影响力的先进装备制造业基地、世界级石化和精细化工产业基地、世界级冶金新材料产业基地3个万亿级产业基地建设，筛选了200个重大工业项目，总投资达4302亿元。同时，辽宁矿产资源丰富，菱镁矿储量分别占全国和世界的85.6%和25%左右，硼矿、铁矿、金刚石储量居全国首位，滑石矿、玉石矿储量居全国第二位，石油储量居全国第四位，且矿产地集中，便于规模开发。

第二产业比重维持在较高水平，无论对于辽宁、东北地区，还是对于中国而言，都是适应当前的发展阶段的，是较为科学、合理的。其一是因为制造业是跨越“中等收入陷阱”、推进现代化建设的核心支撑。从历史上看，二战之后，韩国与巴西几乎同步开启工业化道路，其后韩国始终坚持制造立国，制造业比重相对稳定，2020年韩国制造业比重在25%左右，人均GDP达到31489美元，成功迈进高收入国家行列；而巴西自20世纪80年代末开始走上去工业化道路，制造业比重持续下降，2020年已降至9.8%，人均GDP仅有6797美元，经济多年持续低迷。两国发展实践充分说明了制造业的核心地位。东北地区作为“老工业基地”，肩负着维护国家“五大安全”的重大使命，更要警惕“脱实向虚”的危险。其二是因为制造业是人民就业增收的主要渠道。制造业就业需求具有多层次性。一方面，先进制造业对于高端创新人才有巨大吸引力，是汇聚高端创新人才的“蓄水池”，有利于孵化创新。另一方面，传统劳动密集型制造业仍是解决大量低技能劳动者就业的重要途径，是保障就业岗位和收入水平的重要渠道，不能因新兴产业发展而偏废。

中国的第三产业比重目前为53.4%，东北地区的第三产业比重近年来由40.1%上升至50.1%，辽宁的第三产业比重则由39.7%上升至50.5%，基本与全国平均水平持平。而发达国家第三产业比重一般达到70%~80%。近年来，东北地区数字经济蓬勃发展，有效地促进了生产性服务业与制造业的深度融合，推动了服务型制造的发展。辽宁数字经济基础稳固，全省5G基站突破5万个，5G网络实现县级行政区主城区全覆盖。同时，东北地区推进工业互联网与钢铁、装备、消费品等行业的有机整合，促进产业链条的延伸与升级，2022年完成16个工业互联网标识解析二级节点建设运行。试运行的“星火·链网”超级节点成为全国七个超级节点之一，为东北地区各行业提供稳定的区块链和标识解析服务。吉林中车长春轨道客车股份有限公司获批先进制造业和现代服务业融合发展试点。2022年，华为、百度人工智能产业基地在黑龙江开工建设。

表2–5　辽宁、东北及全国三次产业占比

单位：%

指标	第一产业			第二产业			第三产业		
年份	辽宁	东北	全国	辽宁	东北	全国	辽宁	东北	全国
2012	10.5	13.8	9.1	49.8	46.1	45.4	39.7	40.1	45.5
2017	8.8	13.3	7.5	38.4	35.3	39.9	52.8	51.5	52.7
2022	9.0	13.6	7.3	40.6	36.3	39.3	50.5	50.1	53.4

资料来源：中经网。

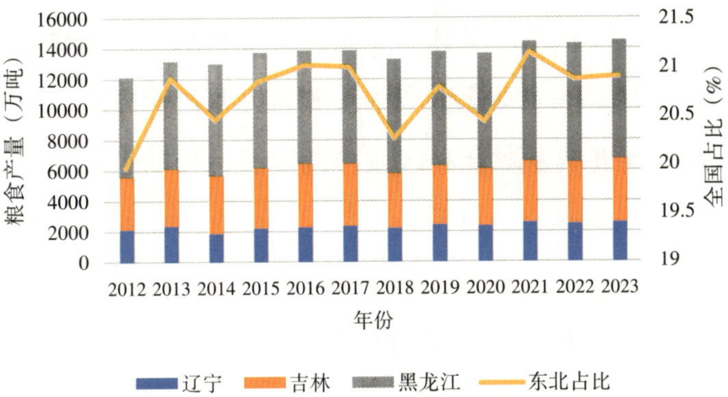

图2–6　2012—2023年东北地区粮食产量情况

资料来源：中经网。

从以上六个方面可以看出，东北地区已经展现出高质量发展的特征。

第二节　把握新发展格局的战略任务

2020年4月10日，习近平总书记在中央财经委员会第七次会议上发表了题为《国家中长期经济社会发展战略若干重大问题》的重要讲话，要“构建以国内大循环为主体、国内国际双循环相互促进的新发展格局”，基于我国发展阶段、环境、条件变化，审时度势地作出了重大决策，正式提出了新发展格局这一全新概念。[①]2020年10月29日，习近平总书记在党的十九届五中全会第二次全体会议上指出，构建新发展格局是一个系统工程，既要“操其要于上”，加强战略谋划和顶层设计，也要“分其详于下”，把握工作着力点。经过数年的探索和努力，新发展格局的实现路径逐渐清晰。[②]习近平总书记在党的二十大报告中指出，我们“要坚持以推动高质量发展为主题，把实施扩大内需战略同深化供给侧结构性改革有机结合起来，增强国内大循环内生动力和可靠性，提升国际循环质量和水平，加快建设现代化经济体系，着力提高全要素生产率，着力提升产业链供应链韧性和安全水平，着力推进城乡融合和区域协调发展，推动经济实现质的有效

① 习近平．国家中长期经济社会发展战略若干重大问题［J］．求是，2020，（21）：4-10.

② 习近平．新发展阶段贯彻新发展理念，必然要求构建新发展格局［J］．求是，2022，（17）：4-17.

提升和量的合理增长”[①]。

东北作为我国重要的工业和农业基地，其发展关乎国家发展大局。党的十八大以来，习近平总书记多次到东北考察，为东北全面振兴、全方位振兴指明方向，作出全面部署。2023年9月9日，习近平总书记主持召开新时代推动东北全面振兴座谈会，并进一步强调了构建新发展格局对于推动东北全面振兴的重要作用，即“新时代新征程推动东北全面振兴，必须贯彻落实党的二十大关于推动东北全面振兴实现新突破的部署，完整准确全面贯彻新发展理念，牢牢把握东北在维护国家‘五大安全’中的重要使命，牢牢把握高质量发展这个首要任务和构建新发展格局这个战略任务”[②]。在此背景下，东北三省积极学习贯彻总书记的指示，促进国内大循环，同时积极对外开放，实现国内国际双循环的有机结合。

具体地，笔者认为东北三省的新发展格局可以从国内大循环和国际大循环两个主要方面，具体从紧密融入各区域经济发展、建立统一劳动力市场、加快建设现代化基础设施体系、坚持“两个毫不动摇”、出口目的地多元化、扩大进口供给、发展服务贸易和数字贸易、“引进来”与“走出去”相结合、坚持高质量发展“一带一路”倡议、在RCEP的基础上成为中日韩开放桥头堡这十方面展开论述。

---

① 习近平．高举中国特色社会主义伟大旗帜　为全面建设社会主义现代化国家而团结奋斗：在中国共产党第二十次全国代表大会上的报告［N］．人民日报，2022-10-16（01）．

② 房宏琳．推动新时代东北全面振兴取得新突破［N］．光明日报，2023-11-22（06）．

一、畅通国内大循环，积极融入全国统一大市场

新发展格局最重要的是推动国内国际双循环相互促进，并且要以国内大循环为主体。而促进国内大循环的核心在于挖掘内驱潜力，发挥超大规模市场优势。

中国超大规模市场优势体现在如下方面。第一，从人口规模看，中国拥有14.1亿人口，约占全球总人口的18%。第二，从国内生产总值和人均收入看，国际货币基金组织（IMF）数据显示，2022年中国大陆GDP总量达18.1万亿美元，约占美国GDP的71.1%，全球GDP的18.1%。根据国家发展和改革委员会2021年9月发布的《我国国内市场规模和潜力测算及发展趋势展望》，预计未来5年中国GDP占世界GDP比重将持续上升，市场规模不断扩大，到2025年，中国GDP将约占全球GDP份额的1/5；未来，中国最终消费支出将保持增长，预计2025年，中国最终消费支出占全球比重将达16.2%（见表2-6）。2023年，世界银行公布的高收入国家门槛为人均国民总收入（GNI）13845美元。2022年，中国人均GNI约为12850美元，接近高收入国家标准。第三，从国内贸易角度看，在2019年时全国社会消费品零售总额已突破40万亿元，2010—2017年期间增速更是保持在10%以上（见图2-7）。以上数据都表明中国蕴藏强大的市场潜力。

表2-6　2021—2025年中国市场规模占世界市场规模比重预测表

年份	中国GDP占世界GDP比重		中国最终消费支出占世界最终消费支出比重	
	百分比（%）	增长值	百分比（%）	增长值
2021	17.7	0.6	13.4	0.6

续表

年份	中国GDP占世界GDP比重		中国最终消费支出占世界最终消费支出比重	
	百分比（%）	增长值	百分比（%）	增长值
2022	18.2	0.5	14	0.6
2023	18.8	0.6	14.8	0.8
2024	19.4	0.6	15.5	0.7
2025	20	0.6	16.2	0.7

资料来源：国家发展和改革委员会《我国国内市场规模和潜力测算及发展趋势展望》。

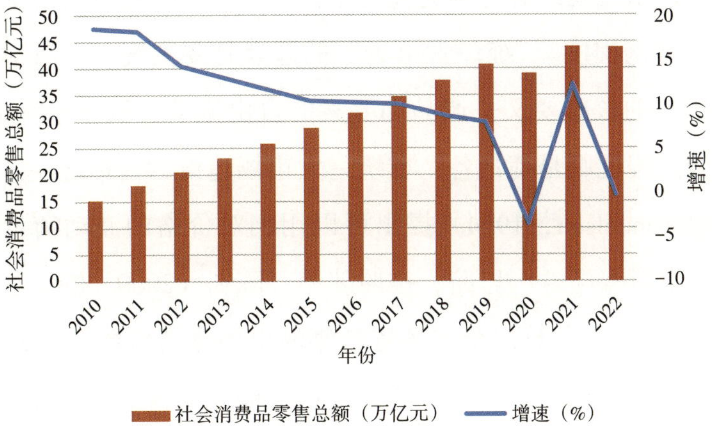

图2-7　2010—2022年中国社会消费品零售总额及其增速

资料来源：中经网。

加快构建全国统一大市场则是充分利用中国超大规模市场这一竞争优势，实现地区经济快速发展的必由之路。在过去几年中，东北地区，特别是辽宁省学习贯彻《中共中央、国务院关于加快建设全国统一大市场的意见》，加快建立全国统一的市场制度规则，打破地方保护和市场分割，打通制约经济循环的关键堵点，促进商品要素资源在更大范围内畅通流动，加快建设高效规范、公平竞争、充分开放的全国统一大市场。具体包括以下4个方面的内容。

（一）紧密融入各经济区域的发展，降低市场分割程度

东北地区拥有丰富的自然资源和雄厚的工业基础，在“以国内大循环为主体、国内国际双循环相互促进”的新发展格局下，东北地区的地缘优势进一步凸显，需要积极面向国内国际市场，紧密融入粤港澳大湾区、长三角、京津冀以及整个东北亚等经济区域的发展交流，不断便利东北地区与全国其他地区的联系，降低市场分割程度，吸取各区域带在资源分配、发展模式以及对外开放等方面的经验与智慧，在助力区域协调发展的过程中全方位提升东北地区的发展水平。

因此，东北地区着力畅通其与全国其他省市、地区的交流，逐渐降低市场分割程度。“统一大市场”的起点是要素统一，其对立面是分割，统一的核心要义是产品和要素的自由流动、贸易壁垒的破除，而市场分割程度则是衡量各区域统一大市场建设的指标之一。冰川成本模型（Samuelson，1964）提出可以用相对价格的波动衡量市场分割程度，笔者参考这一思路，按照陆铭、陈钊（2009）的方法构建了三维面板数据[①]，计算出全国各省各年的市场分割指数。图2-8显示，在大部分年份，东北三省的市场分割水平接近全国平均水平，在部分年份显著低于该年全国平均水平。近年来，东北三省的市场分割水平更是在波动中逐渐下降，市场分割程度大幅降低。特别是辽宁省，在大多数年份中市场分割水平均低于全国该年份的平均水平，说明辽宁积极融入全国统一大市场，充分发挥国内需求巨大的优势，带动本地区、本省经济的发展。

---

① 陆铭，陈钊. 分割市场的经济增长：为什么经济开放可能加剧地方保护？[J]. 经济研究，2009，44（03）：42-52.

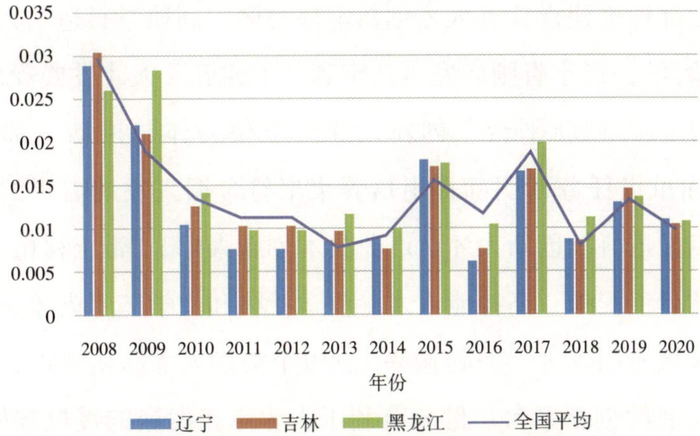

图2-8　2008—2020年东北三省市场分割指数一览图

资料来源：作者整理。

（二）建立统一劳动力市场，吸引全国人才“再闯关东”

在产品市场统一后，“统一大市场”的构建还需要生产要素的自由流动，其中最为重要的必然是劳动力。近年来，由于人口出生率下降、常住人口减少等因素，东北地区面临着较为严重的人口老龄化、人才外流问题，需要建立统一的劳动力市场，吸引更多高素质人员来到东北、投资东北、定居东北并建设东北。

为此，东北各省在过去几年中一方面优化生育政策，积极推动普惠托育服务的发展，减轻居民的生育压力；同时，不断放宽主要城市的落户限制，为劳动力跨地区流动提供便利，突破束缚区域之间人才流动的制度限制，使劳动力能够在区域之间和产业之间自由流动，做到人尽其才，物尽其用，着力建立统一的劳动力市场。

特别是在吸引人才和留住人才方面，东北三省更是出台了一系列政策决策，用组合拳引来新劳动力、留住新劳动力。黑龙江省实施人才振兴计划，制定出台《新时代龙江人才振兴60条》；吉林省突出高端人才引育，统筹本土育、全职引、柔性聘，用市场化的薪酬机制留住人才，高标准建设长春人才创新港核心区，高质量打造“人才管理改革试验区”；辽宁省则印发《辽宁省“十四五”人才发展规划》，坚持创新生态、创新平台、创新人才“三位一体”推动，部署安排17个方面重点任务，明确提出培养集聚符合振兴发展需要的创新人才，重点推进科技创新人才、产业技术创新人才、“带土移植”团队、青年人才、工程师、高技能人才、哲学社科和文学艺术人才、经济社会重点领域专门人才、乡村振兴人才9个类别人才队伍建设，建设承载人才发展的创新平台，健全有利于人才竞相发展的授权放权机制、更加开放的人才应用使用机制、充分释放人才活力的评价激励机制和人才安心安身的服务保障机制，实现引进人才、留住人才进而培养人才的有机循环。在东北各省的不断努力下，2020年东北地区的流动人口尽管仍然以省内人口为主（见图2-9），但以辽宁为首的东北三省也吸引了较多省外人士前来工作、学习、投资，带动了当地经济发展；同时，各省高校毕业生留省工作比例大幅提升，大量高技术人才进入东北三省，形成“引进一名院士、带来一个团队、催生一批项

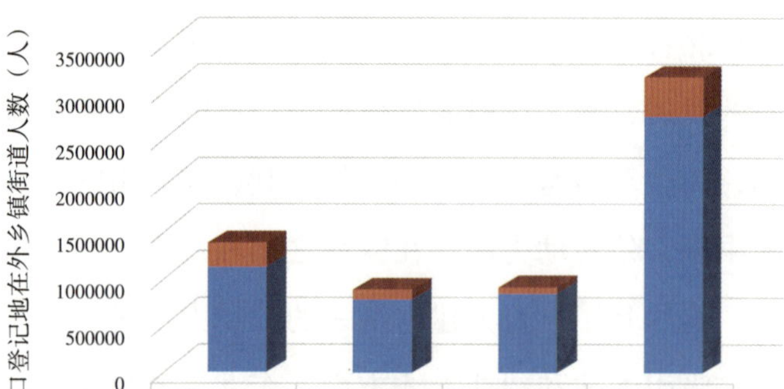

	辽　宁	吉　林	黑龙江	东北地区
省外	250362	93413	67139	410914
省内	1133854	785150	824761	2743765

图2-9　2020年东北地区户口登记地在外乡镇街道人口省内外分布表

资料来源：2020年《中国人口普查年鉴》。

目”的链式效应，东北地区劳动生产率大幅提升。

此外，东北地区也出现了东北人在外学习知识、打磨技能，最终将先进生产技术、优秀管理经验、新兴创业思路等带回东北的趋势。2020年《中国人口普查年鉴》显示，东北地区在外人口分布最多的五个省份依次为北京市、山东省、广东省、河北省和上海市，大部分外出人员集中于经济更为发达的地区，便于加强与该区域的联系，将优秀技术、项目带回东北，促进东北的新发展（见图2-10）。

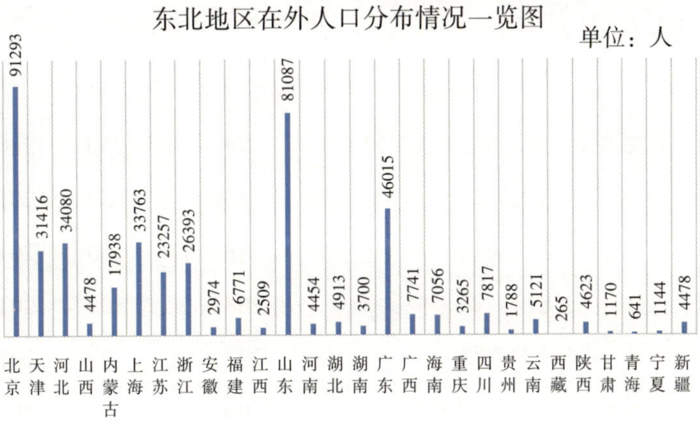

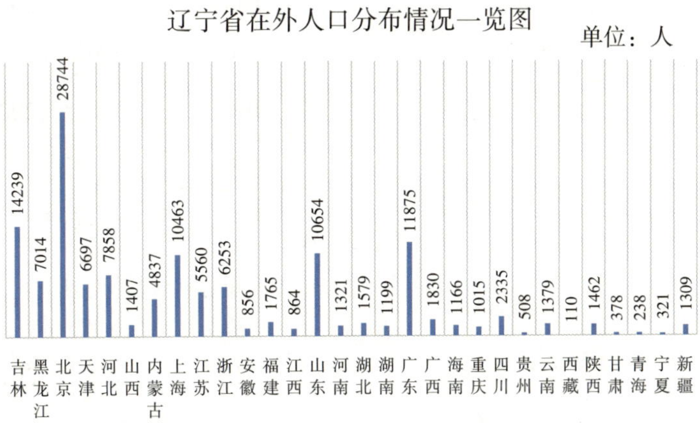

图2-10　2020年东北地区及辽宁省在外人口分布情况一览图

资料来源：2020年《中国人口普查年鉴》。

（三）加快建设现代化基础设施体系，降低显性交易成本

推动国内统一大市场的形成必然需要降低交易成本，具体包括显性成本和隐性成本。前者主要包括加快交通基础设施建设、取消省际冗余公路检查站、提高各地区运输效率；后者则包括改善营商环境、支持民营企业发展、促进地区隐性交易成本降低。（表2-7显示了截至2022年12月东北三省高速铁路、快速铁路及城际铁路通车情况）

表2-7　截至2022年12月东北三省高速铁路、快速铁路及城际铁路通车情况

辽宁省				
序号	铁路名称	省内里程（公里）	设计时速（公里）	开通时间
1	秦沈客专（京哈线—秦沈段）	378	250	2003-10-12
2	哈大高铁	553	350	2012-12-01
3	盘营高铁	90	350	2013-09-12
4	沈丹高铁	208	300	2015-09-01
5	丹大铁路	292	200	2015-12-17
6	京沈高铁承德—沈阳段	406	350	2018-12-29
7	新通客专	106	250	2018-12-29
8	喀赤客专	56	250	2020-06-30
9	朝凌高铁	106	350	2021-08-03
合计		2195		

黑龙江省				
序号	铁路名称	省内里程（公里）	设计时速（公里）	开通时间
1	哈大高铁	81	350	2012-12-01
2	哈齐高铁	266	300	2015-08-17
3	牡绥铁路	139	200	2015-12-28

续表

黑龙江省				
序号	铁路名称	省内里程（公里）	设计时速（公里）	开通时间
4	哈佳铁路	343	200	2018-09-30
5	哈牡客专	300	250	2018-12-25
6	牡佳客专	372	250	2021-12-06
合计		1501		

吉林省				
序号	铁路名称	省内里程（公里）	设计时速（公里）	开通时间
1	长吉城际铁路	111	250	2010-12-30
2	哈大高铁	270	350	2012-12-01
3	吉图珲客专	361	250	2015-09-20
4	沈佳高铁白敦段	113	250	2021-12-24
合计		855		

资料来源：轨道科技网。

注：本次高铁（快铁）统计的范围包括时速250~350公里的高铁、新建时速200公里的客货共线铁路以及都市圈城际铁路，城际铁路不包括地铁性质的市域（郊）铁路。

习近平总书记分别于2018年和2023年赴沈阳和黑龙江召开推动东北全面振兴座谈会，会上均强调了东北要加快现代化基础设施体系建设、融入共建“一带一路”、提高对内对外开放水平的重要性。东北地区深入贯彻落实上述精神，充分利用现有的较好的交通基础设施，不断完善现有公路、铁路运输体系。

黑龙江省在原有哈大高铁、哈齐高铁的基础上，增建了一系列客运专线，增强与国内各省市的联系；同时，积极参与“中蒙俄经济走廊”建设，推动中俄黑河公路大桥、同江铁路大桥通车运营，全面打通向北开放新通道。近海而不临海的吉林省，在铁路、公路建设较为有限的情况下，开通了珲春“借港”至宁波、上海、青岛等地航线，成为连接东北地区与京津冀、长三角、珠三角的重要沟通协作通道；同时，“长满欧”“长珲欧”班列常态化运营，架起亚欧经贸合作“直通桥”。辽宁是东北地区唯一沿海省份，综合铁路、公路、航运和空港运输等方式，不断提升国内开放水平。辽宁拥有大连港、营口港、丹东港、锦州港、盘锦港和葫芦岛港6个港口，2022年港口货物吞吐量7.4亿吨。辽宁铁路、高铁网络呈现持续拓展趋势。2022年末，辽宁省铁路营运里程达到了6302.1公里，其中高速铁路2213.8公里（见图2-11），总里程排全国第六位，货运量、客运量稳步增加（见图2-12和图2-13）。在空港建设方面，辽宁拥有东北最为通畅完善的空港

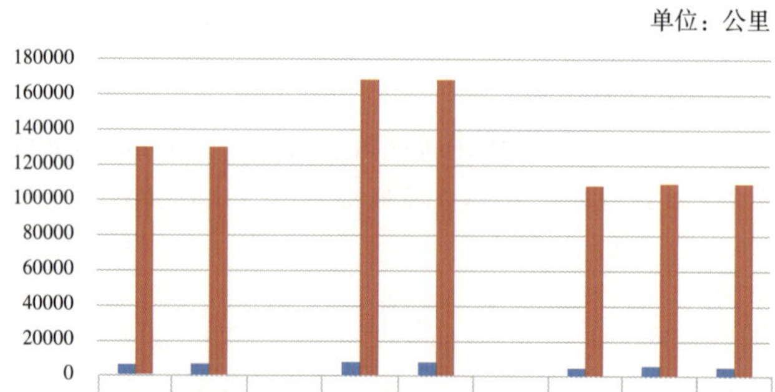

	辽宁 2020年	辽宁 2021年	辽宁 2022年	黑龙江 2020年	黑龙江 2021年	黑龙江 2022年	吉林 2020年	吉林 2021年	吉林 2022年
■铁路营业里程	6195	6302		6781	7153		4877	4986	4986
■公路通车里程	129928	129996		168119	168354		107848	108691	109761

图2-11　2020—2022年东北三省铁路、公路通车里程

资料来源：《辽宁统计年鉴》、《吉林统计年鉴》和《黑龙江统计年鉴》。

注：黑龙江省和辽宁省尚未公布2023年统计年鉴，因此其数据仅截止到2021年，缺少2022年数据。

网络，共有沈阳、大连、鞍山、丹东、营口、锦州、朝阳、长海等8个民航机场，开通航线404条，通达国内城市122个，境外城市10个。同时，辽宁省积极建设沿海开放大省强省，全力打造对外开

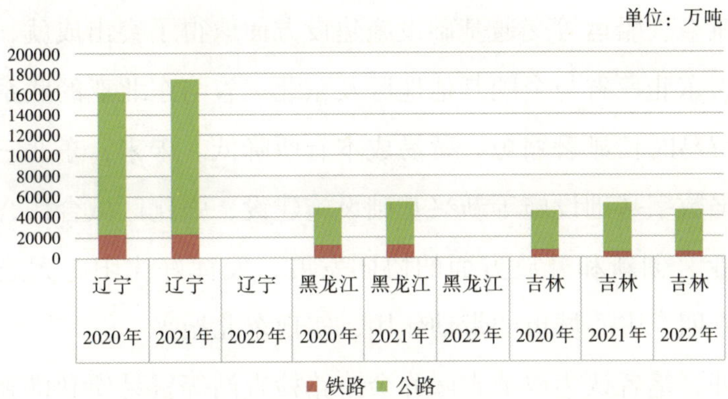

图2-12　2020—2022年东北三省公路、铁路货运总量

资料来源：《辽宁统计年鉴》、《吉林统计年鉴》和《黑龙江统计年鉴》。

注：黑龙江省和辽宁省尚未公布2023年统计年鉴，因而其数据仅截止到2021年，缺少2022年数据。

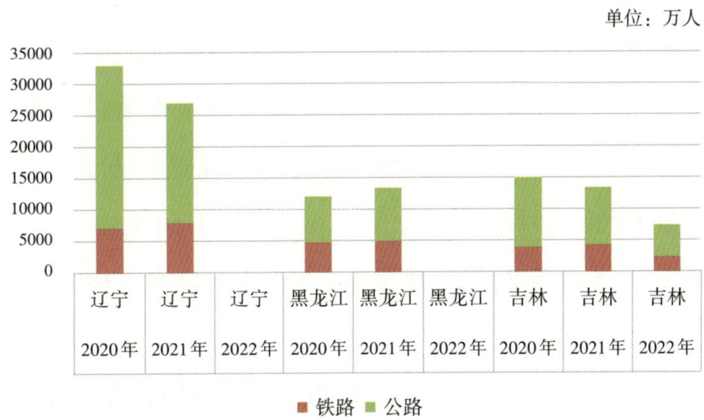

图2-13　2020—2022年东北三省公路、铁路客运总量

资料来源：《辽宁统计年鉴》、《吉林统计年鉴》和《黑龙江统计年鉴》。

注：黑龙江省和辽宁省尚未公布2023年统计年鉴，因而其数据仅截止到2021年，缺少2022年数据。

放新前沿，全力加快“两中心、一通道”（大连东北亚国际航运中心、大连东北亚国际物流中心、东北海陆大通道）建设，服务东北对外开放。

通过建设传统基础设施，加强各省统一规划，东北三省在铁路、公路、航空、船运等交通基础设施建设方面取得了突出成就，东北三省内部、东北三省与全国其他地区及东北三省与东北亚的联系均显著增强，贸易时长显著缩短、贸易成本有所降低。未来，东北三省将进一步加强数字基础设施等新兴基础设施建设，强化区域合作，促进政策、产业、创新和开放方面的协同发展，发挥好沈阳、大连、哈尔滨、长春四个中心城市的带动作用，实现东北振兴。

此外，笔者认为取消省际冗余公路检查站等贸易便利措施也是降低显性成本的一个重要举措。以省际冗余公路检查站为例进行分析。虽然自2020年1月起，全国29个联网省份的487个高速公路省界收费站已全部取消，但是目前在中国部分地区，车辆跨城跨省通行在间隔不到一公里范围内需要经过分别属于两地的多个检查站，这大大增加了货物运输与劳动者通勤的时间成本，导致企业物流成本的快速上升与劳动者通勤压力的加大。取消省际冗余公路检查站将显著节约物流时间成本，有效地提升贸易效率。东北地区在这一方面也有所作为，辽宁省于2019年12月率先拆除全省694座ETC门架建设、10处省界收费站，完成1540条ETC车道改造、293处入口称重检测设施建设工程，并超额完成新发395万ETC推广发行目标，走在全国前列；吉林省则与全国相关改革保持一致，于2020年2月撤销全省13个高速公路省界检查站，开通省内全部的65个高速公路收费站，保障人员和物资的正常通行；黑龙江省亦完成了省界检查站撤销工作，并在疫情期间率先撤出公路检疫检查站，仅保留通关口岸卡口，畅通沿线客运和货运服务，降低运输成本。

（四）建设民营经济强省，降低隐性交易成本

在加快交通基础设施建设、取消省际冗余公路检查站、提高各地区运输效率的同时，东北地区的发展仍需降低交易的隐性成本，这离不开改善营商环境、支持民营企业发展等措施。

营商环境是企业等市场主体在市场经济活动中所涉及的体制机制性因素和条件，是影响经济增长、创新创业和民生福祉的重要因素。近几年，东北地区响应中央“放管服”改革要求，努力构建国内一流营商环境，为经济发展创造良好条件，并培育一批优秀的创新创业企业。在东北各省的不断努力下，东北三省面对需求收缩、供给冲击、预期减弱的三重考验，顶住压力，经济运行企稳回升，交出了亮眼的成绩单。黑龙江省在2022年举办振兴发展合作交流大会暨龙商总会成立大会，签约落地118个项目，总投资额超1500亿元。吉林省自2016年开始，每年举办全球吉商大会，弘扬吉商精神、凝聚吉商力量，推进吉林招商引资，2023年第八届全球吉商大会在长春召开，共签约合同及协议项目98个，引资总额1589.38亿元，涵盖汽车及零部件、农产品加工、文化旅游、新材料、新能源、医药健康、装备制造等领域。辽宁省则与商务部合作，持续举办辽宁国际投资贸易洽谈会，多年来形成了良好的声誉，吸引了大量投资。2023年，以“共推振兴新突破、共享发展新机遇”为主题的辽宁国际投资贸易洽谈会在沈阳开幕，共计举办4项主题活动、10场配套活动、42场外场活动和45场促销费活动，共计吸引271个项目签约，总投资额达5863.4亿元。辽宁成为东北地区招商引资的重镇。

此外，东北地区仍坚持“两个毫不动摇”，实施统一市场准入制度。一方面，“毫不动摇地巩固和发展公有制经济”，增强国有经济的

竞争力、创造力、影响力、控制力，发挥国有企业的主导作用。东北地区曾是我国的老工业基地，国有企业在其中发挥了不可替代的作用。当前，东北地区国有企业占比仍然很高，改革与发展潜力大，振兴东北离不开国有企业改革。具体来说，东北三省政府要做好规划，集中力量推动重点地区、优势产业、龙头国企的质量提升工作，升级原有“老字号”传统国企、深度开发“原字号”国企新业务、培育壮大“新字号”新兴国企。另一方面，“毫不动摇地鼓励、支持、引导非公有制经济发展”，确保民营经济在要素资源的获得方面具有与国有经济平等的市场地位。民营经济是市场经济发展的重要力量，大力鼓励和支持民营经济发展壮大，是东北地区推动经济增长、激发创新活力、促进对外开放、实现全面振兴新突破的必要举措。近年来东北地区民营经济发展速度明显加快，但在企业规模和整体实力上与发达省份相比还存在较大差距。东北地区民营经济发展破局，要从体制机制、经济结构、对外开放、思想观念四个方面入手。一是改革体制机制，按照公开公平公正的原则推进市场经济体制建设，在要素获得和市场准入方面对各类市场主体一视同仁；二是优化产业结构，承接东部地区产业转移，形成国企经济和民营经济集群式协同发展模式；三是扩大对外开放，加快打造东北海陆大通道，推动建设中俄蒙经济走廊和中日韩自贸区；四是转变思想观念，以数字化、阳光化推进营商环境一体化建设。笔者将在后面的章节中一一进行详细论述。

二、积极对外开放，实现国内国际双循环的有机结合

国际循环也是我国国民经济循环中必不可少的组成部分。要以国际循环提升国内大循环效率和水平，改善我国生产要素质量和配置水平，推动我国产业转型升级，坚定向全球产业链价值链中高端迈进，

更好塑造国际合作和竞争新优势，在开放合作中与各国实现互利共赢。因此，在畅通国内大循环后，我们仍需进一步对外开放，把握地理位置优势，实现国内国际双循环的有机结合。

东北三省毗邻俄罗斯、日本、韩国，地理位置重要，是我国进一步加强对外开放、实现国内国际双循环的重要地区之一，肩负了习近平总书记赋予东北全面振兴的“五项重要任务”中的第三项任务，即“要加快建设现代化基础设施体系，提升对内对外开放合作水平”。特别是辽宁省，作为东北地区唯一沿海省份，对于对接国家“一带一路”倡议，加快构建东北海陆大通道，推动陆上丝绸之路向东开发、海上丝绸之路向北开放具有重要作用。

国际大循环的工作重点是优化对外开放的方式。推进国际大循环需要重点关注以下六个方面：出口目的地多元化、扩大进口供给、发展数字贸易、“引进来”与“走出去”相结合、坚持高质量发展“一带一路”倡议、在RCEP的基础上成为中日韩开放桥头堡。下面笔者将结合东北地区特别是辽宁省的具体情况，对上述六个方面的内容逐个加以介绍。

（一）出口目的地多元化

东北地区想要实现高水平对外开放，首先要积极发展边境贸易，增加与俄罗斯、中亚国家、日本和韩国的贸易，实现出口目的地的多元化。

2020年7月30日，中共中央政治局会议指出，当前世界正经历百年未有之大变局，国际环境日趋复杂，不稳定性不确定性日趋增强。在此大变局下，国际经贸关系发生深刻变化。近年来，中美关系复杂，中欧关系敏感，政治必然会影响经济，因此，中美、中欧贸易受到冲击。与此同时，中国一直在不断开拓新的贸易伙伴关系。

2020年11月，中国正式签署RCEP（区域全面经济伙伴关系协定），2022年1月，RCEP正式落地生效，成为推动我国外贸增长的新发动机。自2020年起，在RCEP的“加持”下，东盟连续三年超越美国和欧盟，成为中国最大的贸易伙伴。换言之，新兴国家已经成为我国最重要的贸易伙伴，这种变化不是短时、暂时的，而是长期的必然现象，是深刻的、根本性的结构性变化。对于出口企业而言，必须认识与把握这一本质变化，并做好相应调整，出口目的地必须做到多元化，不能把出口目标只瞄准欧美等成熟市场，应该深耕新型工业化国家、南南国家、金砖国家市场，以分散风险。从宏观层面来看，出口目的地多元化有助于发挥出口对我国经济的支撑作用。

东北三省毗邻俄罗斯、日本、韩国，地理位置重要，是我国出口目地多元化的重要地区之一。特别是辽宁省，作为东北地区唯一沿海省份，对于对接国家“一带一路”倡议，加快构建东北海陆大通道，推动陆上丝绸之路向东开发、海上丝绸之路向北开放具有重要作用。

如图2-14所示，2010—2013年，东北三省对外出口总额呈逐渐增长态势，在2013—2016年之间略有下降，并在近年间受益于特殊的地理区位特征和中国整体出口结构的变化，实现了较大幅度的增长。特别是在中美经贸摩擦、新冠疫情和俄乌冲突发生后，我国外贸结构和重心开始调整，资源型行业和重工业的重要性不断上升，东北三省在我国经济中的地位愈发重要。2023年，东北三省出口增速均位居全国前列，且对俄罗斯、中亚五国和日本韩国的出口增速非常亮眼。

统计数据显示，2023年前11个月，全国外贸增速最快的省份为基数较小的边境省份，西藏凭借146.3%的增速高居第一，新疆、内

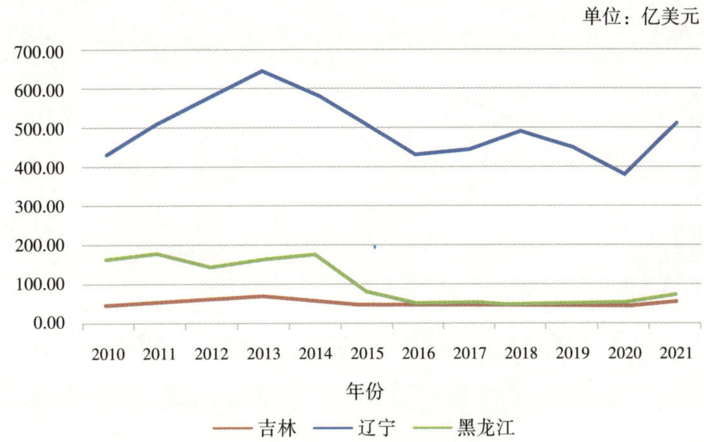

图2-14 2010—2021年东北三省出口总额

资料来源：《辽宁统计年鉴》、《吉林统计年鉴》和《黑龙江统计年鉴》。

蒙古、青海、海南、黑龙江等5个省份实现两位数的高速增长。按海关总署提供的相关材料，2023年东部地区出口值占我国出口总值近八成，增速高于整体0.6个百分点，对稳定出口大盘作出了突出贡献。东北地区的出口增长了6.5%，是增长最快的区域，东北全面振兴在外贸领域取得了新发展。

黑龙江省大力发展边境贸易，尤其重视中俄贸易，俄罗斯为其2021年的第一大出口伙伴国，出口总金额超过1000000万美元，成为拉动中国外贸出口目的地多元化、大力发展中俄贸易的先锋省份。此外，黑龙江省还大力发展与巴基斯坦、德国、越南、伊拉克等国的进出口贸易，走出了与京津冀、长三角、粤港澳等地区差异化的对外开放之路（见图2-15）。2023年1—11月，黑龙江省货物贸易进出口总值2683.7亿元，出口662.4亿元，增长41.9%；进口2021.3亿元，增长6.3%。黑龙江省对共建“一带一路”国家合计进出口2269.3亿元，增长13%，占全省外贸总值的84.6%，成为我国高质量共建“一带一

单位：万美元

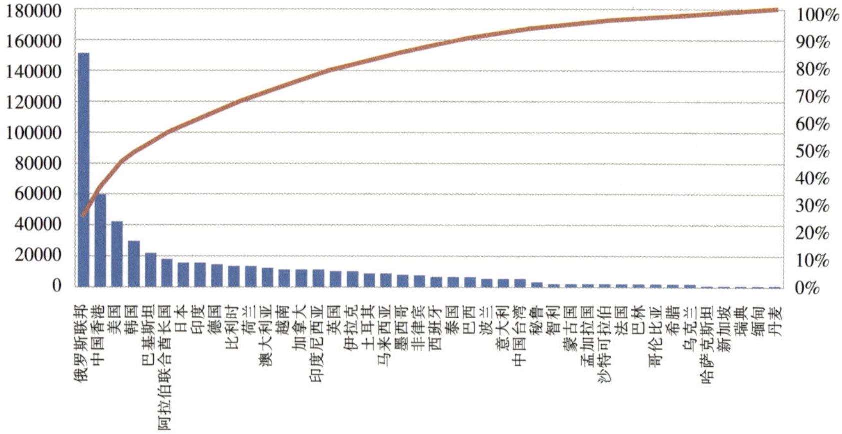

图2-15　2021年黑龙江省出口目的地分布图

资料来源：《黑龙江统计年鉴》。

注：左侧坐标轴为黑龙江省各出口目的地的出口金额（单位：万美元），右侧为各目的地的累积分布概率。由于数量过多，仅绘制了出口额在10000万美元以上的国家。

路”的重要支持力量。

吉林省对外贸易总额相对较少，但增速很快。2021年吉林前十大出口目的地依次为德国、韩国、俄罗斯、美国、日本、印度、荷兰、爱尔兰、墨西哥、澳大利亚，占据吉林省出口总额的70%以上（见图2-16）。2023年前11个月，吉林省货物进出口总额增长7.5%，增速位居全国第8位。其中整车出口增长177%，对俄贸易额增长76%，对日本、俄罗斯、韩国的出口迅速拉动吉林省的经济增长。

辽宁省作为东北三省中对外贸易规模最大的省份，也在近年间逐渐改善出口结构，多目的国进行出口。美国、欧盟是辽宁传统的贸易伙伴国（地区），美国仍是辽宁省的第一大出口目的国，但其出口额占比有所下降；同时，辽宁对日本和韩国的出口额稳中有增（见图2-17）。2023年，俄罗斯和中亚五国也成为辽宁省的重要出口目的

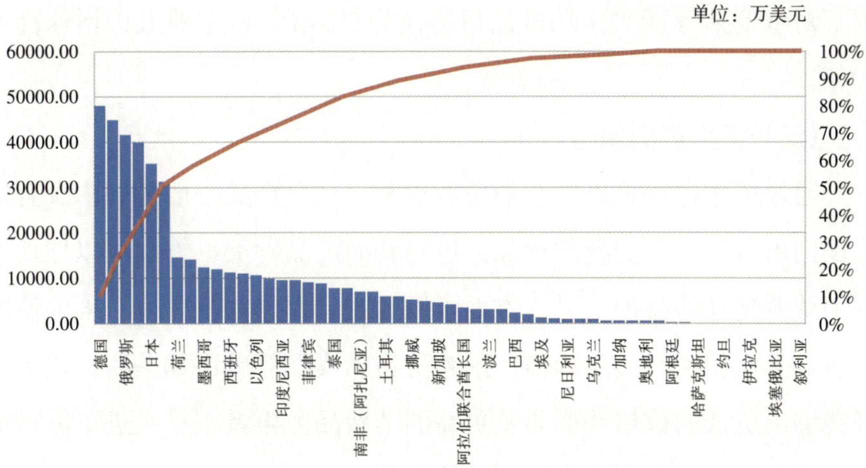

图2-16　2021年吉林省出口目的地分布图

资料来源：《吉林统计年鉴》。

注：左侧坐标轴为吉林省各出口目的地的出口金额（单位：万美元），右侧为各目的地的累积分布概率。

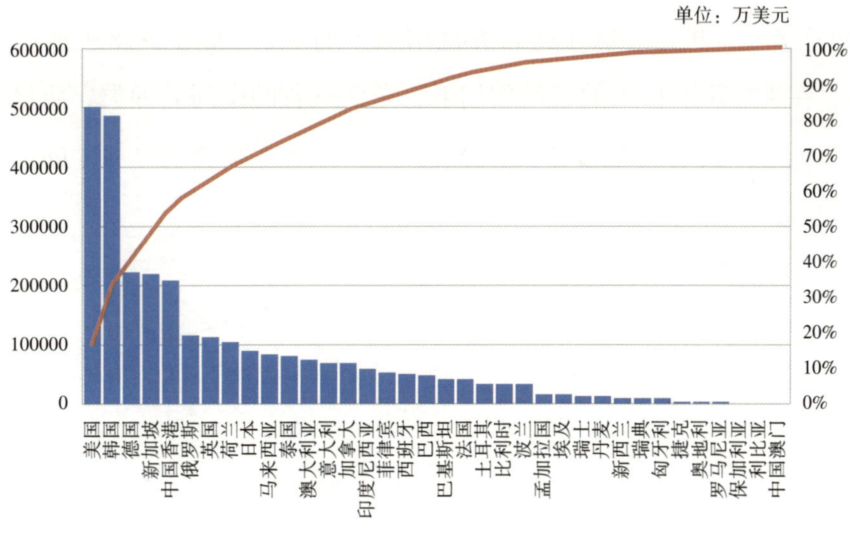

图2-17　2021年辽宁省出口目的地分布图

资料来源：《辽宁统计年鉴》。

注：《辽宁统计年鉴》没有披露所有出口目的地的实际出口额，这里对其所有披露的出口目的地加以展示。左侧坐标轴为辽宁省各出口目的地的出口金额（单位：万美元），右侧为各目的地的累积分布概率。

国，对俄罗斯等新兴市场进出口增速为58.6%，对中亚五国增速高达80%。

（二）扩大进口供给

通过扩大进口可以提升消费者福利。进口产品一般是国内没有或者国内虽有但存在差异的产品。进口新的产品种类一方面可以增加可供消费者选择的品种，另一方面可以通过“促进竞争效应”来促使国内企业降低相关消费品价格，削减价格加成，打破市场垄断，让消费者能够以更低的价格获取质量更高的消费品。再者，扩大进口需求可以促进企业全要素生产率进步和技术创新。

近年来，东北三省进口总额呈波动上升的态势，吉林省和黑龙江省进口总额均在100亿—200亿美元之间，呈现波动式状态；辽宁省的进口总额则从2010年的不到400亿美元一举上升为2021年的接近700亿美元，进口总额在这11年间增加了81.7%（如图2-18所示）。

在进口不断扩大的带动作用下，东北三省的中间品种类、质量均有所提高，企业创新能力不断提升，最终实现了高质量发展中的出口

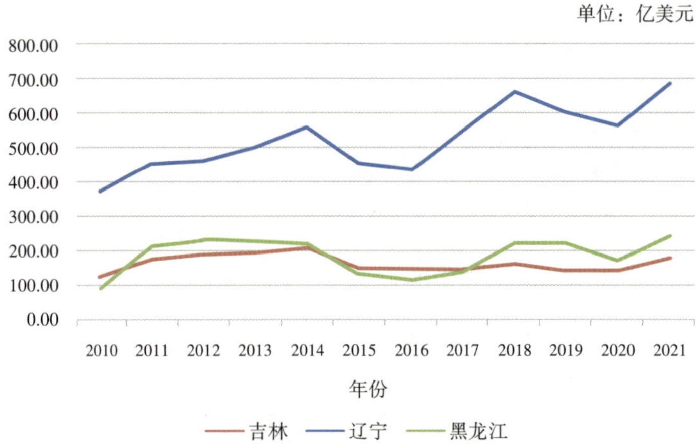

图2-18　2010—2021年东北三省进口总额

资料来源：《辽宁统计年鉴》、《吉林统计年鉴》和《黑龙江统计年鉴》。

质量不断提高。

（三）发展数字贸易

《中国数字经济发展报告（2022年）》显示，我国2021年数字经济规模已经达到45.5万亿元，同比名义增长率为16.2%，占GDP比重达到39.8%，数字经济成为国民经济中新的经济增长点，也成为改造提升传统产业的重要支点。东北地区数字经济发展潜力大，且开展数字经济建设将极大地盘活东北原有的重工业基础，帮助东北依靠平台技术和产业互联网等手段，实现数字经济与农业、工业、服务业和政府治理的深度融合，促进当地经济的数字化和现代化发展。

上述两个小节也提及，东北地区近年来的进出口贸易额不断增长，在扩总量的同时，东北地区应当逐渐调整出口服务的结构，树立东北特色标签，而笔者认为发展数字贸易将成为东北发展的一个特色。

一方面，东北数字经济发展基础弱，但近年来发展速度加快，各方面实力均有所增强。根据清华大学公布的《中国新型基础设施竞争力指数报告（2022）》，东北三省在融合基础设施建设上仍存在较大的差距，但是在信息基础设施建设和创新基础设施建设方面卓有成效。特别是辽宁省，在创新基础设施建设上得分79.97，位居全国第十，具有较好的基础（见图2-19）。

另一方面，东北地区地理位置特殊，数字技术可以帮助其畅通国内国际循环，开辟国际商贸新业态。东北地区地处东北亚核心区域，是毗邻日本、韩国、俄罗斯的边境省份，且海陆口岸可以辐射远东和东亚等广大区域。在俄乌冲突爆发后，中日韩和中蒙俄贸易的重要性均不断上升，且欧洲等国际市场出现了轻工业产品与农副食品的供应短缺，为东北数字贸易发展提供了契机。在此基础上，近年来东北三

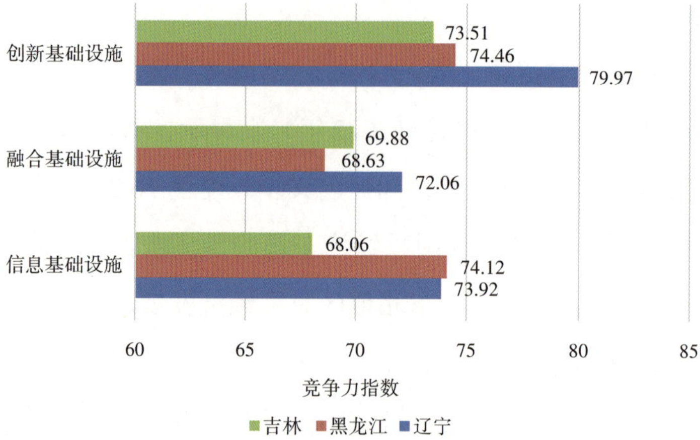

图2-19　东北三省新型基础设施竞争力指数一览图

资料来源：清华大学《中国新型基础设施竞争力指数报告（2022）》。

省成为我国新的外贸增长点。如果可以充分利用数字经济的优势，开拓平台经济，同时实现数字经济与工业、农业、交通运输业的合理整合，东北经济将迎来巨大的腾飞。

具体来说，东北地区凭借数字经济的红利，跨境电商事业如火如荼。走进珲春东北亚跨境电商产业园，一派繁忙景象随即映入眼帘。该产业园总投资6.5亿元，容纳商品展销、创业孵化、金融结算、仓储物流等多种功能，带动了当地产品融入全球跨境电商供应链。黑龙江则形成哈尔滨、黑河、绥芬河和同江跨境电商综合试验区“四区并立”的格局，容纳跨境电商429家，帮助小米、海尔等一线品牌出海，带动东北特色农产品的出口。辽宁则根据其区位优势，鼓励开展面向RCEP成员国和“一带一路”相关国家的跨境电商进口商品仓播和出口商品海外直播等新业态新模式，培育跨境直播服务型基地，组建多语种专业化直播团队，借助数字经济的红利开展B2B、B2C直播营销，为传统商贸业和制造业企业开拓了国际市场。

（四）“引进来”与“走出去”相结合

东北地区各年份内的实际使用外资金额呈现下降趋势，但外资企业数目和外资企业投资总额呈现平稳增长的趋势。在实际使用外资金额方面，东北三省在2018年后整体呈现下降趋势，但辽宁省的情况仍然显著好于其他两个省份。该情况与全国数据保持一致，即在中美发生经贸摩擦后，尤其是受到之后新冠疫情的冲击，中国整体外来直接投资额不断下降，并于2023年呈现出外来直接投资（即直接投资负债方）118亿美元净流出。

值得庆幸的是，东北三省外资企业登记户数基本保持不变，且外商投资总额在2018—2022年逐年递增。黑龙江省外商登记户数基本保持在5000余家左右，辽宁省的外商登记户数略有下降，但也保持在16000家左右。与此同时，两省的外商投资总额均在2018—2022年保持增长态势，辽宁省的外商投资总额在2021年达到4602.6亿美元，相比2018年增长了21.93%；黑龙江省的外商投资总额则在2022年达到1797.6亿美元，是2018年外商投资总额的4倍还多（见图2-20和图2-21）。这些数字均证实，尽管新增外商投资额在减少，但东北三省仍然牢牢吸引着已有的外商投资，并保持着远高于国内其他省份的增速。

在“引进来”前景有限的情况下，目前“走出去”成为中国更好进行对外开放、融入全球市场的直接手段。从全国的层面来看，2022年中国对外直接投资流量达到1631.2亿美元，连续11年列全球前三，中国对外直接投资存量达2.75万亿美元，连续六年排名全球前三（见表2-8）。

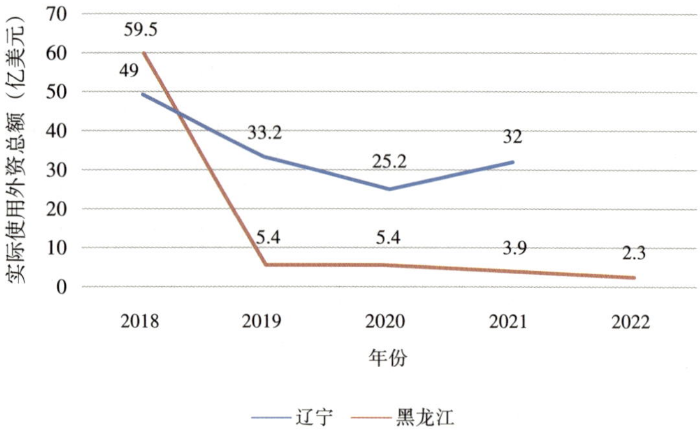

图2-20　东北两省实际使用外资数据一览图

资料来源：《辽宁统计年鉴》《黑龙江统计年鉴》。

注：《吉林统计年级》尚未公开相关指标，且《辽宁统计年鉴》尚未公布2023年统计年鉴，缺少2022年数据，因此绘图仅包含辽宁省2018—2021年和黑龙江省2018—2022年实际使用外资总额的数据。

图2-21　东北两省外商投资总额和外商登记户数一览图

资料来源：《辽宁统计年鉴》《黑龙江统计年鉴》。

注：《吉林统计年级》尚未公开相关指标，且《辽宁统计年鉴》尚未公布2023年统计年鉴，缺少2022年数据，因此绘图仅包含辽宁省2018—2021年和黑龙江省2018—2022年外商投资总额和外商登记户数数据。

表 2-8　2012—2022 年中国对外直接投资情况

年份	流量		存量	
	金额/亿美元	全球位次	金额/亿美元	全球位次
2012	878.0	3	5319.4	13
2013	1078.4	3	6604.8	11
2014	1231.2	3	8826.4	8
2015	1456.7	2	10978.6	8
2016	1961.5	2	13573.9	6
2017	1582.9	3	18090.4	2
2018	1430.4	2	19822.7	3
2019	1369.1	2	21988.8	3
2020	1537.1	1	25806.6	3
2021	1788.2	2	27851.5	3
2022	1631.2	2	27548.1	3

资料来源：《2022 年度中国对外直接投资统计公报》。

东北作为中国面向东北亚开放的重要门户和核心区域、“一带一路”倡议重要组成部分和中蒙俄经济走廊的战略支撑区，具有对外开放的地缘优势，要积极发展对外直接投资。黑龙江省已在60个国家设立了境外投资企业，承包工程业务遍布29个国家和地区。目前全省每年实际开展对外贸易业务的企业2000多家，国有企业、私营企业、外资企业进出口分别占50%、40%和10%。辽宁省则大力鼓励企业“走出去”，涌现了一大批优秀示范企业。朝阳浪马轮胎有限责任公司在巴基斯坦投资3573万美元成立巴基斯坦第一个全钢载重子午线轮胎制造、研发基地，巴基斯坦总统阿里夫·阿尔维在中巴合资轮胎工厂落成仪式上发表致辞，认为这一合作将成为中巴经济走廊和“一带一路”的明星项目，标志着巴基斯坦轮胎制造业进入新阶段。沈阳铝镁设计研究院有限公司则在西方公司的竞标下，成功承揽印度尼西亚阿萨汉铝业单系列电解槽升级改造项目，项目签订合同额9975万美元，将沈阳铝镁院先进、高效、安全的电解槽工艺技术应用于印度尼西亚电解铝产业。中铁九局、沈阳特变电工、沈阳远大、东电一公司、水电六局、北方重工等企业，在铁路制造、输配电工程、工业建设、民用建筑等领域实施一批高标准国际产能合作项目，实现了中国标准和规则的“软联通”，带动了辽宁装备制造出口。吉林省虽然对外直接投资相对薄弱，但也高度重视“走出去”，于2018年成立了对外投资协会，服务吉林企业，帮助吉林企业抱团出海。

（五）坚持高质量发展“一带一路”倡议

目前，就全国层面而言，落地“一带一路”倡议的重点是做好陆上丝绸之路向东、海上丝绸之路向北发展。因为就推进陆上丝绸之路建设而言，丝绸之路经济带贯穿中亚、东欧地区，阿富汗、乌克兰等国的地缘政治冲突频繁，深入投资合作存在较大风险，所以“西进”不太现实。而在“南下”方面，由于自由贸易规则的差异，短期内中国加入《全面与进步跨太平洋伙伴关系协定》（CPTPP）的难度较大，海上丝绸之路向南发展的阻力增大。同时，“一带一路”还面临着西方替代性计划的竞争压力。近年来，以美国为首的西方国家看到了亚非地区基础建设的经济效益和政治意义，宣扬“债务陷阱论”，推出“蓝点网络”计划、“重返更好世界”倡议和“全球联通欧洲”计划，限制中国“一带一路”倡议发展。而就东北地区来说，东北地区是陆上丝绸之路向东的重要区域，中蒙俄经济走廊建设已卓有成效；同时，东北地区还是海上丝绸之路向北发展的关键起点，有利于中日韩经济合作不断加强。

东北地区应不断加强与“一带一路”沿线国家的各类基础设施建设，出台相应鼓励政策，带动东北地区高质量发展“一带一路”倡议。东北地区作为东北亚开放的前沿，针对“一带一路”沿线合作，新开了一系列班列设施，还建立了诸多油气资源运输管道和电力基础设施合作项目。在交通基础设施建设方面，东北三省取得了一系列成就。2015年，中欧班列“长满欧”（长春—满洲里—欧洲）正式运行，该班列由吉林省长春市始发，经满洲里铁路口岸出境，途经俄罗斯西伯利亚、白俄罗斯布列斯特、波兰华沙，终点为德国纽伦堡，全程9800公里，单程运行时间为14天，比海运节省20多天，成为吉林高质量融入“一带一路”倡议的首个标志性项目。此后，东北三省还开通了卡车航班、海铁联运等物流通道，并采用“借港出海”、畅通

表2-9 东北亚区域内跨境油气管道情况

名称	线路	当前状态
泰纳线	泰舍特—斯科沃罗季诺—纳霍德卡	2009年投入使用
泰纳线中国支线（即中俄原油管道）	斯科沃罗季诺—大庆	2009年投入使用
中俄天然气管道东线	东西伯利亚的伊尔库兹克—黑河	2019年投入使用
中俄天然气管道西线	西西伯利亚地区—阿尔泰地区—新疆	2014年签署框架协议
俄朝韩天然气管道	俄罗斯—朝鲜—韩国	商议中
俄日油气管道	俄萨哈林—日北海道	多次提及

海运新渠道等方式促进面向“一带一路”沿线国家的货运发展。在油气资源运输管道建设方面，我国与俄罗斯建立了诸多合作，目前中俄原油管道、中俄东线天然气管道项目、亚马尔液化天然气项目等均途经东北地区，有助于填补我国油气资源供应缺口，优化我国能源消费结构。在电力基础设施互联互通方面，我国一直推动东北亚电力基础设施合作，积极寻求与东北亚地区国家的电网互联互通。目前，中蒙输电线路项目、中俄直流联网工程等项目正式启动，《东北亚电力联网合作备忘录》也正式签署并推行，促进了东北地区与东北亚地区的交流。

在这一系列组合拳下，东北三省与“一带一路”沿线国家的贸易额屡创新高，东北三省正在逐步找准定位，融入“一带一路”倡议，并取得了亮眼的成绩。2022年，吉林省对“一带一路”沿线国家贸易额创历史新高，进出口实现541.7亿元，同比增长8.2%，中欧班列面向海外的“汽车班列”“新能源班列”实现首发，出口汽车1024辆、进口清洁能源8671吨；“海洋班列”“煤炭班列”运量分别同比增长178.2%、20.7%。其中，两大综合保税区长春兴隆综合保税区、珲春综合保税区进出口总额均实现大幅增长，成为带动吉林省高质量发展“一带一路”倡议的重要力量。

2022年，黑龙江省货物贸易进出口总值为2651.5亿元，也创历史新高。其中，黑龙江省对“一带一路”沿线国家进出口总额为2087.4亿元，增长率为39%，占黑龙江省外贸总值的78.7%，对RCEP贸易伙伴进出口240.3亿元，增长率为32.2%，占黑龙江省外贸总值的9.1%，成为拉动黑龙江省对外进出口发展的重要推动因素。

无独有偶，辽宁省在高质量融入“一带一路”倡议上也有着亮眼的表现。2022年1—11月，辽宁对“一带一路”沿线国家进出口总额为2709.6亿元，同比增长20.8%。对东盟10国进出口总额为675.5亿元，同比增长15.4%，对中东欧国家进出口总额为237.8亿元。2022年1—11月，全省共备案（核准）对外直接投资企业37家，协议投资总额为1.8亿美元，其中中方投资额1.5亿美元。全省对外直接投资流量1.2亿美元。对外承包工程完成营业额12.9亿美元，同比增长63.2%，在“一带一路”沿线重点国家承包工程项目完成营业额6.2亿美元，同比增长107.7%。在“一带一路”沿线重点建设和培育境外经贸合作园区达到9个，主要分布在亚洲、非洲、中东欧地区。其中，罗马尼亚辽宁经贸合作区、印度特变电工能源产业园、乌干达辽沈工业园、印度尼西亚罕王富域产业园已经初具规模。

（六）在RCEP的基础上成为中日韩开放桥头堡

中国与日韩具备良好的合作基础。2015年6月，中韩自由贸易协定签署。2022年7月，中韩开启自贸协定第二阶段谈判，以负面清单模式开展高水平服务贸易和投资自由化磋商，中韩高水平开放合作基本形成。2020年11月，中国与日、韩等15国正式签署了《区域全面经济伙伴关系协定》（RCEP），2022年1月，RCEP对中日正式生效，次月对韩国生效。至此，中日韩三国间自贸协定首次达成。RCEP的签署大幅降低了中日韩三国间的关税壁垒，扩大了其他成员国市场对中国的需求，丰富了中国的自贸伙伴，扩展了中国的自贸网络，有效提升了中国与日韩经贸合作的规模。特别是原产地累积原则的出现，极大深化了区域内价值链，促进中国更好使用成员国原材料并出口到RCEP成员国。图2-22为2000—2022年中国与RECP国家的进出口情况。

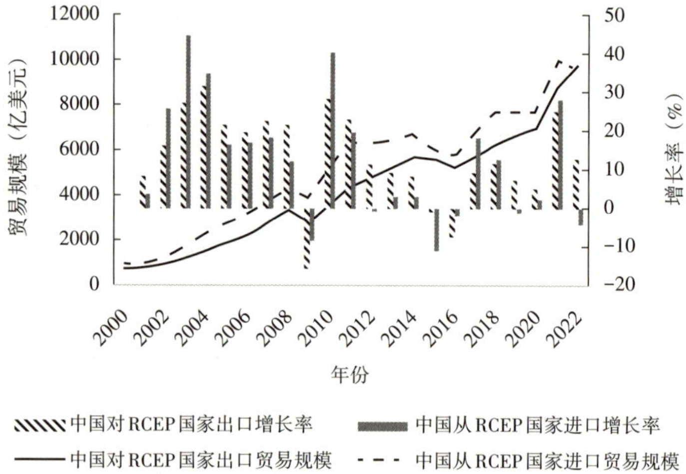

图2–22　中国与RCEP国家进出口情况

资料来源：《中国统计年鉴》和中国海关。

与日本、韩国毗邻的东北三省，在RCEP发展的过程中收到了极大的红利。考虑到CPTPP冻结了原有部分知识产权条款，保留了TPP中95%的条款，例如有关国有企业和垄断、劳工、环境等规则，近一两年加入CPTPP难度较大，东北三省将在RCEP的作用下，在近年内成为中国对日本、韩国开放的桥头堡。

至今，东北地区在中日韩合作中的重要性已经充分体现，日本、韩国成为东北三省的重要贸易伙伴国。截至2023年10月，辽宁省对日进出口总额为763.06亿元，同比上升0.54%；对韩进出口总额为536.34亿元，同比上升9.73%。同期，韩国成为吉林省第二大出口国，吉林省四分之一的外资企业来自韩国。2021年，吉林省对RCEP成员国进出口总额为243.7亿元，其中对韩进出口总额为56.8亿元，同比增长11.1%。2022年前4个月，吉林省对韩外贸进出口总额达18.8亿元，同比增长5.8%。黑龙江省尽管主要发展与俄罗斯的边境贸易，但RCEP仍然成为黑龙江省外贸的第二大目的区域。2023年上半年，黑龙江省对RCEP贸易伙伴进出口总额为133.2亿元，增长18.2%，高出整体增速1.6个百分点，占全省外贸总值的9.3%，规模惊人。

综上，中国经济已然进入以高质量发展为特征的新发展阶段，未来要坚持问题导向和目标导向相结合的指导方针，全面理解五大新发展理念，持续以“双循环”为推手，全力构建新发展格局，坚持推进高质量发展，以促进中国式现代化的实现和中华民族的伟大复兴。东北地区已经充分发挥自身能动性，积极融入国家战略规划，交出了一份亮眼的答卷。

第三章
三方面结合

第一节　问题导向和目标导向相结合①

东北经济的高质量发展乃至东北的全面振兴，正如习近平总书记“9·7”讲话所指出的，必须坚持目标导向与问题导向相结合，秉持新发展理念促进高质量发展。创新、协调、绿色、开放、共享五大新发展理念是目前中国经济发展的目标所在，瞄准目标并结合各个目标中的问题逐个击破，是构建新发展格局的重要方法与实现路径。

一、创新作为第一动力

创新分为狭义创新和广义创新。狭义的创新又分为两个部分：技术进步和科技创新。技术进步是指企业提升管理效率或降低管理成本。不管是大企业、中小企业还是小微企业，都能通过改善管理、降

① 本节部分内容已发表在《理解中国经济高质量发展》，《中山大学学报》，2024年第1期。

低管理成本来实现技术的进步。这也是“大众创业、万众创新”的意义所在。而产品创新则是从无到有的突破，难度远远大于技术进步，需要大量的研发投入，只能以大型科研机构为载体。中国的创新水平可以从创新投入和创新产出两方面进行衡量。2022年中国的研发投入强度（研发投入占GDP的比重）为2.54%（见图3-1），接近OECD2.6%的平均水平。研发包括研究和发展两个部分，研究部分又分为应用研究与基础研究。目前中国的研发投入，无论是人员还是经费，多集中在试验发展以及应用研究上，而在基础研究上的投入较少，经费比重只有6.57%，与发达国家10%的比率相比较低（见表3-1）。未来，中国在创新投入上应更加着力于原创型创新，在政策上应加大对基础研究的扶持。对创新产出的衡量可以看专利数量。中国的专利产出总量很大，但多为实用新型专利，发明专利较少（见图3-2）。目前中国创新的重点在突破“卡脖子”问题，深入推进“科技创新2030—重大项目”，是攻破难关的一个关键。而担当攻关主力军的将是位于中部的企业，因为中部企业相比于头部与尾部的企业，面临激烈的竞争，需要进行产品的升级迭代突破瓶颈，实现持续发展。

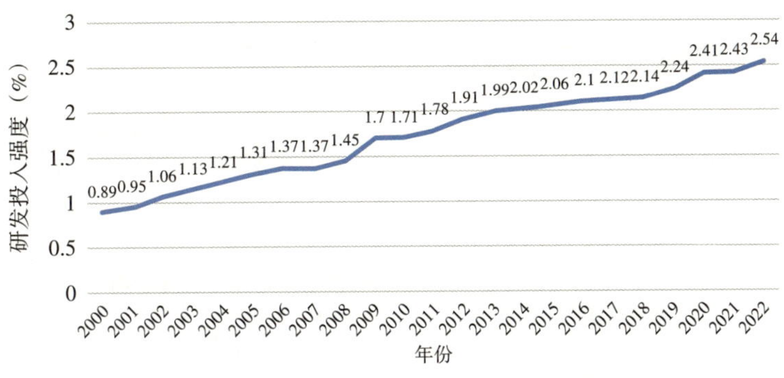

图3-1　2000—2022年中国研发强度

数据来源：中经网统计数据库。

表 3-1　2012—2022 年三类研发的人员及经费占比

单位：%

年份	基础研究		应用研究		试验发展	
	人员占比	经费占比	人员占比	经费占比	人员占比	经费占比
2012	6.54	4.84	11.82	11.28	81.64	83.87
2013	6.32	4.68	11.20	10.71	82.48	84.60
2014	6.34	4.71	10.97	10.75	82.69	84.54
2015	6.74	5.05	11.45	10.79	81.82	84.16
2016	7.08	5.25	11.32	10.27	81.60	84.48
2017	7.19	5.54	12.14	10.50	80.67	83.96
2018	6.96	5.54	12.30	11.13	80.74	83.33
2019	8.17	6.03	12.82	11.28	79.02	82.69
2020	8.15	6.01	12.29	11.30	79.56	82.68
2021	8.26	6.50	12.09	11.25	79.65	82.26
2022	8.01	6.57	11.66	11.31	80.31	82.11

数据来源：中经网统计数据库。

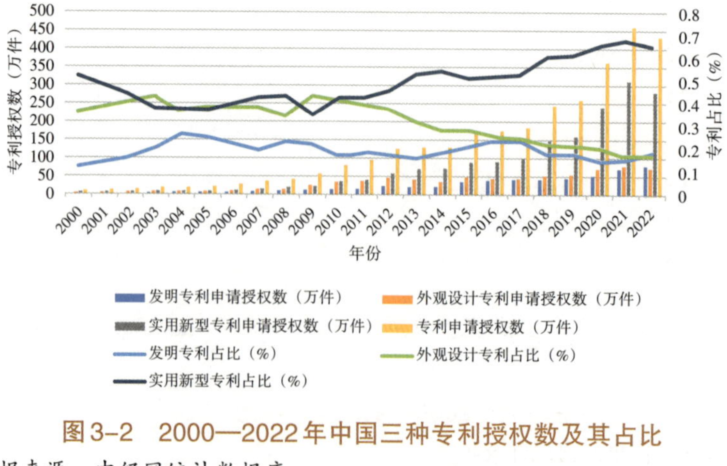

图 3-2　2000—2022 年中国三种专利授权数及其占比

数据来源：中经网统计数据库。

广义的创新是指对规则、规制、标准、管理四个方面的创新。这里以设立自由贸易试验区与自由贸易港两个例子来加以说明。2013年，中国首个自由贸易试验区在上海挂牌，经过七次扩容，中国自由贸易试验区已经有22个①，覆盖了东部、中部和西部地区。自由贸易试验区通过创新性地实施外商投资准入前国民待遇加负面清单管理模式，即通过给予外资企业和内资企业相同的待遇，并且不断缩短准入负面清单，积极融入全球一体化，参与全球经贸治理。当前，准入前国民待遇加负面清单管理制度还可以进一步优化。其一是明确准入前国民待遇是给予外资企业与国企相同的待遇还是与民企相同的待遇。其二是负面清单仍然限制较多，需要对负面清单进行瘦身，减少禁止投资的种类和数量。第二个例子是在海南建设中国特色自由贸易港。海南全省通过"数据多跑路，办事少跑腿"持续优化营商环境，推进实现贸易自由便利、投资自由便利、跨境资金流动自由便利、人员进出自由便利、运输来往自由便利和数据安全有序流动。这足以体现中国在规则制度方面的创新态度。

二、协调作为内生特征

协调分为区域协调、城乡协调和行业协调。行业的兴衰交替更多是市场调节的结果，因此重点在区域协调与城乡协调。区域协调的目标是实现新型农业现代化、新型工业化、新型城镇化和新型信息化。其中，新型工业化和新型城镇化间的协调至关重要，二者如果差距太大将影响经济发展和社会稳定。如果新型工业化太超前而新型城镇化

① 自2013年9月27日至2023年10月21日，中国陆续在上海、广东、天津、福建、辽宁、浙江、河南、湖北、重庆、四川、陕西、海南、山东、江苏、广西、河北、云南、黑龙江、北京、湖南、安徽、新疆设立自由贸易试验区。

滞后，则会导致劳务力供给不足，劳务工资上升，企业利润下降，政府税收下降，影响地区经济可持续发展。如果新型城镇化太超前而新型工业化滞后，则会导致进城务工人员增加，工作岗位不足，出现大量的低收入人群，严重影响社会稳定（比如南非等国家）。中国目前新型工业化适度超前，而新型城镇化不足，所以需要弥补新型城镇化短板。

推动新型城镇化有两个策略方向：一是大力发展城市群，二是去中心化。目前，我国的一线城市群共有5个，以总量来排序，最大的两个城市群分别是长三角和粤港澳，接着是京津冀、成渝和长江中游城市群。除了这五大城市群，在北方，发展较好的有哈尔滨长春城市群、沈阳大连城市群、山东半岛城市群、郑州和亳州城市群。在南方则有福州–厦门–泉州的海峡西岸城市群。然而，城市群的成长也有限度，一个城市的人口极限大约在4000万左右，没有哪个城市能够真正拥有超过5000万人口。4000万人口的城市，它的水、土地、绿化等存量都达到极限。在当下，生活成本过高，环境承载压力过大，使得超一线城市对人才的吸引力在下降。随着高铁的迅速发展，高铁枢纽逐步成为新的城市化中心，中国也就慢慢步入去中心化的时代。在推进新型城镇化的过程中，注重城乡协调发展也十分重要。若以城乡人均可支配收入之比作为城乡收入差距的衡量指标，2008年金融危机之前全国城乡收入差距非常大，达到了3.14，到现在已经降到了2.45。浙江在城乡协调发展上表现突出，收入差距在1.90（见表3–2）。

三、绿色作为普遍形态

从国际角度看，绿色环境保护是全球可以共同对话的议题。中国

表 3-2 2022 年全国及部分省份城乡人均可支配收入之比

地区	城乡收入比	地区	城乡收入比	地区	城乡收入比	地区	城乡收入比
全国	2.45	黑龙江	1.89	河南	2.06	贵州	3.00
北京	2.42	上海	2.12	湖北	2.16	云南	2.78
天津	1.83	江苏	2.11	湖南	2.42	西藏	2.68
河北	2.13	浙江	1.90	广东	2.41	陕西	2.70
山西	2.42	安徽	2.31	广西	2.28	甘肃	3.09
内蒙古	2.36	福建	2.15	海南	2.10	青海	2.68
辽宁	2.21	江西	2.19	重庆	2.36	宁夏	2.45
吉林	1.96	山东	2.22	四川	2.32	新疆	2.32

数据来源：中经网统计数据库。

是第一个把保护生态环境写入宪法的国家，也是把“绿水青山就是金山银山”纳入党章的国家。中国积极参与了1997年的《联合国气候变化框架公约》、2012年的《京都议定书》以及2016年的《巴黎协定》，并始终坚持环境保护共同承担、分别负担的原则。这一原则在具体落地上有三个关键点：一是碳排放的累积核算，二是环境保护与发展权的平衡，三是生产与消费端的责任分担。

首先，碳排放是一个长期积累的过程，不能只关注某个时间节点上的实时排放量，而要考虑其累积排放量并加以核算。进行核算则需要确定一个核算起点。如果从1871年德国统一为起点，美国应该承担全球碳排放的29%，欧盟为25%，中国为9%，日本为4%。核算的起点不同，则相应的各国应当承担的责任也就不同。其次，人口大国与人口小国碳排放是不同的。一个正在工业化的国家与一个已经完成工业化甚至开始去工业化的国家的碳排放也是不同的。表面上看，这是要求对碳排放的限制要考虑人口规模、发展阶段等多种因素，实际上这涉及环境保护与发展权的排序问题。此外，生产端和消费端谁应该为碳排放负责呢？生产端认为，如果消费端不消费就没有生产，需求创造供给，所以生产端不应为此买单。消费端认为，生产端的技术水平决定碳排放，并且已经为购买的产品支付价格，为生产端的生产创造就业，所以应该由生产端来买单。实际上，双方都应该承担一部分，因此具体比例是多少变成了关键问题，需要有说服力的理由和合理的根据。

从国内角度看，中国要在2030年实现碳达峰，在2060年实现碳中和。“双碳”目标面临着两个挑战。其一是提前达峰与经济发展的权衡。地方提前达峰的好处是“政绩亮眼”，坏处是可能限制经济的发展。其二是从碳达峰到碳中和只有30年时间。根据计算，一般发达国家完成这一过程需要50年的时间，所以对中国来说这个过程任重而道远。“双碳”经济的核心包括两方面：第一是提高非化石能源占一次能源的消费比重，第二是对传统能源要“先立后破”。2022年，水电、核电、风电、太阳能发电等非化石能源消费量占能源消费总量的17.5%（见图3-3），与其他国家基本一致。未来的目标是在2030年将这一比例进一步提升到25%。此外，对于传统能源的更迭升级要坚持“先立后破”。“先立”一方面要求各省市因地制宜，根据自身特长和要素禀赋发展绿色能源，另一方面要求发展技术解决能源储存、调配与输送问题。以风电为例，中国风资源规模巨大而且集中分布在“三北”（西北、华北、东北）地区，但是“三北”地区市场规模小，难以就地消纳。同时，风电本身具有波动性和间歇性等特点，风电并网需要配套建设调峰电源，“三北”地区电源结构单一，基本没有调峰能力，而且远离负荷中心，跨区输电能力不足。因此，是否能够通过发展技术使过剩能源储存并卖到其他省份以获得收益便是“先立”的关键。

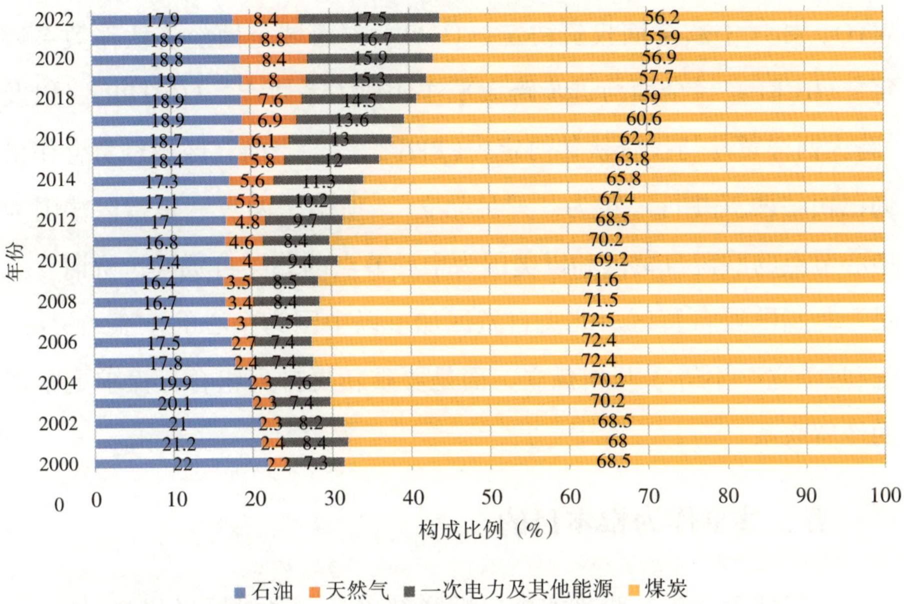

图3-3　2000—2022年中国能源消费结构

数据来源：中经网统计数据库。

四、开放作为必由之路

中国式现代化是走和平发展道路的现代化，这是党中央的一个方向性定调。中国能够继续走和平发展道路来实现现代化的决定性因素是现在还处于经贸全球化的时代。经贸全球化取决于生产地区化和贸易多边化。生产地区化是指产品由不同的国家生产，之后找到一个国家组装和包装。贸易多边化是指将生产的产品卖到世界各地。即使在一些国家推行贸易保护主义、贸易单边主义、贸易欺凌的今天，这两个特征也没有发生根本性的变化，因此经贸全球化依然存在，只是如今的全球化出现了价值链短链化的新现象。比如原来一个产品由50个国家生产，现在减少到由30个国家生产，这会导致利益的重新分配。目前，由于WTO的改革停滞不前，区域经贸合作逐渐取代WTO，如《中欧全面投资协定》(CAI)、《区域全面经济伙伴关系协定》(RCEP)、《全面与进步跨太平洋伙伴关系协定》(CPTPP)，以及《跨大西洋贸易与投资伙伴协定》(TTIP) 等。当前，区域经贸合作格局已由“两翼并行”转为“三足鼎立”。所谓“两翼”是指以德国为中心节点的欧盟自贸区和以美国为中心节点的北美自贸区，所谓“三足”是指欧盟自贸区、北美自贸区加上以中国为中心的东亚经贸圈。“三足鼎立”不等于互相孤立，而是要重新再排列组合，谋求更紧密的经贸联系。

五、共享作为根本目的

共享理念分为三步来实施，即脱贫攻坚、乡村振兴和共同富裕。就脱贫攻坚而言，中国的脱贫攻坚成就非凡。从2015年的贫困人口5575万到2021年底降到零，这得益于中国强大的治理能力，保证每项政策纵向到底，横向到边，通过五级书记挂帅、第一书记驻村的方式建档立卡，实施精准扶贫，采取了产业脱贫等有效途径，实现了经济社会的长足发展。脱贫攻坚取得全面胜利是万里长征的第一步。下一阶段工作的关键在于防止脱贫地区大规模返贫，所以乡村振兴非常关键。

乡村振兴必然要依靠产业振兴。目前，中国很多产业分布在沿海地区，这些产业大致可分为劳动密集型产业与资本密集型产业。从20世纪四五十年代开始，劳动密集型产业由美国转移到欧洲，五六十年代转移到日本，七八十年代转移到东亚，80年代后转移到中国。劳动密集型产业会不断地向劳动力更便宜的地方转移。随着我国劳动力比较优势的逐步丧失，劳动密集型企业从我国转移到海外是大势所趋。但是对于资本密集型产业而言，其资本投入大于劳动投入，而资本投入对于产业链配套上下游的距离有严格要求，所以资本密集型产业不用转移。换言之，资本密集型产业在相当一段时间内还无法转移到东亚或者非洲，因为那里的产业链配套是不成熟的。所以沿海地区的资本密集型企业可以借助我国的全产业链优势继续留在我国，并依托新“三线”建设，向中西部的省份转移。中西部地区又恰是脱贫攻坚的主导区域，因此可以通过沿海地区转移来的产业来推动乡村振兴。

贯彻共享理念的第三步在于实现共同富裕。共同富裕强调的是机会公平而非结果公平。党的二十大报告明确指出，强调机会公平，就是要给予每个人一个公平致富的机会。即政府提供平台，鼓励体力劳动者勤劳致富、脑力劳动者创新致富。

目前中国仍处于效率优先、兼顾公平的过渡期。在这一阶段，我们要优化三次分配格局，通过“提低”“扩中”“调高”来提高劳动者的收入。“提低”，即提高低收入群体的收入。这一环节的重点和难点在于完善落后经济省份的养老保险制度。“扩中”，即扩大中等收入群体的比重。这一环节的目标是使全国的收入分布结构呈现两头小中间大的橄榄型。中等收入指三口之家的年均收入在10万到50万之间。目前中等收入群体的比例为35%~40%。形成这种橄榄型结构的关键是提升居民可支配收入。一方面是提高居民总收入，另一方面是提高可支配收入占总收入的比重，换言之，要继续坚持减税降税以增加居民可支配收入。“调高”，即调节过高收入。在这一环节需要进行税制改革，鼓励勤劳致富，反对不劳而获、坐吃山空。以英国衰退的经验为鉴。英国作为19世纪的“日不落帝国”之所以被美国赶上，重要的原因之一便是19世纪末20世纪初出现了大量的食利阶层，他们仅依靠父辈留下的财富，通过放贷维持生存，最终使得经济整体失去活力、创新力和持久力。因此，我们必须高度警惕财富代际传承的不可持续性。除此之外，通过税制改革，完善再次分配机制，也势在必行。征收遗产税是一个可行的手段。如果开征遗产税，公司会将交税的钱捐赠出去来抵税，这一方面能够促进行业和国家的发展，另一方面也能改善中国的捐赠体系。目前，在中国的捐赠体系中个人捐赠太少，机构捐赠较多，总量不足而结构失衡，所以，征收高的遗产税其实非常有利。

第二节　锻长板和补短板相结合

在东北全面振兴的历史征程中，一个核心战略就是坚持“锻长板、补短板”相结合。习近平总书记在“9·7”讲话中特别强调了这一战略的重要性。东北，这片曾经的工业重地，正站在转型升级的关键路口，迎来了新的挑战与机遇。这一战略不仅要求我们发挥和加强地区的传统优势，也要求我们敏锐地识别和有效地解决存在的问题，为实现高质量发展奠定坚实基础。

东北地区的“长板”，即深厚的工业基础、丰富的自然资源和优越的战略地理位置，是我们宝贵的资产。通过创新驱动，我们可以进一步发挥这些优势，为东北注入新的活力。然而，要实现真正的全面振兴，仅仅依赖传统优势是不够的。东北的发展也面临着一系列“短板”，包括体制机制的僵化、资产观念的落后、产业结构的单一性和对外开放的不足，以及新出现的民营经济、海洋经济和县域经济等方面的挑战。我们将采取有力的措施，通过政策调整、技术创新和产业升级，逐步消除这些障碍，释放经济新动力。

一、锻长板——挖掘传统优势，引领东北新时代

东北地区作为中国工业的摇篮，拥有一系列独特的优势。这些优势不仅是东北历史上辉煌成就的基石，也是未来发展的关键起点。

第一，在工业基础方面，东北地区不仅工业基础深厚，而且产业体系极为完备。这里拥有从原材料提炼、加工到高端制造的全产业链，特别是在钢铁、汽车、造船、化工等领域拥有显著优势。多年的工业发展积累了丰富的技术经验和工艺知识，为地区的工业升级打下了坚实基础。同时，东北地区的工业集群效应显著，特别是在一些传统工业城市，如沈阳、大连、哈尔滨等地，形成了密集的工业集聚区。这些集聚区不仅为地区经济发展提供了稳定的经济输出，也为新兴产业的发展创造了有利条件。

第二，在自然资源方面，东北地区地大物博、资源丰富，富含煤炭、石油、天然气、贵金属等资源；东北地区还是中国重要的粮食生产基地，拥有肥沃的黑土地，是我国主要的农产品产区，其农业资源对于保障国家粮食安全和推动农业现代化具有重要意义；并且东北地区森林资源丰富，尤其是大兴安岭和小兴安岭地区，森林覆盖率高，是国家重要的天然林保护区。林业不仅是东北的传统产业，也是生态保护和绿色发展的重要基础。

第三，在战略地理方面，东北地区地处中国与俄罗斯、朝鲜、蒙古国等国家的交界处，具有重要的地缘政治和经济意义。这一战略位

置使东北地区成为中国对外开放和国际合作的重要门户，特别是在“一带一路”倡议和中俄经贸合作中发挥着关键作用。凭借地理优势，东北地区正在成为中俄文化交流和国际旅游合作的重要区域、东北亚地区经济合作的重要平台，以及连接中国内陆与东北亚各国的物流枢纽重地。

创新，作为推动高质量发展的第一动力，在振兴东北经济中发挥着至关重要的作用。在充分认识并肯定东北地区在工业基础、自然资源和战略地理位置方面的显著优势之后，关键在于如何通过创新驱动将这些优势转化为持续发展的动力。东北地区的雄厚工业基础，完备的产业链条，为区域经济注入了无限可能。这里的产业创新与升级并非仅限于传统领域，如钢铁和汽车制造的技术改良，而是更广泛地延伸至新材料、新能源、数字化和智能制造等前沿领域。这种全面的技术革新与产业转型，有助于提升东北地区产品的附加值，并增强其在全球产业链中的竞争力。自然资源的高效利用同样是创新驱动的关键组成部分。东北地区丰富的农林资源不仅是地区传统优势的延续，也是绿色发展的重要基础。通过引入现代化的农业技术和林业可持续管理理念，东北地区有潜力在生物经济和绿色能源领域取得新的突破。此外，东北地区的战略地理位置为其在国际合作和文化交流中提供了独特优势。创新国际合作模式，如加强中俄、中韩以及中日等经济合作区建设，推动跨境基础设施和物流网络的优化，可以为东北地区带来新的国际合作机遇。总的来说，通过全方位的创新驱动，东北地区能够充分发挥其工业、自然和地理上的优势，进而在全面振兴的道路上实现新的飞跃。

二、补短板——跨越传统与新兴挑战，铸就东北新未来

（一）东北全面振兴面临的四大传统挑战

自2018年9月28日习近平总书记在沈阳主持召开深入推进东北振兴座谈会以来，东北地区面临的“四大短板”问题一直是焦点。这些短板包括体制机制、经济结构、对外开放和思想观念方面的问题。五年来，尽管挑战依然存在，但东北地区在部分关键领域已经取得了显著的进步[①]。

第一，体制机制方面。长期以来，以国有经济为主体的体制机制对东北地区有着深远影响，在企业、市场、制度等方面均有所体现。

一是交易成本亟须关注。实体经济降成本不仅要关注生产经营性税费方面的成本，还要关注交易成本。通过改善制度建设、强化法治和优化政府规章制度，东北地区正在增强其区域竞争力。特别是在现代流通网络的建设上，尽管覆盖范围还不够全面，但东北地区正积极推进综合交通一体化和融合发展，从而优化物流成本和效率，降低区域管理成本，加速区域市场一体化的建设进程。此外，这些努力也有助于东北地区更好融入全国统一大市场，提高地区的经济效率。这些都表明东北地区正在逐步实现内部“人流、物流、信息流”的更为畅达的流通模式，其内在发展动力也因此得到了显著提升。

二是市场监管方面的盲区、死角需要打扫干净。市场监管不力会导致一些领域存在市场准入壁垒，降低市场效率。若是市场监管重点领域存在薄弱环节，监管力度较弱、执法不严，将会直接制约

---

① 本节部分内容发表在《新时代东北全面振兴的机遇和任务》，《人民论坛》，2024年02期。

市场发展提质的进程。东北地区逐渐升级了市场监管形态，并与时俱进进行了监管体制改革。虽然市场监管模式仍有改进空间，但数字化的市场监管模式正在逐步健全，市场监管约束机制的高效性正在得到增强。

第二，经济结构方面。经济结构升级的关键在于产业结构，高质量的产业结构是经济协调发展的内生动力。东北具有良好的产业基础，现阶段，东北地区尽管存在一些不足，传统产业未能占据产业链的高端地位，劳动力成本优势发挥不足，附加值相对较高产业发展不够迅速，产业结构的高质量发展也需持续推进，但也有了长足的进步。

从产业结构的比重上看（见表3-3），东北三省一区的三次产业结构比重由14.2：44.4：41.4发展到13.1：34.6：52.3，可以清晰地看到东北地区在经济转型方面取得了显著进步。其中第三产业比重显著提升，从41.4%增长到52.3%，这表明服务业等现代产业在东北地区经济中的比重正在增加，尽管与全国平均水平54.6%相比略低，但增长势头明显，这一趋势不仅说明东北地区在逐渐减少对传统重工业的依赖，也显示出其经济结构正在向更加多元化和现代化的方向发展。接下来东北地区应更重视“原字号”产业链较短、产品缺乏深度的挖掘和加工、产品附加值偏低的问题。同时东北三省一区的研究与试验发展（以下简称为“R&D”）经费规模偏小，2022年约占全国的4.01%，R&D经费投入强度约为1.73%，低于全国平均水平2.54%[①]，战略性新兴产业、高技术制造业、高技术服务和未来产业等“新字

① 《2022年全国科技经费投入统计公报》，国家统计局网站，2023年9月18日。

号”产业的规模仍需扩大，应加速形成高效先进的数智化社会供应链。

表 3–3　辽宁、东北及全国三次产业占比

单位：%

年份	第一产业			第二产业			第三产业		
	辽宁	东北	全国	辽宁	东北	全国	辽宁	东北	全国
2013	10.3	14.2	8.9	47.9	44.4	44.2	41.8	41.4	46.9
2018	8.6	13.0	7.0	38.5	34.9	39.7	52.9	52.1	53.3
2023	8.8	13.1	7.1	38.8	34.6	38.3	52.4	52.3	54.6

资料来源：根据中经网统计数据库计算。

注：“东北”指东北三省一区。

从产业结构的质量上看，东北地区在产业结构的高级化方面取得了显著的经济成就。产业结构高级化指数自 2013 年的 0.93 增长至 2023 年的 1.51[①]，这一跃升不仅展现了东北地区在产业优化和经济结构调整上的坚定努力，更将其指数推至全国平均水平 1.43[②]之上，突显了东北在全国经济版图中的杰出表现。这是东北对传统产业的深入改革与新兴产业的有力培育所共同铸就的成果。通过这些措施，东北地区成功延伸了产业链条，增强了产业集群的效应，提高了产业结构的整体协调性，并通过加强上下游产业的联系，形成了集群式发展模式，从而推动产业结构朝着更高级、更协调、更集成的方向演进。然而，东北地区在取得这些成绩的同时，也面临着发展不均衡的挑战。各省之间在产业结构高级化指数上的差距较大，反映出区域内部的经

① 笔者根据公开数据计算得来。

② 笔者根据公开数据计算得来。

济发展水平存在不均衡问题。为了缓解这一问题，东北地区亟须构建“以大带小、以小托大”的产业生产模式，通过优化资源分配和增强区域协同发展，提升整个地区的经济整体性和协调性。

第三，对外开放方面。东北地区具有先天的区位优势，接壤蒙俄、毗邻日韩，是我国向北开放的重要门户，亦是我国在加强东北亚区域合作、联通国内国际双循环中具有战略地位和作用的枢纽中心。近年来，东北地区在对外开放方面迎来了显著的转变，这一变化体现在积极拓展国际合作的广度与深度，以及主动融入全球经济体系的态度上。东北地区已经在多个层面加强了对外经济交往，从加大与周边国家的贸易往来，到吸引外资、促进技术交流和人才流动，东北正通过一系列创新举措，重新定义其对外开放的新篇章。特别是在“一带一路”倡议下，东北地区不仅加强了与俄罗斯、蒙古国的经济合作，还积极探索与日本、韩国等国的新型合作机制，力求在能源、物流、科技创新等领域实现共赢。此外，东北地区正努力优化对外开放的环境，简化投资程序，改善营商环境，以吸引更多的外国直接投资。通过这些措施，东北地区不仅增强了自身的区域竞争力，也为中国与东北亚乃至更广泛区域的经济合作开辟了新渠道，促进了经济全球化的深入发展。

然而，受到多重因素制约，东北地区与国际市场的融合度还有待提升。随着世界科技革命新高潮的兴起，技术密集型产品日益成为国际贸易中的重要产品，而东北地区以重工业为主，导致其对外贸易总额偏低。2022 年，东北三省外贸依存度为 19.3%，明显低于全国 34.76%[①]的平均水平，说明东北地区产业结构的高质量转型升级与对

① 迟福林．以高水平开放形成东北全面振兴的良好预期［N］．人民政协报，2023-09-19（03）．

外开放水平息息相关，区位优势有待进一步发挥。

第四，思想观念方面。思想观念短板是导致其他短板的内生原因，思想观念的短板是制约地区发展的内在障碍。这不仅关乎能否构建一个良好的营商环境，更是影响东北全面振兴的核心因素。目前，东北地区在思想观念上仍然存在一些亟待改进的地方。首先，长期以来形成的计划经济下的观念仍然影响着东北地区的经济发展模式，特别是对市场经济的适应性不足。这主要体现在对外开放意识较弱，以及存在的“官本位”思想，导致对民营经济和中小微企业的发展存在一定程度的差别对待。而“官本位”观念在现实生活中的体现则是人们对“体制内”的过度重视和依赖，这种观念上的滞后不仅抑制了市场活力，也限制了民营经济的发展空间。其次，服务意识的不足和政务效率的低下直接影响了东北地区营商环境的优化。在招商引资的过程中，对税收、土地和政策优惠的承诺落实不到位的现象时有发生，这不仅损害了民营经济的合法权益，也动摇了投资者的信心。更为关键的是，相当长一段时间以来，东北地区对安全与发展平衡的认识存在一定程度的偏颇。许多地方基层过于重视“踩刹车”，而不能、不懂、不敢“加油门”。当然，目前这些情况已经有了很大的好转。2023年的中央经济工作会议明确指出中国经济的发展要“以进促稳”，只有高质量的发展才有高水平的安全。而2024年初的辽宁省政府工作报告更是明确要求各部门“在踩刹车的同时，更要学会加油门”，积极促进经济的增长和社会的进步。

因此，对于东北地区而言，进一步解放思想，更新观念，不仅是解放生产力的前提，也是培养新质生产力的要求，更是推动东北全面振兴的核心要求。这需要从根本上改变生产观念，积极拥抱市场经济，消除制度性障碍，提升服务效率，并在安全与发展之间找到合理的平衡点。只有通过这些综合措施，东北地区才能在新时代的大潮中乘风破浪，实现经济社会的全面振兴。

（二）东北全面振兴面临的三大新短板

在东北全面振兴的进程中，除了面临传统挑战的逐步解决外，新的挑战也随之浮现。这些新挑战主要集中在三个方面：民营经济、海洋经济和县域经济。它们构成了东北振兴的“三大新短板”。

1. 民营经济

（1）东北地区民营经济发展现状

习近平总书记强调，民营经济是我国经济制度的内在要素，是社会主义市场经济发展的重要成果，是推动社会主义市场经济发展的重要力量，是推进供给侧结构性改革、推动高质量发展、建设现代化经济体系的重要主体，也是我们党长期执政、团结带领全国人民实现“两个一百年”奋斗目标和中华民族伟大复兴中国梦的重要力量。党的二十大报告重申“毫不动摇鼓励、支持、引导非公有制经济发展”，健全产权保护制度和公平竞争机制，进一步优化民营经济的营商环境，促进民营经济发展壮大。但是，东北地区的民营企业存量始终偏低。截至2022年10月，东北地区内，辽宁省、吉林省和黑龙江省的民营企业分别为119.85万家、71.89万家和66.32万家，总计258.06万家。这一数字明显落后于长三角地区的江苏省（401.87万家）、浙江省（323.01万家）以及粤港澳大湾区的广东省（691.67万家）。同时，与中部地区的河南省（273.37万家）、京津冀地区的河北省（230.94万家）等主要省份相比，东北地区的民营企业数量也存在明显差距[①]。

---

① 本节部分内容已经发表于：《东北地区民营经济发展问题探析》，《国家现代化建设研究》，2023年第4期；《理解东北的高质量发展：内涵、挑战与对策》，《辽宁大学学报》，2024年第1期。

同时，东北地区民营企业抵御外界风险的能力普遍较差，其根本原因在于技术水平不高、创新能力偏低。东北三省的民营企业入围"中国民营企业500强"的数量很少（见表3-4），且主要集中在黑色金属冶炼和压延加工业。截至2023年上半年，东北三省累计的专精特新"小巨人"企业数为410家，在全国占比仅为4.42%（见表3-5）。甚至在东北三省的支柱产业——石化工业中，由于技术瓶颈的存在，大量民营企业"炼"有余而"化"不足，粗化工有余而精细化工不足，原材料有余而增值链不足。尽管东北地区具备资源密集的优势，但这一优势尚未被有效释放，产业基础支撑能力不足。教育科研优势与主导产业难以相互契合，创新与转化存在脱节的情况，导致整体产业链上缺乏"填空白""补短板"的"小巨人"企业。总体上看，东北地区民营经济产业层次较低，整体竞争力较弱，有竞争力的行业龙头企业极少。

表3-4　2014—2023年"中国民营企业500强"东北三省入围情况

单位：家

地区	2014年	2015年	2016年	2017年	2018年	2019年	2020年	2021年	2022年	2023年
辽宁	9	6	7	6	6	11	8	4	3	3
吉林	1	1	1	2	2	1	2	2	2	1
黑龙江	3	3	1	2	1	1	1	1	2	1
东北	14	10	9	10	9	13	11	7	8	5

资料来源：历年全国工商联发布的"中国民营企业500强"榜单。

表3-5　东北三省各批次“小巨人”企业数量

单位：家

地区	第一批次	第二批次	第三批次	第四批次
辽宁	9	66	137	75
吉林	2	15	21	24
黑龙江	2	18	22	19
东北三省	13	99	180	118

资料来源：工信部公布的四批“小巨人”企业名单及工商注册数据。

从营商环境来看，一些行业和领域仍存在“隐形门槛”。除了负面清单外，某些行业和领域尚未真正向民营企业敞开大门，缺乏充分竞争的市场机制。在军工向民用转型、国有企业混合所有制改革以及民营企业为央企和地方企业提供产业链和供应链配套服务等方面，有实力的民营企业仍未得到足够的发展空间。这一现象阻碍了一些有潜力的民营企业在特定领域中的发展，导致一些潜在的合作和创新机会未能充分挖掘。与此同时，东北地区整体上缺乏浓厚的“尊商重商从商”的社会氛围。例如，民营企业在招聘高层次人才上面临较大困难，大多数具有高学历和高层次背景的人才更愿意选择进入政府部门、大型国企或高水平科研机构工作，而非加入民营企业。这使得民营企业难以吸引和留住高层次的专业人才。在一些关键环节和领域，与国有企业相比，民营企业在获取生产资料和参与市场竞争方面尚未得到平等的待遇，包括融资渠道的不畅、政策支持的相对不足等。这种不平等的状况制约了民营企业的发展，并使其在市场竞争中处于相对劣势的位置。此外，在现代服务业领域，民营企业的数量相对较少，而且它们的专业化、标准化运营水平也相对较低。一些服务业的民营企业存在着缺乏规范化、标准化意识的情况，导致企业的经营服务水平相对较低，管理方式相对粗放。在服务业快速发展的时代，这会对服务业的民营企业的竞争力和可持续发展产生负面的影响。

（2）东北促进民营经济发展措施

近年来，中共中央和国务院高度重视民营经济的发展，发布的“关于促进民营经济发展壮大的三十一条意见”为我们提供了明确的方向和强有力的政策支持。这一政策文件不仅是东北地区推动民营经济发展的重要遵循，也为地区经济振兴提供了宝贵的实践指南。通过学习意见并将其融入东北民营经济的发展策略中，我们可以进一步激发民营企业的活力，优化营商环境，促进经济结构的优化升级。

第一，为促进民营经济蓬勃发展，东北地区必须持续拓宽民营经济的发展空间，持续优化民营经济的经济发展环境。除禁止私有资本进入的特殊领域外，所有领域应全方位面向民营企业有序开放，持续破除市场准入壁垒。应全面落实公平竞争政策制度，鼓励民营企业充分参与市场竞争，保障其在资源获取、要素价格等方面与其他市场主体享有平等待遇。应完善社会信用激励约束机制，发挥信用激励机制作用，鼓励更多的民营企业遵守法律法规，诚实守信。应完善市场化重整机制，通过引入市场化的债务重组、资产重组等机制，有效地解决企业可能遇到的财务危机，避免因暂时的经营困难而导致企业的倒闭清算，为民营企业提供“自救”的机会，保持市场主体的稳定，减少经济波动。

第二，必须加大对民营经济政策支持力度。应完善支持政策直达快享机制，在地方政府采购方面，有必要优先考虑本地具备实力的民营企业供应商，适度提高对这些企业的采购比例，以便更好地支持和激励本地经济的发展。应进一步促进国有企业与民营企业的深度合作，积极鼓励并支持民营资本在法律框架内参与国有企业混合所有制改革。强调在技术研发、产业链延伸、原料供给、产业配套等方面与驻省央企、地方国企加强务实合作。同时，应加强政策沟通和预期引导，通过建设各级公共服务平台，系统梳理并发布项目合作、融资、人才、技术成果等各类供需信息。应强化人才和用工需求保障，开展产需对接活动，推动不同产业链之间的协同发展，促使产品、技术、人力资源等生产要素更加紧密地连接。通过这些举措，为民营企业提供更加便捷的合作平台，加速推动产业链上下游之间的紧密对接。

第三，必须坚持“两个健康”，即坚持促进非公有制经济健康发展和非公有制经济人士健康成长。应强化民营经济发展法制保障，为民营经济健康发展保驾护航。依法保护民营企业产权和企业家权益，东北地区应加强法律框架的完善，通过修订相关法律法规，明确产权保护的界限和内容，防止产权侵犯现象发生。同时，应建立健全快速反应机制，对于侵犯民营企业产权的行为，要及时查处并依法予以严惩，真正做到让民营企业家有切实的安全感和获得感。东北地区应推动监管执法体系的改革与完善，实现监管执法的公开透明和合理高效。应推行“互联网+监管”模式，利用大数据和云计算等现代信息技术手段提升监管效率，减少对企业正常经营活动的干扰。应坚持促进民营经济人士健康成长，深化民营经济人士的思想政治教育，强化他们的社会责任感和历史使命感。同时，东北地区应该注重培养和选拔一批有见识、有能力、有担当的民营经济代表人士，使他们成为推动地区经济发展的中坚力量，同时，鼓励民营经济代表人士参与地方经济社会发展的决策和实践，充分发挥他们在促进民营经济发展中的示范和带动作用。

第四，要着力推动民营经济实现高质量发展，加强培育和支持领军型龙头企业，开展“专精特新”企业专项扶持行动，建立细分的企业培育库，根据企业类型分别实施个性化和共性化的培育措施。应鼓励并支持“专精特新”民营企业参与国家行业和地方标准的制定。通过让民营企业在重点产品领域发挥引领作用，提升其在产业链中的地位，增强“专精特新”民营企业的影响力和话语权。应支持提升科技创新能力，深入推进标准化工作。应加速标准的升级迭代和应用转化，加快推动数字化转型和技术改造，以提高民营企业在市场中整体的竞争力。

第五，要持续营造关心促进民营经济发展壮大的社会氛围，解放思想，更新观念。东北地区应通过多渠道、多形式的宣传教育活动，全面展示民营经济及其从业者在推动地方经济发展、增加就业、促进社会创新等方面所作出的贡献，引导全社会客观认识民营经济和民营经济人士。应倡导公众媒体和社交平台积极报道民营企业的创新实践和成功经验，突出展示民营经济在科技进步、新业态新模式创造等方面的活跃表现。同时，政府应主动接受民营经济的合理诉求和建议，通过政策宣讲、公开论坛等方式，增进政府与民营经济人士的互动交流，共同探讨和解决民营经济发展中的困难和问题。此外，还可以通过学校教育、社会培训等途径，加强对创新创业意识的培养，鼓励更多人尊重创业、支持创新，形成全社会共同推动民营经济发展的良好氛围。

东北振兴蓄势待发，民营经济大有可为。加快推动民营经济健康发展、高质量发展，将为东北振兴塑造强劲的竞争新优势，助力早日实现东北全面振兴新突破。

2. 海洋经济

（1）东北海洋经济发展现状

海洋经济作为一种新兴而充满活力的经济形态，对东北地区的全面振兴具有不可替代的重要性。2021年，国家在研究部署“十四五”时期东北全面振兴工作时明确指出，东北应“大力发展海洋经济”，并“积极参与东北亚经济循环”。这一战略部署强调了海洋经济在东北振兴中的核心地位。海洋经济不仅为东北提供了新的增长点，也是连接区域经济和全球市场的重要桥梁，其发展潜力和战略意义不容小觑。而辽宁作为东北唯一沿海省份，东北海洋经济发展关键看辽宁。就地理禀赋而言，辽宁是一个名副其实的海洋大省，拥有2100多公里的海岸线，在沿海省市区中仅次于广东、山东、福建、浙江，位居第五[①]。但辽宁海洋生产总值在2020年为3271.1亿元（见图3-4），对比其余10个沿海省市区，与排名前列的广东（17709.9亿元）、山东（12911.8亿元）和福建（10461.3亿元）相差甚远，并且长期处于“稳步不前”的状态，仅高于河北、广西和海南，海洋经济发展成果与其丰富的海洋资源禀赋形成强烈的反差。

辽宁海洋资源利用效率低，海洋经济产业结构单一，其根本原因在于技术水平的限制。辽宁等东北沿海地区拥有丰富的海洋资源，包括生物资源、油气资源以及风能、潮汐能等可再生能源。然而，由于技术水平限制、资金投入不足以及相关产业链的不完善，这些资源的开发利用效率远未达到潜在水平。例如，辽宁的海洋生物资源丰富，但由于缺乏高端提取技术和深加工能力，大部分资源仍以原材料形式出售，附加值较低。相比之下，福建和浙江等沿海省份，通过引进国

① 单之蔷. 辽宁的海［J］. 中国国家地理，2020（01）：14-17.

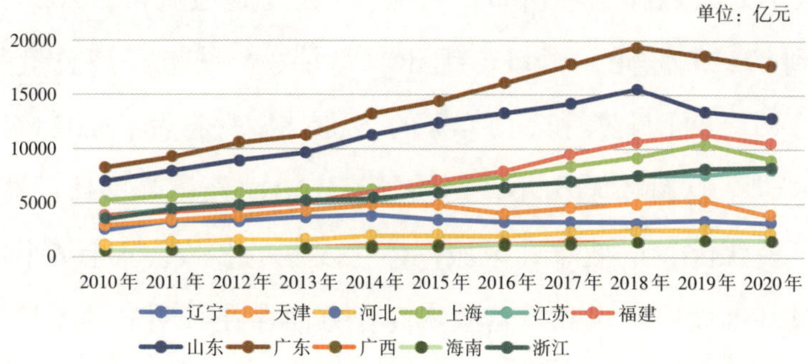

图3-4　沿海11省市区海洋生产总值（2010—2020）

数据来源：中经网统计数据库。

注：统计数据不含香港、澳门、台湾。

际先进技术和设备，建立起完整的海洋生物医药产业链，有效提高了海洋资源的经济价值和利用效率。同时，辽宁的海洋经济产业主要依赖渔业、船舶制造和海运等传统产业，缺乏新兴和高技术含量的海洋产业。这种产业结构使得辽宁在海洋经济发展中的竞争力相对较弱。相较而言，广东省依托其地理优势和政策优势，成功发展了海洋工程装备制造、海洋能源开发、海水淡化等新兴产业，形成了多元化的海洋经济体系。其背后原因可能是辽宁缺乏足够的海洋科学研究人员、技术开发人才和研发资金，限制了新技术、新方法的研发和应用，进而影响了海洋经济的整体发展水平。以2020年海洋科研机构就业人员数为例，辽宁省为2596人，远低于广东省的7808人、山东省的6338人以及上海市的5297人[①]。

另外，辽宁沿海经济带经济发展并不均衡，其港口经济一体化发展缓慢。辽宁沿海经济带包括大连、营口、锦州、盘锦、丹东、葫芦

① 数据来源：中经网统计数据库。

岛6个城市，大连作为经济带“核心”，远超其他城市，2023年经济总量达到8752.9亿元，营口、锦州、盘锦3个城市经济总量稳定在“1000亿+”，而丹东和葫芦岛的发展相对滞后，2023年均在“900亿+”[①]。这种不均衡不仅影响了辽宁沿海经济带整体的竞争力，也制约了资源配置的效率和区域一体化发展的步伐。而且6个城市之间在港口基础设施建设和运营效率商业方面存在着明显的差异。东北沿海经济带缺乏有效的区域协调机制和共享平台，导致港口经济一体化发展缓慢。此外，港口与后方产业的连接不够紧密，影响了港口经济的整体效益和区域经济的辐射带动作用。通过分析沿海6市从2000年到2023年在东北地区经济比重的变化，我们可以看到沿海城市在东北地区经济中的作用逐渐增强，从2000年的22.22%增长到2023年的24.70%（见图3–5），但其经济比重增长速度相对平缓，尤其在某些年份甚至出现了下降，这可能表明沿海城市的经济发展潜力未得到充分发挥。对比其他沿海经济发达地区，辽宁沿海6市在海洋经济的发展上仍有较大的提升空间。

（2）东北促进海洋经济发展措施

国家对海洋经济发展的总体部署和“十四五”规划均强调构建“高质量海洋经济”的重要性，东北地区特别是辽宁省积极响应，制定了“十四五”海洋经济发展规划。该规划旨在通过明确的发展策略和目标，显著提升海洋经济圈的发展质量和水平。该规划提出，海洋经济将成为东北全面振兴的关键动力，即“蓝色引擎”，同时也将构建我国的“蓝色粮仓”。此外，该规划还设定了将辽宁省打造成为全国领先的船舶与海洋工程装备产业基地和东北海洋经济的开放合作先

① 笔者根据各市人民政府公报汇总。

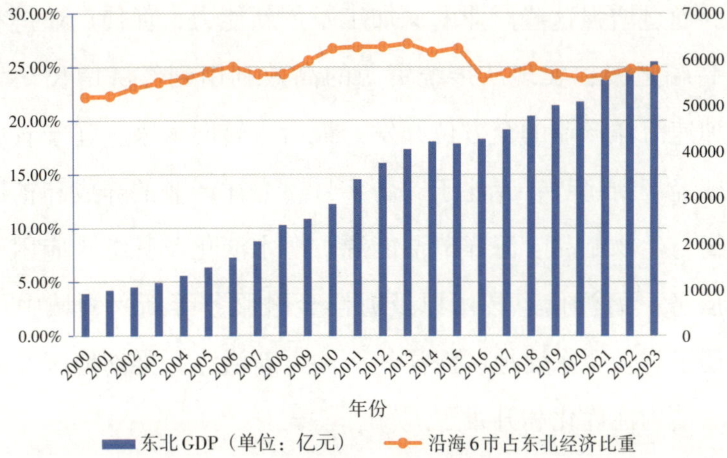

图3-5　东北2000—2023年GDP及沿海6市经济占比

资料来源：中经网统计数据库，各市人民政府公报。

行区的宏伟目标。为实现这些规划目标和未来愿景，以下措施被提出以引领辽宁省海洋经济的发展方向。

在国家海洋经济发展战略的指引下，辽宁省应着力于通过突破海洋重大关键技术、健全科技创新平台与服务体系等创新发展，深化海洋经济的结构转型和产业升级。为实现这一目标，省内海洋经济发展的策略应聚焦于三个核心领域，即“老字号”产业的改造升级、“原字号”产业的深度开发，以及“新字号”产业的培育与壮大，旨在构建一个多层次、高质量的海洋经济体系。

首先，对于“老字号”海洋产业，如船舶与海工装备制造业，应加速向高端化、绿色化和智能化的方向改造升级。通过强化产业技术创新和发展模式创新，提升船舶制造业的国际竞争力，同时推动海洋交通运输业向世界一流港口标准迈进，提高海洋文化与旅游产业的市场竞争力。其次，针对“原字号”海洋产业，诸如海洋渔业、海洋油气及海洋盐业等传统产业，辽宁省面临着挑战，应把握好可持续发展的机遇。通过增强这些产业的深加工及创新能力，促使产业链有效向价值链高端延展，实现从传统资源的高效利用到经济增长动力的转换，以加速海洋产业的全方位开发。最后，转向未来，辽宁省应积极响应全球经济新趋势，专注于“新字号”海洋产业的养成和扩展。在海洋药物与生物制品、海洋清洁能源、海水淡化及其综合应用、先进的航运服务、海洋信息技术以及海洋金融服务等新兴领域中寻求突破，为辽宁省乃至东北地区海洋经济注入新活力，推动地区经济向更高层次的结构性优化和升级迈进。

同时，应推动区域海洋经济协调发展。辽宁沿海六城市各具特色，拥有各自的资源优势和产业基础。为实现这些城市间的协调发展，首先需要建立一个有效的区域合作机制，共同制定区域发展规划和项目合作协议，“推动形成‘一核心两轴带、区域协同发展’海洋经济格局，巩固大连高水平发展并支持建设海洋强市，统筹推动东向轴带（丹东市）和西向轴带（营口市、盘锦市、锦州市、葫芦岛市）海洋经济发展水平”。应通过共享信息平台，加强资源共享和产业链整合，比如共同建设海洋产业园区、研发中心和物流基础设施，实现互补和共赢。另外，应推动东北海洋经济一体化。在辽宁省的带动下，东北三省可以共同探索海洋经济的协同发展路径。虽然吉林省和黑龙江省不临海，但通过河流和港口，它们可以与辽宁省的海洋经济形成有效链接。三省可以共同开发海洋经济合作项目，比如跨省海洋科技创新项目、海洋产业投资基金和跨省海产品市场等，共同促进区域海洋产业链的延伸和升级。三省可以在政策协调、市场准入、产业标准等方面进行深度合作，建立统一或相互认可的标准体系，促进区域内海洋产品和服务的自由流动。同时，加强环境保护和资源管理的协同，共同制定和实施海洋资源的可持续开发利用计划，保护海洋生态环境。

此外，深化海洋经济的开放合作对于提升辽宁省乃至东北地区的海洋经济发展具有重要意义。辽宁省可利用“一带一路”倡议加强与沿线国家的海洋经济合作，促进海洋经济的全面开放和国际合作。这包括在港口建设与管理、海上物流与运输、海洋科技创新等领域与沿线国家进行项目合作和技术交流。同时，辽宁省可积极参与“一带一路”海洋合作平台的建设和国际海洋事务，学习他国海洋产业的发展模式和成功经验。鉴于地缘位置的优势，辽宁省在中日韩三国合作框架下，有巨大的合作空间和潜力。可以在海洋环境保护、海洋灾害预防与减少、海洋资源的可持续利用、海洋科技研发等方面与日本、韩国开展深入合作。此外，可以通过举办中日韩海洋经济论坛等，加强信息交流，共享经验，寻求更广泛的合作机会。辽宁省应进一步加强对外开放，通过制定优惠政策和改善营商环境，吸引外资进入海洋经济领域，向全球展示辽宁海洋经济的发展潜力和投资机会。针对海洋经济发展中的关键领域和项目，制定具有针对性的招商引资政策，吸引国内外投资者。特别是鼓励海外华侨华人投资辽宁海洋经济，利用其资源和网络优势，促进辽宁海洋经济的发展。

发展海洋经济不仅能够极大地促进区域经济的多元化和高质量发展，还能增强东北地区在全国乃至全球海洋经济版图中的战略地位和竞争力。作为东北地区全面振兴和可持续发展的关键引擎，推动海洋经济高质量发展势在必行。

3. 县域经济

（1）东北县域经济发展现状

郡县治，天下安；县域兴，国家强。作为国民经济的重要组成部分，县域经济在推动地区发展、实现城乡融合中扮演了关键角色。特别是在东北地区，高质量发展县域经济已经成为促进全面振兴的核心任务。党的二十大报告强调了城乡融合发展的重要性，指出了畅通城乡要素流动的必要性，从而凸显了加快县域经济发展步伐，提升其在全国经济结构中的比重的作用。《中国县域经济发展报告（2022）》数据显示，东北县域经济规模提升较慢，发展相对滞后。2021年的样本中，东北地区县（市）平均经济规模为317.6亿元，远低于东部地区的729.9亿元，更低于中部地区（505.0亿元）和西部地区（461.7亿元）；而经济规模增速只有8.1%，低于东部地区（12.7%）和中部地区（11.2%），远低于西部地区的17.0%增速（吕风勇，2023）。在以GDP≥600亿元、财政收入≥20亿元为基础门槛，综合衡量经济实力、增长潜力、富裕程度、绿色水平等指标排出的2023年百强县（市）中，东北地区仅有辽宁省大连市的瓦房店市在列，黑龙江省与吉林省挂零，远远低于江苏、浙江和山东三省。

生产方面的主要问题在于东北地区的县域经济常见“一企独大”和“一业独大”的局面，限制了产业多元化发展。根据《中国县域工业经济发展报告（2023）》[①]，辽宁省大连市的瓦房店市作为唯一入选工业百强的县级市，反映了东北地区在工业经济方面的局部亮点，但同时也凸显了东北地区整体上工业经济发展不均衡，高质量、高技术含量的产业集群相对缺乏。同时，东北地区在中国创新百强县中的缺席，则进一步揭示了在科技创新能力、新兴产业发展等方面的不足，这种情况可能与东北地区较低的研发投入、人才流失，以及创新体系不健全等因素密切相关，需要加强创新能力和引导支持。这不仅

① 中国信息通信研究院．中国县域工业经济发展报告（2023）[R]．2023-12-07.

限制了东北县域经济的结构优化和产业升级，也影响了其在全国乃至全球经济中的竞争力和影响力。

从分配角度看东北县域经济，可以看到：长期以来东北县域地方公共预算收支缺口较大，尤其是吉林省和黑龙江省（见表3-6）。2012—2014年辽宁省县域地方公共预算收入占支出的比重超过了60%，2015年后一直稳定在30%上下；而黑龙江省和吉林省县域地方公共预算收支比在2012—2021年均不足40%，并且呈现下降趋势。2021年东北三省的县域地方公共预算收支比，即辽宁省的36.9%、吉林省的17.9%和黑龙江省的13.4%，相较于江苏省的65.1%和浙江省的71.8%[①]，显著较低。这一数据揭示了东北县域经济面临的多重问题。

首先，低于东南沿海发达地区的预算收支比例反映了东北地区财政自给能力的不足。财政收入的低迷不仅影响地方政府提供公共服务和基础设施建设的能力，也限制了对教育、医疗和社会福利等领域的投资，进一步加剧了人才流失问题，形成了一个恶性循环。其次，较低的地方公共预算收支比也说明东北县域经济的产业结构问题。较少的高附加值产业和新兴产业意味着税收来源有限，反映出经济增长模式仍较为依赖传统产业和低附加值产业，缺乏创新和高技术驱动的经济增长点。此外，这也暗示了东北地区县域经济的投资环境和营商环境可能面临挑战。低预算收支比可能反映出投资回报率低、商业环境吸引力不足或存在行政效率低下等问题，这些因素都可能阻碍私人和外部资本的投入，影响经济发展和财政收入的增长。

从流通角度看东北县域经济。东北县域地区轨道交通存在一定差

① 笔者根据历年《中国县域统计年鉴》计算。

表3-6 2012—2021年东北三省县域平均地方公共预算收入与支出情况

年份	平均地方公共预算收入（万元）			平均地方公共预算支出（万元）			地方公共预算收支比（%）		
	辽宁省	吉林省	黑龙江省	辽宁省	吉林省	黑龙江省	辽宁省	吉林省	黑龙江省
2012	199043	75910	38778	308357	244278	166497	64.5	31.1	23.3
2013	222371	86479	45116	345425	270367	187556	64.4	32.0	24.1
2014	201358	104100	45884	334394	286237	199456	60.2	36.4	23.0
2015	94503	90174	43166	272395	326551	224959	34.7	27.6	19.2
2016	90637	98608	46067	298854	363678	256458	30.3	27.1	18.0
2017	102985	86962	41282	311466	433111	295815	33.1	20.1	14.0
2018	118281	99061	36843	342342	427273	292754	34.6	23.2	12.6
2019	125876	97949	39288	378737	449570	308147	33.2	21.8	12.7
2020	125880	79896	38218	383483	489661	316302	32.8	16.3	12.1
2021	123769	69114	39152	335592	386689	292915	36.9	17.9	13.4

资料来源：根据历年《中国县域统计年鉴》计算。

异。截至2022年，辽宁省实现了“县县通铁路”的目标，高速铁路营运里程达2108公里。但在吉林省和黑龙江省，高速铁路的覆盖和营业里程相对较少，分别为1137公里和1374公里，这在一定程度上反映了东北三省间以及省内县域之间的发展差异。高速铁路和城际铁路是推动人流、物流快速流动的重要手段，轨道交通的不均衡直接影响了区域经济的协调发展，导致资源配置效率低下。东北部分县域由于缺乏足够的轨道交通支撑，与外部市场的联系不够紧密，限制了当地企业的市场拓展能力，也影响了对外来投资的吸引力；并且轨道交通的不足在一定程度上限制了旅游、物流、服务业等产业在县域经济中的发展潜力，影响了经济的多元化发展。

从消费角度看东北县域经济。第六次和第七次全国人口普查数据显示，东北三省县域十年间常住人口减少696.5万人，尤其是农村人口外流明显，减少了31.4%[①]。人口流失直接影响消费市场的规模和潜力，减少了本地消费需求，对县域经济的消费活力造成了冲击。根据《中国县域经济发展报告（2022）》，2021年东北县域城镇居民年均可支配收入低于35000元，农村居民年均可支配收入低于25000元。这一相对较低的收入水平进一步限制了居民的消费能力，尤其是在非基础生活需求上。此外，东北县域经济主要以基础和传统商业活动为主，缺少能够满足居民追求高品质生活的高端消费场所和服务。这种消费市场的发展滞后，不仅没能充分挖掘当地经济的消费潜力，也阻碍了新兴消费模式和服务业的发展。

（2）东北县域经济发展措施

习近平总书记曾强调县域在国家治理体系中的重要作用，提出“县一级工作好坏，关系国家的兴衰安危”。因此，东北各县需明确自身在区域发展中的定位，发挥自身优势，通过优化产业结构、加强技术创新等措施，提升县域经济的整体实力。

东北各县需深化产业结构调整，推动传统产业技术改造和产业链升级，同时积极探索新兴产业发展路径。东北地区可以习近平总书记总结的“晋江经验”为榜样，通过加强产业集群，促进地方经济的快速发展。东北地区可依托丰富的自然资源和工业基础，发展新材料、

---

① 魏后凯，李玏，杨沫．东北县域人口流失的特征、原因及应对措施［J］．社会科学战线，2022，8：89-95.

新能源、生物医药等高新技术产业，同时加大对创新平台和技术支撑的投入，吸引高端人才和技术团队，提高地方产业的核心竞争力，完善县域经济发展推进机制，坚持“一县一业、一乡一品”，推动以县城为重要载体的新型城镇化建设，加快县域产业集聚升级。另外，参考浙江省淳安县的“绿水青山就是金山银山”的发展战略，东北地区应坚持生态优先、绿色发展，促进农业现代化和乡村振兴。通过整合城乡发展资源，优化空间布局，加强基础设施建设，提高公共服务水平，实现城乡融合发展。同时，注重生态环境保护和历史文化遗产保护，发展生态旅游和特色文化旅游，为县域经济注入新的活力。

面对县域经济发展中存在的分配不公等问题，东北各县需要通过改善财政转移支付机制、增强社会保障体系、提高公共服务水平等措施，推动县域公共服务设施提标扩面，促进资源在县域内的公平合理分配，缩小城乡、区域间的发展差距，形成城乡融合发展新格局。此外，应借鉴改革开放以来的成功经验，进一步放宽市场准入，优化营商环境，鼓励和支持民营经济发展。要加强与国内外经济技术交流合作，引入先进技术和管理经验，提升地方产业国际竞争力。同时，要加大财税、金融等政策支持力度，激发企业创新活力和市场主体活力。同时东北各县应建立健全人才激励和支持机制，通过提供优惠政策、创业支持、职业教育和培训等措施，吸引和留住人才。要加强与高等院校、科研机构的合作，建立产学研用一体化的人才培养和使用机制，促进人才创新创业。同时，要注重本地人才的培养和使用，提升县域经济发展的内生动力。

对于交通基础设施建设，东北三省的“十四五”规划纲要均突出了铁路、公路等交通基础设施的建设，旨在打造全方位、多层次、高效便捷的交通网络。加强县域交通基础设施建设，不仅有利于促进人员、物资流动，也是提升地区综合竞争力、促进经济社会发展的重要基础。因此，东北各县应积极对接省级交通发展规划，加快铁路、高速公路建设项目的实施，改善县域交通条件，促进与国内主要经济区域的连接和交流，为县域经济发展创造良好的外部条件。

总之，东北各县应根据自身资源禀赋、产业基础和发展阶段，制定符合自身特点的发展计划。同时，注重策略的可持续性，确保经济增长与环境保护、社会公正之间能够相互促进、和谐发展。通过这些综合措施，东北县域经济可望在新时代背景下实现高质量发展，助力东北全面振兴。

第三节　挖掘内生动力和加大支持相结合

东北全面振兴，一个历史与时代交汇的课题，正站在新的历史起点上。面对振兴的征程，我们必须深刻认识到，只有内外兼修、动静结合，才能开创东北振兴的新局面。而东北全面振兴的第三个结合就是激发内生动能和继续加大外部支持政策相结合，为东北注入新的活力，构建起东北发展的新引擎。在这个过程中，外部支持政策的持续加强为东北振兴提供了坚实的保障和强大的动力，更为重要的是，内生动力的挖掘与释放将成为推动高质量发展的关键。只有两者相辅相成、相互促进，东北全面振兴才能行稳致远，开辟广阔的发展前景。

一、国家大力支持下的东北振兴

自2003年10月起，中共中央和国务院发布《关于实施东北地区等老工业基地振兴战略的若干意见》，标志着中央东北振兴战略的正式启动。在过去二十年中，中央不断加大政策支持和财政投入，发布了4份关键的纲领性文件，制定了众多优惠政策，中央领导层也频繁视察东北地区，提振地方经济信心。仅就财政支持而言，2003年至2022年，中央对辽宁、吉林和黑龙江三省的转移支付总计达到了11万亿元，分别为32553亿元、28628亿元和58847亿元，体现了中央对东北全面振兴的坚定承诺和支持力度。

（一）一般公共预算转移支付

从公共预算转移支付来看。2018—2023年，中央政府对东北三省的一般公共预算转移支付呈稳定的增长趋势（见图3-6）。这一趋势反映出国家对于平衡区域发展、促进东北老工业基地振兴的坚定承诺。从2018年到2023年，辽宁省的转移支付从2395.06亿元增加到3151.46亿元，吉林省从2117.4亿元增加到2768.13亿元，黑龙江省从3051.75亿元增加到3819.34亿元。这一连续增加的资金投入，不仅为东北三省提供了稳定的财政支持，还有助于推动这些地区的社会福利、基础设施建设、公共服务提升以及其他公共项目的发展。辽宁省年均增长率约为5.64%，吉林省约为5.51%，而黑龙江省约为4.59%[①]，这体现出中央政府在支持东北振兴中所采取的差异化策略，侧重于根据各省的具体需求和发展潜力进行资金分配。这些转移支付的增加，旨在帮助东北三省克服工业化时代遗留的结构性问题，激发内生增长动力，进而实现可持续发展和经济结构的现代化。中央的这一财政策略，为东北地区经济的多元化和新旧动能转换打下了坚实的基础。

① 笔者根据公开数据计算得来。

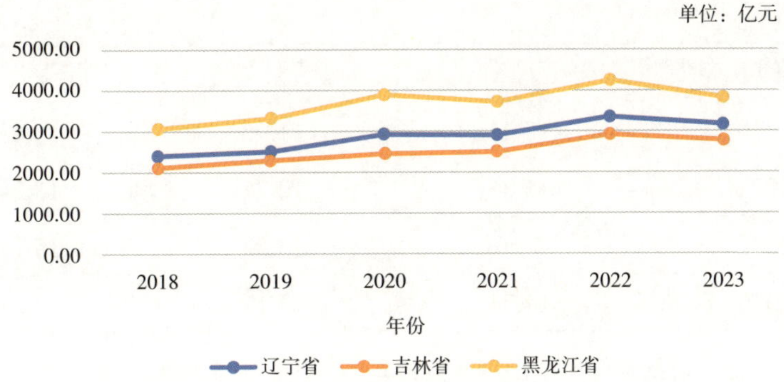

图3-6　中央对东北三省一般公共预算转移支付总额（2018—2023年）

数据来源：财政部官网（2023年为预算数，其余年为执行数）。

从转移支付的具体项目来看。首先是教育方面。教育是区域振兴的基石，中央政府对东北地区的教育投资体现了这一战略思考。2023年，中央在东北地区的教育相关转移支付项目投入累计达到了59.62亿元[①]，其中，高校改革资金的投入占比最大。这一政策的布局旨在全方位提升东北地区教育质量，从学前教育到高中教育，再到高等教育改革，每一项投入都是对未来发展潜力的投资。尤其是对高校改革的大力支持，中央对东北高校改革发展的资金投入呈现持续增长的态势（见表3-7），这反映了国家对提升东北地区高等教育质量和竞争力的重视。

表3-7　中央对东北三省高校改革发展资金转移支付

单位：亿元

年度	辽宁省	吉林省	黑龙江省
2018	15.82	12.38	14.14
2019	15.76	11.91	14.02

① 笔者根据公开数据计算得来。

续表

年度	辽宁省	吉林省	黑龙江省
2020	15.41	11.96	13.82
2021	15.86	12.75	14.24
2022	16.6	13.52	15.13
2023	14.94	12.17	13.61

数据来源：财政部官网（2023年为预算数，其余年度为执行数）。

在这六年间，辽宁、吉林和黑龙江三省的资金分配均有所增加，其中辽宁省的资金增长最为显著，吉林省和黑龙江省虽然增幅较小，但稳定的资金支持仍为这两省的高校改革提供了重要保障。这些资金的投入涵盖了诸多方面，如基础设施建设、教学改革、科研创新、人才培养等，这些都是提高教育质量、促进学校发展的关键。特别是在当前经济全球化和社会信息化的背景下，高等教育的改革与发展对于培养创新人才、推动地区经济转型升级具有举足轻重的作用。值得注意的是，投资的增加不仅意味着数量的扩大，更重要的是资金支持能够促使高校改革内容的深化和创新成果的产出。高校改革的最终目的是要为地方经济发展培养出适应新时代要求的高素质人才，推动学校与地方经济社会发展的深度融合，这也是东北地区全面振兴不可或缺的内生动力。

养老金的稳定投入亦是中央对东北地区的重要支持之一。2023年基本养老金转移支付预算显示，辽宁、吉林、黑龙江三省的预算分别为938.32亿元、447.28亿元和713.16亿元，辽宁和黑龙江两省排入前五。这一政策不仅体现了国家对于老年群体的关怀，也显示了对建立和谐社会的深远考虑。辽宁和黑龙江排名前五的情况，部分反映了这两个省份人口老龄化的严峻挑战，以及中央政府对于缓解这一压力的积极响应。

养老金的稳定对于老年人的生活品质和社会稳定具有不可估量的影响。一方面，它直接关系到老年人的日常生活和医疗保障，另一方面，它也关乎子女对于父母的赡养压力，对于劳动力市场有着潜在的影响。充足的养老金转移支付能够为地区养老服务业的发展提供资金保障，刺激相关服务和产业的增长。例如，可以借此机会发展养老院、社区护理服务、健康管理等服务业，为老年人提供更为丰富和专业的养老服务。同时，它也为社会提供了新的就业机会，促进了地方经济的循环。考虑到东北地区冬季寒冷、地广人稀的特点，这些资金的适当增加还有助于改善偏远地区老年人的生活条件，如通过改善家庭供暖系统、增设社区活动中心等方式，提高老年人的生活质量。综上所述，中央对东北地区养老金的转移支付不仅仅是解决当前问题的手段，更是一项促进社会和谐与经济可持续发展的长期战略投资。这一投入的增加，应该与提升养老服务质量、促进产业发展和保障社会稳定的目标相结合，以确保资金的有效利用和社会效益的最大化。

东北振兴专项转移支付项目则更加直接地体现了中央对东北振兴的扶持力度。2019年6月6日，国务院振兴东北地区等老工业基地领导小组会议决定设立东北振兴专项转移支付，从2020年至2023年，中央专门设立的东北振兴专项转移支付每年的投入稳步增加，从50亿元增至85亿元。东北振兴专项转移支付的设立和逐年增加，不仅体现了中央对东北地区经济振兴的重视，也是对东北地区深化改革、扩大开放、创新驱动发展战略的具体支持。这些资金主要用于帮助东北地区解决在转型升级过程中遇到的困难和问题，推动经济结构调整，增强自主创新能力，改善人民生活，加强和优化基础设施建设，以及支持重点产业和项目的发展。

值得一提的是，从2020年到2022年的资金执行情况看，每年的预算都得到了100%的完成，100%的预算执行率显示出东北各省在使用中央资金方面的高效性和严格性。这种资金的精准投放，不仅加速了东北地区重大项目和关键领域的建设，还促进了科技创新和人才引进，为东北地区的经济发展注入了新动力。绩效目标的实现反映了这些政策措施不仅仅在纸面上存在，而且说明它们已经转化为实际的社会和经济效益。这包括提升了东北地区的产业技术水平，改善了投资环境，增强了对外经济交流与合作，进而提升了整个地区的竞争力和区域吸引力。这些措施也带动了就业增长和居民收入的提高，有助于实现社会稳定和长期繁荣。

东北振兴专项转移支付的有效实施，促进了一系列配套政策的落地，如税收优惠、财政补贴、信贷支持等，进一步强化了中央对东北地区振兴的全面支持。这些政策的综合运用，共同构建了一个多层次、宽领域、深层次的支持体系，为东北地区的全面振兴提供了坚实的财政保障和政策支撑。因此，东北振兴专项转移支付不仅为东北地区的经济社会发展提供了必要的资金保障，也促进了地区发展的战略转型和升级，是中央政府推动区域协调发展战略的重要体现。这种针对性的财政支持为东北地区构建新的发展动力、实现振兴发展目标打下了坚实的基础。

中央政府的这些转移支付投入策略，从教育到养老，再到专项振兴资金，共同构建了一个多层次、多领域的支持体系，旨在通过稳定和动态的双向支持，激发东北地区的内生动力，同时确保外部支持策略的连续性和效果的最大化。这一系列措施共同铺展了东北全面振兴的广阔画卷，不仅稳固了社会根基，也为区域的持续发展储备了力量。

（二）政府性基金与国有资本经营转移支付

根据表3-8中的数据，我们首先看政府性基金预算转移支付。政府性基金预算转移支付是中央对地方政府在特定基金项目上的财政支持，这些基金通常用于特定的社会经济目标，如土地储备、基础设施建设、能源保障、环境保护等，这种转移支付体现了中央政府对于某地区振兴战略的财政承诺和支持意图。

表3-8　中央对东北三省政府性基金与国有资本经营转移支付（2018—2023年）

单位：亿元

年度	辽宁省		吉林省		黑龙江省	
	政府性基金	国有资本经营	政府性基金	国有资本经营	政府性基金	国有资本经营
2018	17.84	21.12	12.38	—	16.94	—
2019	22.31	50.10	13.09	-1.06	19.92	—
2020	164.44	1.21	170.22	46.91	246.70	1.45
2021	17.36	10.30	12.18	4.72	10.71	37.93
2022	16.53	2.86	11.74	1.23	11.99	9.35
2023	15.34	2.75	8.86	1.18	11.51	7.54

数据来源：财政部官网（2023年为预算数，其余年度为执行数）；吉林省2018年，黑龙江省2018年、2019年国有资本经营数据缺失。

从2018年到2023年，辽宁省接收的政府性基金转移支付总体呈现稳定趋势。辽宁省作为东北地区的工业重镇，其政府性基金转移支付的稳定反映了中央政府在推动地方产业结构调整和经济转型方面的决心。例如，大型国有企业改革、重点新兴产业集群的建设以及生态环境保护和城乡一体化发展，都可能是转移支付增长的关键用途。辽宁的这些资金投入，不仅助力于省内基础设施的改善和经济结构的优化，而且在促进社会保障体系完善与提高公共服务质量方面发挥着重要作用。

吉林省的政府性基金转移支付在2020年有一次显著的增长，此后虽然数额有所下降，但整体上保持了稳定的态势。这说明吉林省在维持和加强其关键公共服务和基础设施项目上获得了持续的财政支持，特别是在推动地区经济发展和社会事业改革方面。

黑龙江省的政府性基金转移支付在2020年达到了一个高峰，之后虽有所下降，但在整个时间段内仍然维持了一个相对稳定的增长态势。这种稳定的增长可能意味着黑龙江省在经济结构调整、农业现代化、生态文明建设等方面得到了持续的关注和资金支持。特别是考虑到黑龙江省在国家粮食安全和边境贸易中的重要角色，这样的财政支持对于地区的长期稳定和发展至关重要。

东北全面振兴战略中的政府性基金预算转移支付，不仅是一种财政资金的流向，更是中央政府对东北地区的一种政策信号。这种信号向地方政府和社会各界传达了中央继续支持东北全面振兴的坚定态度，并期待通过资金的流入来推动地方经济结构的优化和社会事业的发展。展望未来，东北三省需继续加强项目资金的使用监管和绩效评估，确保每一笔转移支付都能精准投入到促进地区持续健康发展的关键领域。通过这种方式，政府性基金预算转移支付将成为东北地区实现经济社会发展目标的有力支撑。

国有资本经营预算转移支付是指中央政府将国有资本收益的一部分，以转移支付的形式，用于支持地方政府的特定项目或领域发展。在东北地区，这种支付方式特别关键，因为它直接支持了国有企业的改革、创新和升级，以及其他与国有资本紧密相关的经济活动。

从表3-8中看，辽宁省的国有资本经营转移支付在2019年达到了显著高点，这与该年度中央对辽宁省国有企业改革、产业优化升级等重大项目的特别支持有关。然而，之后的数据显示出一定程度的波动和下降，这反映了国有企业改革进程中的阶段性成效和调整。这些资金能够帮助辽宁省的国有企业调整和优化他们的产业结构，促进从传统制造业向高技术和服务导向型产业的转变。

吉林省的数据在2020年呈现出巨大的增长，这表明那一年可能有大量的国有资本投入到了重要的经济结构调整或产业升级项目中。这样的资金注入可能是为了促进吉林省经济的转型和长期发展，尤其是在面对全球经济变化和国内外市场竞争加剧的背景下，加强了对吉林省经济发展的支持。

黑龙江省的数据在2020年也显示出了显著的增长，随后在2021年达到了高峰，这可能反映了中央对黑龙江省在某些年度的特别扶持，尤其是在农业现代化、生态环境保护和边境贸易等方面。鉴于黑龙江省的战略地位和其在国家粮食安全及生态环境保护中的重要作用，这样的转移支付对于保障省份经济社会稳定发展和战略资源安全至关重要。对黑龙江省来说，这些资金不仅能够提升地方国有农业企业的竞争力，也能够支持黑龙江省利用其丰富的自然资源和生态环境，开发新的经济增长点。

综上，国有资本经营转移支付不仅体现了中央政府对东北地区经济振兴的持续关注和支持，同时也突显了政策在各省间的差异化调整和资金分配的灵活性。这种策略性的财政分配对于促进东北地区的经济结构调整、产业升级以及长期可持续发展起到了关键作用。

2023年10月27日，中共中央政治局的会议再次将聚焦光束投向东北这片曾经的工业摇篮，明确指出东北面临的新机遇，决定出台一系列支持政策，这为东北的发展注入前所未有的动力。国家明确表示了对东北的大力支持，这不仅体现了中央对东北振兴的高度重视，而且为东北的持续发展提供了坚实的支持和广阔的舞台。面对国家的支持，东北地区也应紧密对接国家战略，充分利用这一系列新出台的政策，寻找与地方发展战略的契合点，把握住国家给予的重大机遇，激发内生动力，加强外部支持，促进产业升级和经济结构优化。现在是行动起来的时候，东北地区应以实际成效回应中央的期望，确保东北全面振兴的每一步都稳健而坚实。

二、内生潜能激活自生能力

在东北全面振兴的关键时期，面临着国家宏观政策的深度支持和发展机遇，各省需审时度势，紧密结合自身发展实际，深化改革，拓展创新，挖掘和激发内生动力。辽宁省应发挥其在东北地区的工业重镇地位，积极落实新时代“六地”建设，加快产业结构调整和转型升级，以创新驱动引领经济发展新常态。吉林省需凭借其科教资源和独特的地理优势，加快从资源依赖向技术和人才依赖转变，构建更具活力的经济发展模式。黑龙江省则更应注重农业现代化与生态保护的双轮驱动，同时利用边境地缘优势，拓展对外开放的新空间。三省统筹兼顾，各施策略，不仅要积极对接国家政策，更要在内生性增长上下功夫，真正建立东北振兴的长效机制，确保东北地区的持续发展。

（一）东北的四大发展机遇①

习近平总书记关于东北的战略地位、发展方位作出的重大判断和

---

① 本节部分内容发表在《新时代东北全面振兴的机遇和任务》，《人民论坛》，2024年02期。

重要部署，是对东北全面振兴的系统性谋划和战略性安排。东北地区正处于千载难逢的战略机遇期、政策叠加的红利释放期、发展动能的加快集聚期、产业升级的转型关键期、跨越赶超的发展窗口期，东北只要抢抓机遇、乘势而上，必将为实现全面振兴增添新动能。

第一个机遇：把科教优势和产业优势转化为发展优势。东北地区在科教和产业方面具有先天的比较优势，为推动东北地区高质量发展提供了扎实的精神基础和有力的物质保障。从科教角度看，东北地区高等教育实力雄厚，共有312所普通高等学校[①]。高校作为科技第一生产力、人才第一资源和创新第一动力的重要结合点，蕴藏着推动社会发展的丰富潜在动能。打通高校与社会的连接点，建设产学研深度融合的创新平台，可充分挖掘、激活科教和产业的优势，助力东北地区高水平科技自立自强，助推东北地区经济高质量发展。从产业角度看，东北地区产业结构完整、工业基础雄厚。党的十八大以来，我国工业体系更加健全。我国拥有41个工业大类、207个工业中类、666个工业小类，是全世界唯一拥有联合国产业分类中全部工业门类的国家。而东北地区的体系规模和全产业链优势在全国独一无二。以辽宁省为例，目前，辽宁省22个重点产业集群中集聚规模以上工业企业超3500家，推进工业项目2000余个，总投资8000多亿元，已成为推动辽宁省工业发展的重要支撑和坚实脊梁。

第二个机遇：东北在推进中国式现代化中的战略支撑作用。构建具有东北特色优势的现代化实践路径是提振东北经济社会发展信心、夯实东北地区发展根基、强化东北在国家现代化建设中战略支撑作用

① 《全国高等学校名单》，中华人民共和国教育部网站，2023年6月19日。

的必由之路。一是人口规模巨大的现代化，主要体现在量的合理增长和质的有效提升。东北地区应深挖超大规模市场优势，发挥好劳动力成本优势。二是全体人民共同富裕的现代化。实现共同富裕，协调发展是制胜要诀。面对新形势新挑战，破解发展不平衡不充分问题，让现代化建设成果更多更公平惠及全体人民，关键要深入实施区域协调发展战略，不断缩小城乡区域发展和收入差距，提高发展的平衡性、协调性、包容性。习近平总书记指出："在维护国家国防安全、粮食安全、生态安全、能源安全、产业安全中积极履职尽责，在全面振兴、全方位振兴中奋力开创黑龙江高质量发展新局面。"这不仅是对黑龙江的希望，也是对东北的希望，为做好区域协调发展工作提供了根本遵循和行动指南。三是物质文明和精神文明相协调的现代化。只有物质文明和精神文明建设都搞好，中国特色社会主义事业才能顺利向前推进。四是人与自然和谐共生的现代化。东北地区要坚持"先立后破"原则，即积极发展可再生能源，再逐步降低化石能源的比重，最终实现"双碳"目标。应充分发挥东北地区风能光能资源丰富的优势，积极发展风电、光电、核电等清洁能源，建设"风光火核储"一体化能源基地。五是走和平发展道路的现代化。东北地区应充分发挥得天独厚的区位优势，积极建设东北海陆大通道，以高水平对外开放助力中国式现代化。

第三个机遇：东北在构建新发展格局中的重要战略地位。构建新发展格局的重要内容在于加快构建以国内大循环为主体、国内国际双循环相互促进的新发展格局。对于东北地区来说，即要打好"对内开放"和"对外开放"的组合拳，构建区域协调发展新格局。关于"对内开放"，东北地区应积极对接国家重大战略，依托市场优势和内需潜力，实现与国内其他区域的互联互通，进而联通国内国际双循环。

关于“对外开放”，东北地区应充分发挥区位优势，深度融入共建“一带一路”大格局。牢牢抓住与周边国家和地区的经贸合作机遇，努力推动东北海陆大通道建设上升为国家战略，加强东北地区与国家重大战略衔接，推动东北地区对外开放迈上新台阶。

第四个机遇：在深刻而广泛的地缘政治变化中找到东北新的区位优势。当前国际形势的复杂多变，不仅对全球政治经济格局产生深远影响，也为东北地区的战略定位带来了新的机遇与挑战。维护国家安全，特别是国防安全，是国家大局所需、东北职责所系，也是振兴机遇所在。东北地区可以借此机会，巩固和拓展在国家安全体系中的角色，通过多维度的战略布局和政策创新，增强自身的区域安全保障能力。应加强与周边国家的战略沟通和协调，共同应对区域安全挑战，构建稳定的区域安全环境。这不仅有利于地区和平与发展，而且可以通过区域合作，在能源、交通、物流等领域创造新的增长点，推动经济发展。

（二）深挖内生动力：以辽宁省为窗口观东北三省振兴

东北三省，作为我国重要的老工业基地，面对新时代全面振兴的大背景，共同迎接着振兴发展的新机遇。辽宁省的发展策略为我们深入理解东北全面振兴中的行动框架和具体实践提供了突出案例。通过分析辽宁省的具体行动，我们可以看到东北振兴战略实施的深度和广度。吉林省和黑龙江省虽然各具特色，但在挖掘内生动力的总体方向和战略重点上与辽宁省保持一致，共同致力于实现东北地区的全面振兴和高质量发展。

面对全球经济新格局和国家发展新要求，辽宁省必须以更加坚定的决心和行动，挖掘深厚的内生动力，勾画出自身发展的新蓝图。本着“四个全面”战略布局，辽宁省应以《中共辽宁省委关于深入贯彻落实习近平总书记在新时代推动东北全面振兴座谈会上重要讲话精神　奋力谱写中国式现代化辽宁新篇章的意见》为指导，秉承“六地”战略定位的指引，通过全省上下的不懈奋斗，“攻坚”突破，成为国家重要的战略支撑点。

辽宁省在新时代全面振兴的战略版图中，承载着国家赋予的重大使命，那便是成为“国家重大战略支撑地”。辽宁省的地理位置、工业基础、人才资源和历史传承，在国家的宏观战略中扮演着枢纽的角色。为了实现这一宏伟目标，辽宁省必须将经济建设作为保障国家战略支撑的基石，“壮大经济实力，在保持经济赶超势头上攻坚突破”，寻求新的经济增长点；同时，辽宁还需把握好发展与安全的关系，确保在追求经济增长的同时，构建起坚实的社会安全网，“统筹发展安全，在建设平安辽宁上攻坚突破”，积极履行维护国家“五大安全”的使命，建立和完善应急管理体系，提高公共安全水平，确保各项安全措施落到实处，这对于维护国家安全和社会稳定具有至关重要的意义。

辽宁省正积极响应国家号召，致力于成为“重大技术创新的策源地”以及“具有国际竞争力的先进制造业新高地”。在这一进程中，“强化创新引领，在开辟新领域新赛道上攻坚突破”成为辽宁战略发展的关键。通过建设具有全国影响力的区域科技创新中心，辽宁致力于集聚创新资源，加快科技成果转化，形成新的经济增长点。此外，辽宁还注重加快新质生产力的形成，通过推动高技术产业和新兴产业发展，提升产业技术水平和产品附加值，为经济高质量发展注入新动能。辽宁省还将目光投向国际化人才高地的打造，通过优化人才发展环境，吸引和留住海内外高层次人才，为辽宁的技术创新和产业升级提供强有力的人才支持。同时，在“加快动能转换，在构建现代化产业体系上攻坚突破”的战略指导下，辽宁省全力推进制造业的转型升级。通过引入和培育高端制造业项目，辽宁省努力塑造制造业新优势，增强产业的国际竞争力；大力发展现代服务业，特别是金融服务、信息服务、科技服务等领域，推动服务业与制造业深度融合，促进经济结构的优化升级。辽宁省也注重培育和壮大经济发展的新主体，鼓励创新创业，支持中小企业和微小企业健康发展，通过提供政策支持、财税优惠、融资便利等措施，激发市场主体活力，为辽宁省经济发展注入新的生机与活力。

辽宁省作为中国13个粮食主产省之一，承担着为国家粮食安全作出重要贡献的责任。在这一背景下，辽宁省着力打造“现代化大农业发展的先行地”，致力于“推进乡村振兴，在建设农业强省上攻坚突破”。通过改善基础设施、加强环境治理、提升公共服务水平，大力发展乡村旅游和特色农业，促进了乡村经济和文化的繁荣发展。同时，辽宁省注重激发农业农村发展的内生动力。通过实施农村土地制度改革、加大农业支持保护力度、推广农业科技创新，辽宁省有效提升了农业的综合竞争力和农民的收入水平。辽宁省还积极探索农业产业化经营，支持建设农业产业化经营示范区，推动农业向现代化、集约化、智能化方向发展，还通过引进和推广先进的农业技术，提升了农业生产效率和粮食作物的品质，为辽宁省乡村振兴和农业现代化奠定了坚实基础，同时筑牢了粮食安全的保障根基。

辽宁省在推进新时代全面振兴的过程中，特别强调了生态文明建设和民生改善两大关键领域的攻坚战，旨在通过持续的努力，将辽宁打造成为绿色低碳的美丽辽宁以及“高品质文体旅融合发展的示范地”。辽宁省深入实施污染防治攻坚战，通过减排重点污染物、推广清洁生产技术和加强工业污染源治理等措施，有效改善了环境质量。

同时，生态修复和保护工作也在稳步推进，辽宁省通过大规模植树造林、湿地保护和恢复、河流和湖泊的生态修复，增强了生态系统的服务功能和自我修复能力。此外，辽宁省坚决推动低碳经济转型，通过发展绿色能源、推广节能技术和建设节能环保型城市，助力全省经济社会发展与环境保护的和谐共生。在提升民生福祉方面，辽宁省采取了一系列有效措施。通过扩大就业、提高就业质量和促进收入增长，辽宁省不断增强居民的获得感和幸福感，健全社会保障体系、全面提升教育质量、实施健康辽宁行动等，都是为了构建更加完善的民生保障体系，提高人民群众的生活质量。此外，辽宁省还积极推动文化、体育和旅游的深度融合，通过打造一批文化和旅游的精品项目，丰富群众的精神文化生活，同时促进旅游业的高质量发展。在国防动员体系建设方面，辽宁省推动新体制的高效运行，确保国防和军队建设与地方发展同步推进，为辽宁省的全面振兴和长期稳定提供坚强的安全保障。

辽宁省积极“激发动力活力，在深化改革开放上攻坚突破”。通过打造营商环境的升级版，辽宁省不断优化政务服务，简化行政审批流程，加强知识产权保护，为企业发展营造了公平竞争的市场环境。同时，辽宁省深化国资国企改革，推动国有企业优化重组、提高效率和竞争力，加快构建现代企业制度，实现国有资本做强做优做大。此外，辽宁省着眼于打造对外开放新前沿，积极构建“东北亚开放合作的枢纽地位”，通过深化与周边国家的经贸合作、推进自贸区建设和国际产能合作，大力发展开放型经济。这一系列措施，不仅为辽宁省注入了新的发展动力，也为全面振兴和可持续发展打下了坚实的基础，展现了辽宁省在新时代背景下的大胆探索和积极作为。

而吉林省和黑龙江省在挖掘内生动力的过程中，与辽宁省展现出类似的发展轨迹和策略。这三个省份都在积极响应国家东北全面振兴的战略号召，通过优化产业结构、推动技术创新、加强开放合作等手段，力图打造自身的发展优势和特色。辽宁省的“六地”战略和“八大攻坚战”，以及在促进经济增长、创新引领、动能转换等方面的具体措施，为吉林省和黑龙江省提供了可借鉴的经验。尽管各省有其独特的资源和条件，但他们都致力于通过深化改革、扩大开放、促进科技进步等方式，实现经济结构的优化升级和高质量发展，这与辽宁省的发展方向相似。吉林省、黑龙江省和辽宁省都在为实现东北全面振兴和可持续发展不懈努力，共同书写东北振兴的新篇章。

第四章 四大发展机遇

第一节　科技自立自强实现发展潜力

自2010年以来，中国在经济体量上始终稳居世界第二，但是创新能力不强，成为我国的“阿喀琉斯之踵”。历史经验证明，一个国家是否强大，不仅仅在于经济总量的大小，也不仅仅由人口规模和领土幅员而决定，关键在于国家的科技水平。第十四届全国人民代表大会上，习近平总书记强调“加快实现高水平科技自立自强，是推动高质量发展的必由之路”，“我们能不能如期全面建成社会主义现代化强国，关键看科技自立自强”。

当前，新一轮科技革命和产业变革已经开始，这是“千载难逢的历史机遇”。能否抓住机遇，迎头赶上，夺取发展先机，抢夺大国竞争制高点，取决于我们是否能够加强自主创新，提升自主创新能力。振兴东北是党中央作出的重大战略决策，东北地区是否能够抓住历史机遇，一定要向科技创新要答案。2023年9月7日，习近平总书记在新时代推动东北全面振兴座谈会上强调，要以科技创新推动产业创新，要牢牢扭住自主创新这个“牛鼻子”。推动东北全面振兴，根基在实体经济，关键在科技创新，通过创新提高区域竞争力。接下来，笔者将从确立实体经济在创新中的作用、创新投入与人才引进和促进产学研用相融合等方面为大家分析东北三省，尤其是辽宁省在实现科技自立自强的道路上做出的艰苦努力、取得的丰硕成果。

一、实体经济在创新中的主体作用

2023年中央经济工作会议指出，“企业是创新的主体”，想取得在核心技术上的突破，必须发挥企业在科技创新中的主体作用。为了获取利润，企业会产生各种奇思妙想使自身产品减少竞争、占领更大的市场。通过技术创新，企业能够对现有产品进行升级，也能够创造出新的产品，迎合人们新的需求。比如苹果公司在2011年推出的iPhone 4，标志着智能手机时代的到来。传统手机巨头诺基亚在iPhone系列产品面前不堪一击，几乎在一夜之间就被智能手机击得粉碎。通过迅速占领手机市场，苹果公司也在这场通信设备颠覆过程中赚得盆满钵满。

在实现创新发展的过程中，东北三省同样十分重视确立企业的主体地位。突出企业的创新主体首先要发展一批优秀企业，构建“科技型中小企业—高新技术企业—科技领军企业”梯度培育体系，为创新注入活力。2023年，东北三省国家科技型中小企业入库数量分别为5751家（辽宁省）、4550家（吉林省）、4586家（黑龙江省），国家高新技术企业数量分别达13000家（辽宁省）、3590家（吉林省）、4430家（黑龙江省）。其中，辽宁省在“雏鹰”“瞪羚”“独角兽”企业的发展方面取得了令人瞩目的成就。截至2023年，辽宁省新增

“雏鹰”“瞪羚”企业1029家，增长23.88%。“十月稻田”和“微控飞轮”则实现了辽宁省“独角兽”企业零的突破。

同时，各地的本土技术性企业发展势头良好。2023年11月28日，备受瞩目的国产芯片龙芯3 A6000正式发布，标志着国产处理

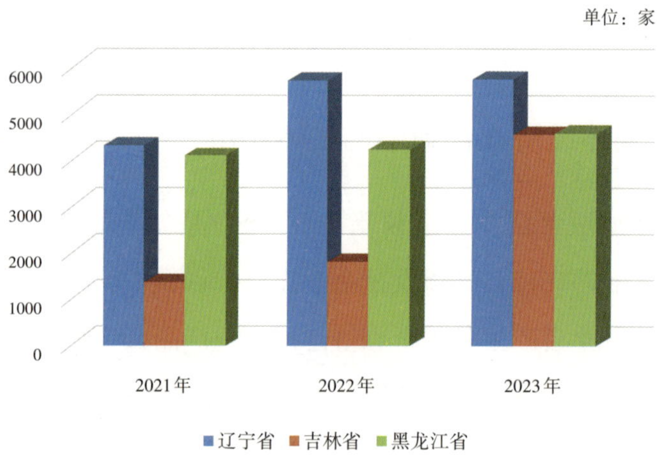

图4-1　东北三省国家科技型中小企业入库数量

数据来源：作者整理。

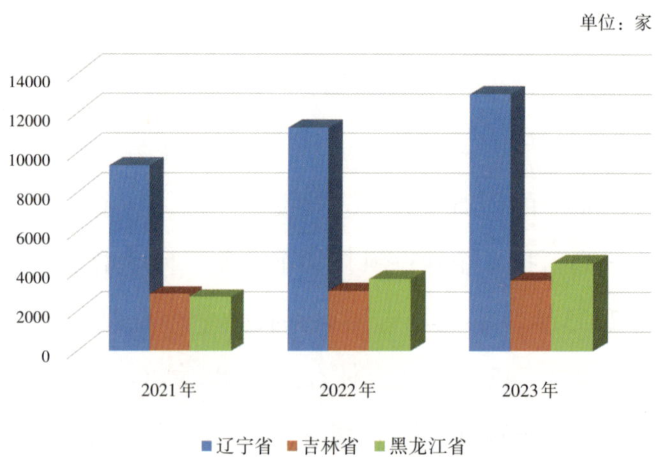

图4-2　东北三省国家高新技术企业数量

数据来源：作者整理。

器在产品性能和自主可控程度上迈上新的台阶。众所周知，芯片生产对材料具有极高的要求，长期以来生产芯片的关键材料都被国外垄断。黑龙江省哈尔滨同创普润集团有限公司通过多年的探索，已经在超高纯电子材料领域实现了全部设备、工艺和技术的国产化，打破了国外在这项关键材料上的长期垄断。该公司的产品将广泛应用于半导体制造、航空航天和生物医疗领域，支撑这些相关高端制造业的向前发展。

沈阳飞机工业集团代表了军工企业的良好发展。沈飞集团在钣金、机加、锻铸造、热表处理、焊接及增材制造、装配、调试与试飞等15个专业大类上取得了数十项核心技术、数百项关键技术，截至2022年底，沈阳飞机工业集团被授权有效专利数量926项，其中有效发明专利509项，部分技术被评估认定为国内领先水平或国际先进水平。在2023年9月1日的第21届中国国际装备制造业博览会上，沈阳飞机工业集团以歼-16、直-20、歼-11等大国重器突出展示了航空核心科技自立自强的成果；以承担C919机体结构制造为主线，重点展示为C919、ARJ21、“新舟”等民机生产的机体结构件，体现了民机大部件的先进制造能力。

二、创新投入与人才引进

在科技创新过程中企业具有主体地位，但这并不代表政府不参与进来，政府参与科技创新在国际上也是常见的。2022年，拜登政府为了继续发展美国芯片产业，签署了《芯片与科学法案》，法案计划拨款数百亿美元用于科学和研发投资。他山之石可以攻玉，可见，政府在建设国家实验室，补贴大学科研项目上的投资，可以有效地帮助科研人员攻克创新过程中的技术难关，也能够有效地聚集科研人员，实现重大技术突破。

对于科研设施和人才在实现科技自立自强过程中的作用，国家和东北地区都有着深刻的认识。党的二十大指出，教育、科技、人才是全面建设社会主义现代化国家的基础性、战略性支撑。在科教兴国和人才强国的引领下，东北三省积极实施“兴辽英才计划”、“百万学子留辽来辽”计划、“吉人回乡”工程、“长白山人才工程”和“技能龙江行动”等多项人才引进工程。以辽宁为例，通过“兴辽英才计划”，有效吸引高水平人才和团队来到辽宁。其中，2023年新增两院院士6人，总数达到61人，同时新增外籍会士1人。如图4–3所示，“带土培植”的高水平科研团队引进从2020年的116个增长到2023年的1047个，增长近10倍。2023年，“百万学子留辽来辽”计划等则吸引了优秀博士生和高级职称人才4387名，同比增长77%；引进留住高校毕业生40.1万名，同比增长20.1%。辽宁扭转了多年来人才净流失的趋势，基本打造了“孔雀向北飞”的人才流动趋势。

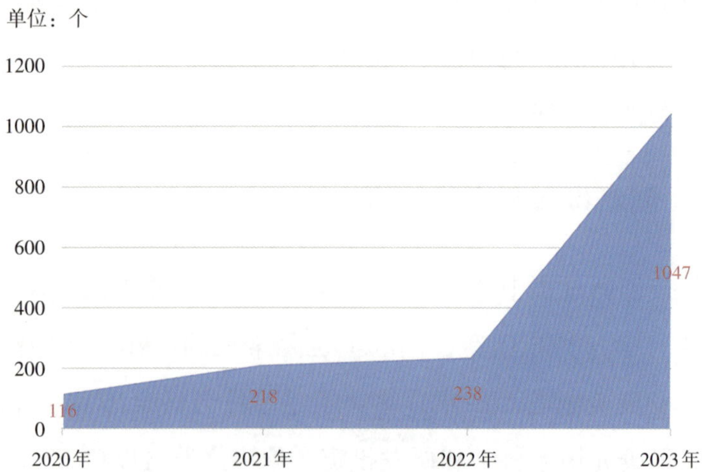

图4–3　辽宁省高水平科研团队引进情况

数据来源：《辽宁省政府工作报告》，2021—2024。

通过积累人力资本助力科技创新，人才引进是万里长征第一步，更关键的是要为科研人才提供良好的科研环境和充分的生活保障，让科研人员能够“静”下来。为了让科研人员安安心心搞科研，辽宁省在2021年出台了《辽宁省科技创新条例》，旨在为科研人员“减负放权”。首先，为了放权科研机构，增强科研机构的自主管理权，该条例规定赋予科研人员科技成果所有权或长期使用权。其次，该条例在管理上精简项目审批程序，简化项目评估、检查、抽查等活动，切实减轻科研人员负担。2023年，辽宁省自然科学基金计划经费投入增长38.2%，平均支持强度提高87.7%，培养支持科技人才近3000人。再次，该条例通过构建全链条政策服务体系，做到让科研人员有平台闯事业，有资金做项目，有通道评职称，待遇上有提高。最后，在研究成果收益分配上，该条例规定要精准落实科研人员成果转化收益分配政策，让科研人员名利双收。2023年辽宁省投入4.8亿元用于人才科研奖励以及服务保障，尽可能地保障了科研人员的权益，为打造一支“科技王牌军”打下了坚实基础。

政策刺激带来了全社会在创新投入上的全面增加。图4-4至图4-6分别显示了辽宁省规模以上企业创新研发（简称R&D）人员投入、R&D经费投入和R&D项目立项的时间趋势。可以看到，在“孔雀向北飞”的态势影响之下，2020年以后由于人才的流入，全省规模以上企业的创新人才投入显著提高，2020年增长率高达15%，2021年创新人数绝对量达到了近几年的顶峰，有63000多人。而企业R&D投入和R&D项目数也从2016年开始逐年递增，在2021年同样达到了近几年的峰值，分别为367亿元和13733项。企业的研发投入增长，往往能够带来研发产出的增加。2023年，辽宁省实施高端数控机床等创新联合体重大专项7项，“揭榜挂帅”科技攻关项目120项。辽宁首颗卫星“大连1号”成功发射，“太行110”重型燃气轮机、国内首台套150万吨级乙烯“三机”、医用电子直线加速器等在辽问世。

经济学理论认为，当一地人力资源达到一定规模以后，会由于信息的流通和科技成果的集中的创新产生集聚效应，从而吸引更多的科

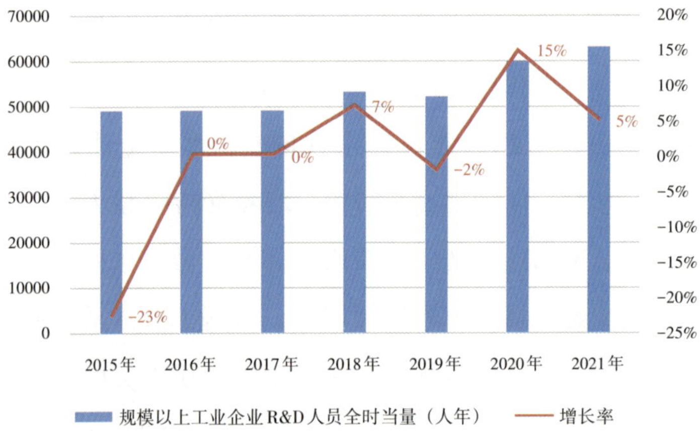

图4-4　辽宁省规模以上工业企业R&D人员全时当量（人/年）、增长率

数据来源：马克数据网，作者整理。

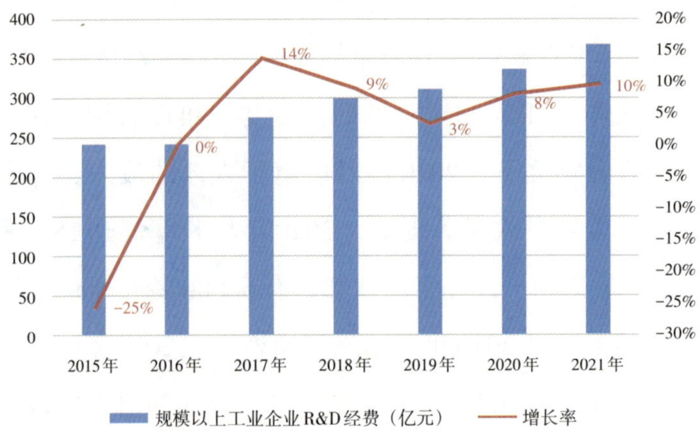

图4-5　辽宁省规模以上工业企业R&D经费（亿元）、增长率

数据来源：马克数据网，作者整理。

研人才，创造出更多的技术成果。志合者，不以山海为远。随着“孔雀向北飞”的态势逐步形成，辽沈大地也在成为下一个科技中心的道路上向前进。

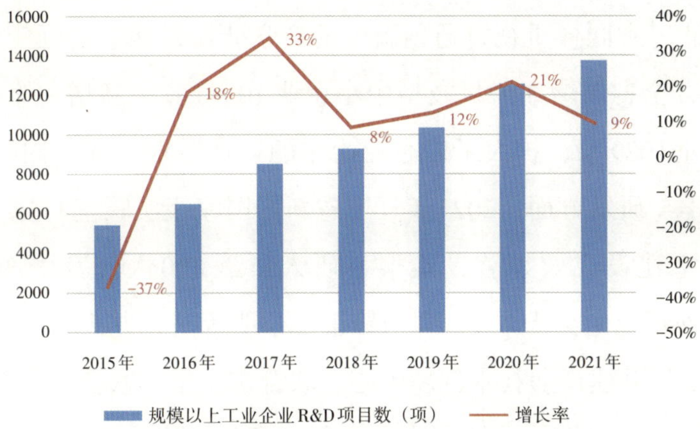

图4-6　辽宁省规模以上工业企业R&D项目数、增长率

数据来源：马克数据网，作者整理。

三、产学研用深度融合

企业是技术创新的主体，企业家最清楚市场需求的前沿动向。但是企业并不是科研院所，并不是掌握技术的主体，所以在产品创新的过程中，会遇到前沿技术和前沿需求的信息不匹配的问题。因此，在进行科技创新时，大多数企业面临着摸不准科研方向、缺乏科研思路和找不到匹配资源等问题。为了突破这些发展瓶颈，一些企业开始谋求产学研相结合的发展路子。一方面，通过企业与高校的合作，实现产品更新迭代，材料性能升级，改良生产设备和推进节能减排等目的。另一方面，促进产学研用相结合，也可提高高校和科研院所的科研方向的目的性。早在2010年左右，我国的科研论文数量就已经稳

居世界前列，但是在实际生产应用中却面临着“两张皮”的问题，即高技术产品依赖国外，国内的科研成果无人问津，这一问题的核心在于科研与实际需求之间缺乏紧密结合。促进产学研用相融合，正是实现企业的技术需求与科研机构的成果进行转化的关键一步。

东北三省同样重视打通创新中的产学研用链条。以辽宁省为例，2023年，全省新增注册科技型中小企业10341家，新增“雏鹰”“瞪羚”企业1029家，扩大了以企业为主的“产”业主体。同时，在基础科“学”研发方面，2023年辽宁省新增国家级实验室11家，4家省级实验室建设成效显著，集聚科研人员近600人，其中两院院士17人、外籍院士会士3人，并与鞍钢、黎明等一批龙头企业签订战略合作协议，共建产业技术创新中心、联合实验室、联合研发中心等创新平台7个。在将技术转化为产品的“研”环节，辽宁省积极布局“中试”环节。所谓“中试”，就是指产品在大规模量产前所进行的较小规模的试验，相比于最终的商用大生产，中试其实是实验性质的“小工厂”。目前，辽宁省的优势产业，例如精细化工产业，技术成果多处于小试阶段，没有充分的实验检测导致多数成果最终束之高阁。为了解决这一问题，2023年，辽宁省在精细化工和新材料等重点领域布局建设省级中试基地14家，有效地促进了科技成果的转化。

产学研用的链条中，从“研”到“用”这一过程是最难的，这是将科研成果转化为商用，创造经济价值的最后一公里，也是漫漫征途中最难涉过的一公里。帮助科研院所将研究成果转化成实际生产力，尤其是大国重器，就需要政府和国有企业的支持。

地铁是减少城市居民通勤时间的最有效渠道之一，目前辽宁省沈阳市地铁已经建成投用5条线路，运营里程165公里。而地体一号线的扩建，也为大国重器的商用打通了“用”的最后一环。

盾构机是基础设施建设的重大装备，有“世界工程机械之王”之称，但是在2022年以前，盾构机的主轴承是始终未能国产化的核心关键部件。从技术角度来说，盾构机主轴承必须有高承载能力和高可靠性，这对制造主轴承的材料和工艺精度都提出了非常高的要求。通过国家立项与支持，中国科学院研究团队开发了“低氧稀土钢”关键技术，同时又解决了精密加工、成套设计中的12项关键核心技术问题，最终研制出了盾构机主轴承。技术创新到了“用”的最后环节。掘进过程中，大型盾构机没有回头路，只能前进，不能倒退。因此，主轴承一旦失效，将会损失惨重。如此巨大的试错成本也是主轴承从“研”到“用”的最大阻碍。没有这个环节，也就无法通过应用考核评价来检验产品的性能。

为了真正突破盾构机主轴承的技术难关，2022年，辽宁省沈阳市牵头，汇集了沈阳地铁、北方重工、保险公司等多家企业，确定在沈阳地铁做一个示范应用标段，打通从“研”到“用”的最关键环节。最终，装备国产主轴承的盾构机“兆寰6号”由北方重工生产制造，在沈阳地铁1号线东延线1标施工现场顺利完成1000米的施工掘进任务。试验成功鼓舞了企业和科研团队的士气，目前，北方重工已经开发出直径3米级到8米级的盾构机主轴承共10套。产学研用链条的打通，为科技自立自强带来了强劲的动力。

促进产学研用相融合，除了发挥政府作用，更要重视市场的决定性作用。通过市场机制建立打通产学研用渠道的企业平台，是为企业寻找创新技术支持的有效渠道。政府的作用往往在调节主要矛盾，寻求最大公约数。对于重大项目，政府应激励支持引导项目合作，但是对于大量的中小企业，政府不可能有全盘照顾的能力和精力。1776年，经济学家亚当·斯密在《国富论》中就论述了社会分工对于提高劳动生产率和国民财富的重大作用。因此，在推进产学研用融合的道路上，同样要重视通过市场的方式建立平台企业，为中小企业的产学研用结合提供润滑剂，让“市场在资源配置中起决定作用”。

中小企业的发展最大困难在于融资约束，而融资约束的根本在于企业没有差异化，缺少富有竞争力的产品。绝大多数中小企业具有成立时间短、资产积累少、销售收入少的特点，即便创业者有丰富的实践经验，对行业有充分的了解，也不易得到金融机构的资金支持。因为金融机构的考虑在于企业的收入能力，而不是发展潜力，让金融机构从事“损有余而补不足”的工作是违背其运行原理的。因此，从本质上来说，中小企业的融资问题关键在于能否将自身的潜力尽快兑现，能否将对市场的了解转化为拥有竞争力的产品。融资约束决定了中小企业需要尽可能快、尽可能准确地了解行业的前沿技术，这就需要打通产学研融合的链条。但是，行业的先进技术和企业所在地往往不会很理想地匹配在一起，对于跨地区的产学研融合，政府能够做的事情会由于行政权力的限制受到很大的局限。何况在企业需求随着企业数量增长的情况之下，单靠政府组织会显得捉襟见肘。此时就需要专门从事搭建产学研平台的企业，通过市场交易提供服务，为企业提供全国范围乃至全球范围内的技术团队搜寻服务，将企业的搜寻成本转化为平台的经营利润和科研团队的经济效益。

第二节　融入新发展格局，突出东北战略地位

一、国策铸辉煌、战略定未来

东北，这片富饶的土地，不仅拥有雄厚的产业基础和独特的区位优势，更在新发展格局中占据着举足轻重的战略地位。诞生于这里的新质生产力，正如泉涌般喷发，展示着光明的未来。东北地区承担着维护国家工业安全、农业安全、生态安全、能源安全以及产业安全的重大使命，这些都是民族复兴的根基。

2023年9月9日，习近平总书记在主持召开新时代推动东北全面振兴座谈会时指出："新时代新征程推动东北全面振兴，要贯彻落实党的二十大关于推动东北全面振兴实现新突破的部署，完整准确全面贯彻新发展理念，牢牢把握东北在维护国家'五大安全'中的重要使命，牢牢把握高质量发展这个首要任务和构建新发展格局这个战略任务。"习近平总书记从大处着眼，于细微处落脚，规划出东北地区、国家发展的道路，即"实现高水平科技自立自强，有利于东北把科教和产业优势转化为发展优势"，"构建新发展格局，进一步凸显东北的重要战略地位"，"推进中国式现代化，需要强化东北的战略支撑作用"。

为什么说东北在构建新发展格局中占据重要的战略地位呢？这要从东北的历史和地理位置说起。提起东北，人们很容易联想到"共和国长子"。自新中国成立以来，东北地区就是我国重要的工业基地和农业基地，维护国家国防安全、粮食安全、生态安全、能源安全、产

业安全的战略地位十分重要，而这一地位在地缘政治冲突加剧、国际粮食紧张态势出现、提倡绿水青山就是金山银山、国家能源安全需要保障、东北老工业基地复兴迫在眉睫的当下更是尤为重要，东北地区成为构建新发展格局中具有重要战略地位的地区。

第一，国无防不立，民无防不安，在“五大安全”中，“国防安全”关系国家存亡和民族兴衰，是定国安邦的基石。东北三省地处东北亚中心地带，拥有我国最北、最东点，在强边固防、守好国门方面具有重要作用。特别是在当前国际和地区形势复杂多变的情况下，东北三省毗邻俄罗斯、蒙古，邻近日本、韩国，且位于保卫华北腹地的战略要塞，具有重要的国防意义。

第二，粮食安全关乎国计民生，是实现国家安全的重要基础。特别是在近年来疫情、极端天气、俄乌冲突等因素的频繁影响下，保障国内粮食稳产保供具有重要战略意义。东北三省是我国粮食主产区，黑土地肥沃高产，是我国粮食安全的压舱石，粮食产量占全国的五分之一以上，对全国粮食安全具有重要意义。

第三，绿水青山就是金山银山，生态安全是贯彻新发展理念、推动经济社会高质量发展的必然要求。东北森林带是“两屏三带”国家生态安全战略格局的重要组成部分，分布有大小兴安岭、长白山、三江平原等国家重点生态功能区，是我国重点国有林区和北方重要原始林区的主要分布地、沼泽湿地最丰富最集中的区域，东北虎、东北豹等旗舰野生动植物物种众多，在维护我国生态安全方面具有重要意义。此外，东北地区之前长期从事重工业，排污效率较低，因此，东北地区的清洁生产、精准治污、推进蓝天工程也将对东北地区及周边区域的环境产生积极作用。

第四，能源安全是关系国家经济社会发展的全局性、战略性问题，习近平总书记作出了“能源的饭碗必须端在自己手里”的重要指示，能源安全成为构建新发展格局的重要保障。一方面，东北三省特别是辽宁省作为中国老工业基地和重要能源生产冶炼基地，能源矿产开发产业链完整，且近年来正在朝绿色清洁方向转型，对我国能源生产具有重要作用；另一方面，东北三省是俄罗斯等国油气资源运输管道和电力基础设施合作的必经之路，目前中俄原油管道、中俄东线天然气管道项目、亚马尔液化天然气项目、中蒙输电线路项目、中俄直流联网工程等均途经东北地区，对我国能源安全和能源结构调整具有重要意义。

第五，产业安全事关国计民生，能够为经济安全提供重要支撑，是一国经济发展质量的重要体现。早在2020年，习近平总书记就强调，“为保障我国产业安全和国家安全，要着力打造自主可控、安全可靠的产业链、供应链”。东北三省工业基础扎实，具有全国所有的产业大类、产业中类和产业小类，具有完整的产业链和集群效应。因此，东北工业的振兴发展可以彰显中国工业体系的竞争优势，对于中国参与全球产业竞争具有战略意义，对新发展格局的构建也具有重要的战略地位。

二、内顺经济脉、外拓合作路

明确东北三省的重要战略地位后，摆在我们面前的下一个问题就是：“如何发挥好东北的重要战略地位，如何真正融入全国新发展格局？”正如第二章第二节所讲，新发展格局的重要内容就是畅通我们国内的大循环，同时保障国内国际双循环。我们可以看到东北三省在相关领域已经取得了令人欣喜的进步，但我们同样需要认识到，新发展格局的构建并非一朝一夕就能实现的，东北三省仍有很长的路要走。

（一）加快融入全国统一大市场

如何构建国内大循环呢？其核心在于挖掘国内市场，发挥超大规模市场优势，构建国内统一大市场。东北地区想要在构建新发展格局中有所作为，就一定要加快融入全国统一大市场。习近平总书记也讲到，我们要把东北的经济更好地融入到京津冀的一体化，融入到粤港澳大湾区、长江经济带，甚至包括西部的大开发。

一方面，要充分挖掘中国超大规模市场的优势，构建人才、土地、资金、能源、数据等要素的统一大市场。具体来说，我们需要做到以下几点。

第一，继续坚持改革，挖掘东北内部市场，同时融入全国统一的市场规则制度。东北在产业、资源、生态、区位等方面具有良好基础，是我国著名的重工业基地。同时，东北拥有1亿人口，内部市场需求和潜力均很大。东北地区在未来需要用好本地人口的内需，同时不断进行改革，提升生产效率，打破地方保护主义和市场分割，与全国统一大市场完成衔接，在构建新发展格局中实现东北全面振兴，也用东北振兴更好服务新发展格局。

第二，打通制约经济发展的关键堵点，降低交易的显性和隐性成本，推动各种要素在不同区域之间自由流动。“统一”的起点是要素统一，包括构建人才、土地、资金、能源、数据等要素的统一大市场。统一的对立面是分割，因此，统一的核心要义是要素的自由流动。在劳动力要素方面，东北需要继续优化生育政策，增强社会服务，推动普惠托育服务发展，减轻居民生育压力；同时继续放宽城市的落户限制、出台吸引劳动力，特别是高质量劳动力的一系列政策决策，真正实现引进人才、留住人才进而培养人才的有机循环。在土地资源和资金资源方面，东北各省需要持续改善营商环境、振兴国有重工业企业，同时支持民营企业发展，降低隐性投资成本，吸引各地投资者前往东北投资建厂。近年来，东北三省在需求收缩、供给冲击、预期减弱的三重考验下，顶住压力，经济运行企稳回升，交出了亮眼的成绩单。而在未来，各省均需继续优化营商环境，不断推动反腐倡廉行动，逐步打造“用权不用好处、办事不用求人”的良好营商环境，打造本省标签和品牌效应，吸引省内外企业家的投资。在此基础上，东北各省仍需坚持“两个毫不动摇”，增强国有经济的竞争力、创造力、影响力、控制力，发挥国有企业的主导作用，做好政策规划，集中力量推动重点地区、优势产业、龙头国企的质量提升工作，升级原有“老字号”传统国企、深度开发“原字号”国企新业务、培育壮大“新字号”新兴国企；同时，确保民营经济在要素资源的获得方面具有与国有经济平等的市场地位，按照公开公平公正的原则推进市场经济体制建设，在要素获得和市场准入方面对各类市场主体一视同仁。在其他中间品和产成品运输方面，东北各省则需要继续完善传统基础设施和新型油电运输设施的建设，尽可能简化跨省运输流程，降低跨省交易成本，提高各地区运输效率。

另一方面，东北各省也要积极融入全国的新发展格局建设，对接其他区域的重要战略。构建以国内大循环为主体、国内国际双循环相互促进的新发展格局是事关全局的、系统性的、深层次的变革。从全国格局来看，目前我国主要强调粤港澳大湾区、长三角、京津冀、东北地区和西部大开发等重点战略。在双循环的构建中，东北地区可以充分利用地理区位优势，根植自身丰富的农业矿业资源和完善的产业链体系，深度融入中国各区域的发展战略，促进装备制造业、工程服务、旅游业、农业等领域与其他发展战略的深度融合。以辽宁为例，辽宁应主动对接高标准经贸规则，强化贸易投资联动发展，稳步推动规则、规制、管理、标准等制度型开放；立足国内统一大市场优势，主动对接长江经济带发展、长江三角洲区域一体化发展、粤港澳大湾区建设、京津冀协同发展等国家战略，持续打造辽宁“招商引资促进周”品牌，增强产业链供应链内外衔接能力；创新内外贸融合发展模式，畅通国内国际双循环通道，搭建平台、拓展渠道，全面提高各类经营主体的外向度水平，促进要素资源在更大范围内畅通流动，把辽宁打造成为促进国内国际双循环的重要节点和区域增长引擎。

（二）加强产业战略布局

按照联合国产业分类标准，辽宁拥有41个产业大类中的40个、207个产业中类中的197个、666个产业小类中的500多个。东北地区则拥有全部的产业大类、产业中类和产业小类，产业体系非常完备，涵盖了全产业链。此外，受益于新中国成立之初的工业布局，东北地区工业城市众多、产业分工比例协调，也形成了独特的产业集群，集群效应明显。

但是，目前摆在东北振兴面前的问题就是东北地区仍然停留于传统农业和重工业上，技术水平不足，产品附加值有待进一步提高。笔者认为应当从如下两个方面进行提升。

第一，做好产业结构调整“三篇大文章”。习近平总书记指出，黑龙江转方式调结构任务艰巨，要着力优化产业结构，改造升级“老字号”，深度开发“原字号”，培育壮大“新字号”。其中，“老字号”是指传统重工业产业，“改造升级”则要求东北各省积极运用人工智能、机器学习、大数据、物联网等一批新型技术，改进传统重工业生产模式，提升自主研发、设计、制造水平，促进制造业向智能、绿色、高端、服务提升方向迈进。“原字号”是指石油、冶金等矿产和能源加工业，“深度开发”则要求我们提高相关产业的生产效率，实现精细化加工，对原有产业进行补链、延链、强链的操作，真正发挥好东北矿产资源丰富、能源运输加工地位重要的独特优势。“新字号”则指目前东北地区较为匮乏的战略性新兴产业、高技术制造业和高技术服务业，特别是要发展数字经济、服务贸易和跨境电商，通过引入新的产业增长点，带动东北经济。最终通过这“三篇大文章”，实现东北产业链价值链的升级。

第二，根据国内国外需求结构，及时调整产业布局。比如，为满足欧洲及东亚日常用品的需求，可将轻工业逐步布局在东北地区，通过中欧国际铁路货运，以及边境口岸和港口进行对外贸易。同时结合政策倾斜，针对东北自贸区和保税区实际情况给予多方面扶持，填补东北地区小商品制造和贸易的市场空白，逐步打造发货地即原产地的“东北制造”品牌效应，实现东北地区产业结构的多元优化。

（三）改善进出口结构

在推动对外开放、实现国内国际双循环相互促进方面，东北地区也大有可为。首先应当继续改善东北地区的进出口结构。

近年来，东北地区充分利用地理区位优势，发展边境贸易，增加与俄罗斯、中亚地区、日本、韩国等国家的贸易，扩大进口规模，实现出口目的地的多元化。但是，东北地区对外开放的重要性远不止于此，还需要进一步扩大进出口规模，同时改善结构。

首先，东北地区仍需扩大进出口规模。2020年后，东北三省的全国外贸增速靠前，是中俄、中蒙、中日韩贸易的主力军，对外开放取得了亮眼成绩。但我们仍要清楚地意识到，在绝对数量方面，东北三省的进出口规模大都位于全国的中游水平。在中美经贸不确定性加剧，中俄、中蒙、中日韩及中国与中亚地区贸易重要性上升的当下，东北地区迎来了外贸发展的新阶段，应当继续便利进出口条件、优化外贸操作流程、对企业加大宣传力度，促进东北地区进出口总额的持续增长，为全国构建新发展格局贡献力量。

其次，东北地区要注重出口结构，以及出口目的地的多元化。当前东北地区在出口目的地方面已经实现了与全国大多数地区的差异化发展，即黑龙江省超过20%的产品出口俄罗斯，吉林省超过50%的出口去往德国、韩国、俄罗斯、美国和日本，辽宁省超过50%的产品出口美国、韩国、德国、新加坡和我国香港地区。但是，东北三省的出口目的国集中度仍然较高，巴基斯坦、蒙古国及中亚、欧洲国家的出口市场潜力尚未被完全挖掘。未来，东北地区可以进一步优化出口结构，在大力发展中蒙俄经济走廊和中日韩经贸合作的基础上，同时扩展其他出口目的地，扩大东北地区的贸易圈。

最后，东北地区要将进出口优势真正转化为企业竞争力。出口产成品将帮助企业扩大销售市场，提升企业利润水平；进口低价格、高质量、多数量的中间品和资本品，则有利于制造业企业降低制造成本，为企业扩大再生产和创造就业提供内生增长的可持续动力。因此，东北地区应该出台一系列鼓励和帮扶政策，帮助企业参与进出口贸易，鼓励企业进行研发投入，通过对外开放反哺东北产业布局，进一步提高企业的技术水平。

（四）扩大服务贸易和数字贸易出口

当前东北三省在数字贸易方面取得了一定的成绩，但在服务贸易方面则略显不足。想要更好地融入新发展格局，东北三省也需进一步加大服务贸易和数字贸易建设，并鼓励相关产业的出口。

以辽宁为例，辽宁省政府正在积极探索建设沈阳、大连国家级服务贸易基地，并尝试将其打造为东北亚跨境电子商务双向集散中心，推动敦煌网等电商平台在沈抚新区建设立足东北亚、买卖全球的数字贸易港。持续开拓东北亚国家服务贸易市场，稳定扩大软件服务外包、文化贸易、中医药贸易等辽宁省优势领域的服务出口规模。建设一批信息技术、动漫游戏、文化创意等新型数字文化服务出口基地，进一步扩大信息服务等优势领域服务出口规模。注重在货物贸易中追加服务，注重用数字经济赋能传统产业，实现制造业和服务业、货物贸易和服务贸易、数字经济和传统产业的协调发展。

（五）“引进来”和“走出去”相结合

东北地区的发展也离不开外资的支持和东北企业的对外直接投资。在这一方面，东北地区已经有了长足的进步，但仍存在较大的改进空间。

一方面，东北地区要持续采取各种措施，积极吸引外资，同时鼓励东北企业出海投资。东北地区在外资企业实际投资金额和对外直接投资量这两个方面交出了较好的答卷，也涌现出中巴合资轮胎工厂、沈阳铝镁设计研究院印度尼西亚电解铝产业等一系列明星项目。但东北地区各年新增外资使用量却呈现下降趋势，且相较于其他区域，东北企业出海投资仍然大有可为。因此，东北地区仍需采取各种措施，介绍东北、引进外资，同时鼓励东北企业走出去。以辽宁省为例，辽宁省全面清理取消在外商投资准入负面清单范围以外的准入限制，落实以在线备案为主的外商投资管理制度，吸引外商投资。同时，辽宁省还提高现有投资贸易平台能级，发挥中国国际装备制造业博览会、中国国际数字和软件服务交易会、大连夏季达沃斯年会等国家级展会、论坛优势，办好首届“辽宁出口商品（日本大阪）展览会”，利用这些平台增强辽宁与国外企业的联系，吸引外商，同时帮助辽宁企业建立对外合作订单，实现“走出去”。

另一方面，东北地区需要重视对外开放水平，让东北企业真正“走进去”“走上去”。当前，东北地区企业也积极出海，为当地创造了大量的就业机会。但这一成绩在国际“民心相通”的程度才是决定中国企业能否长久做好对外直接投资、协调好国内国外两个市场关系的重要决定因素。只有真正“走进去”，以经贸往来为桥梁架起中国与东道国互相理解、充分合作的通道，才能让合作共赢的理念深入人心。因此，东北地区现有“走出去”的企业要积极“走进去”，承担更多社会责任，讲好民心相通故事，促进人相交、情相亲、意相合。既要做得好，更要说得好，树立中国ESG企业[①]形象。在“走进去”的基础上，东北地区企业更要进一步“走上去”，获取更多的市场和更多的技术，提高产品质量，向产业链上游攀登。

（六）建设东北海陆大通道

构建新发展格局，东北地区还需深度融入“一带一路”建设。笔者认为，陆上丝绸之路未来应当向东发展、海上丝绸之路则应向北发展，此双路交汇点在东北，因此建设东北海陆大通道弥足关键。

具体而言，从空间布局来看，海陆大通道的立体面建设应该以打造“一核两翼”为重点。其中，“一核”是打造辽中南城市群，以沈阳和大连为核心，利用东北高效便利的交通网络推进辽中南城市群，短期内把沈阳打造为国家中心城市，中长期则着力发展为东北亚国际中心城市。“两翼”则分别为加强陆上丝绸之路沿线的中蒙俄边境贸易，强化东北与蒙俄和日韩的经贸往来联系，同时积极推进海上丝绸之路沿线的日韩自贸区建设。

---

① ESG企业指的是那些在运营过程中除了追求财务绩效之外，还关注环境（environment）、社会（social）和公司治理（governance）这三个维度的企业。

从基础设施来看，一方面，要重点加强机场、高铁、高速公路等基础设施联通，通过促进东北亚地区海陆联运，降低以往需要绕经马六甲海峡的高额贸易成本；另一方面，要系统布局东北地区新型电网和电力外送通道等现代能源基础设施体系，加快论证和建设俄罗斯方向的煤气管道、燃气管道、天然气管道，助力东北与其他区域发展战略更好对接。

（七）依托RCEP，提升与日韩经贸开放水平

想要发挥东北在构建新发展格局中的重要地位，实现东北自身经济腾飞和全国新发展格局的构建，东北三省还需要审时度势、巧妙借力，依托RCEP的制度红利，提升中日韩经贸合作水平。

2020年11月，中国与日、韩等15国正式签署了《区域全面经济伙伴关系协定》（RCEP），2022年1月RCEP对中日正式生效，次月对韩国生效。这是中日韩三国间首个自贸协定，也是中日贸易合作的一大重要成果。东北三省，特别是辽宁省与日本、韩国距离近，应当充分利用这一历史机遇，给省内企业宣传RCEP原产地规则和累积规则，利用好对外交通基础设施优势和人文科教基础优势，带动传统优势产业深度参与对日韩经贸合作，实现东北地区对日韩出口的进一步提升。

此外，考虑到《全面与进步跨太平洋伙伴关系协定》（CPTPP）冻结了原有部分知识产权条款，保留了TPP中95%的条款，如有关国有企业和垄断、劳工、环境等规则，我们近一两年加入CPTPP难度较大，东北三省还应在RCEP发挥作用的同时，绕过其他国家，持续推进中日韩自贸区的建设。具体来说，我们在进行中日韩自贸协定谈判努力的前提下，以沈阳和大连为核心，将辽宁作为中日韩自贸区建设的桥头堡，提升辽宁营商环境的市场化、法制化、国际化水平，深

化中日韩产业合作和项目落地；同时畅通中日韩之间的交通往来，实现海铁联运协同发展，打造稳定安全绿色的中日韩供应链。

第三节　实现中国式现代化，发挥战略支撑作用

党的二十大报告指出，“从现在起，中国共产党的中心任务就是团结带领全国各族人民全面建成社会主义现代化强国、实现第二个百年奋斗目标，以中国式现代化全面推进中华民族伟大复兴”。中国式现代化的目标是全面建成社会主义现代化强国。其中，发挥好东北的战略支撑作用对于推进中国式现代化、实现中华民族伟大复兴具有重要意义。

一、东北在实现中国式现代化远景目标中表现亮眼

党的十九大对全面建成社会主义现代化强国作出了“两步走”战略部署：从2020年到2035年，我国要在全面建成小康社会的基础上，基本实现社会主义现代化；从2035年到本世纪中叶，我国要建成富强民主文明和谐美丽的社会主义现代化强国。

在中国式现代化的定量内涵上，按照“十四五”规划和2035年远景目标纲要，我国要在2035年人均国内生产总值达到中等发达国家水平。目前，我国人均国民总收入已经迈过了1万美元的门槛，但距离发达国家收入水平尚存在一定差距。从国际层面看，按现价美元计算，目前发达经济体人均GDP的入门水平是1.8万美元，中等发达国家人均GDP大约为2.45万美元。这就意味着，以当前1万美元的人均收入为起点，中国若想实现人均收入翻倍至2万美元的目标，这必

须保证每年的GDP增速至少在4.7%以上。

东北在落实中国式现代化战略部署的过程中表现十分亮眼。在世界经济低迷，国际局势复杂性、严峻性、不确定性上升的背景下，我国国民经济回升向好，高质量发展扎实推进，2023年全年经济增速5.2%。其中，东北三省为我国稳步迈向高收入社会，力争达到中等发达国家人均收入水平做出了突出贡献。2023年，辽宁、吉林、黑龙江分别实现5.3%、6.3%和2.6%的经济增长。东北是我国重要的工业和农业基地，关乎国家发展大局，在夯实国家粮食安全、巩固产业安全基础、强化能源保障作用、筑牢生态安全屏障、提升国防安全保障能力等“五大安全”方面具有举足轻重的战略地位。随着中国开启全面建设社会主义现代化国家的新征程以及《东北全面振兴“十四五”实施方案》的发布，东北振兴步入新的历史阶段。①

二、理解中国式现代化的五大基本特征

中国式现代化包括五个方面的基本特征，具有中国特色和深刻经济意涵。

第一，中国式现代化是人口规模巨大的现代化。我国拥有14亿多人口总量，其规模超过现有发达国家人口总和。作为世界第二大经济体，我国外资、外贸都处于世界领先态势。通常来讲，经济体规模的大小不同，会使得相应经济体实现现代化的难易程度不同。对于小型经济体而言，它可以较为简单地融入经济全球化进程，从而迅速实现现代化。相比之下，考虑到我国的人口总量和经济规模，中国式现

① 余淼杰，杨伯烨．理解东北的高质量发展：内涵、挑战与对策［J］．辽宁大学学报（哲学社会科学版），2024（2）：1-12.

代化具有前所未有的艰巨性和复杂性，同时也具有独特的比较优势和路径特色，这就是“人口规模巨大的现代化”。那么如何发挥独特优势，走出具有中国特色的现代化道路呢？简而言之，就是以双循环作为抓手，发挥我国超大规模的市场优势和内需潜力，构建中国的新发展格局。双循环是辩证统一的关系，相当于将内循环和外循环联系起来，发挥两者的互补作用，而非替代作用。做好内循环的重中之重是拉动内需、提升消费；做好外循环则需要注意六方面，即出口目的国多元化、扩大进口、服务贸易多样化与数字化、对外投资的多样化、“一带一路”的差异化以及地区经贸合作递进化。当一个国家规模变得更大的时候，它一定会成为工业品的净出口国家，在这种情况下，应将内循环和外循环联系在一起，市场规模扩大首先将服务于内循环。此外，人口规模巨大的现代化还体现在建设国内统一大市场上，包括资本、土地、能源、数据等资源的统一，打破地区壁垒，允许各种要素自由流动。

第二，中国式现代化是全体人民共同富裕的现代化。共同富裕强调在将“蛋糕”做大的同时，将“蛋糕”公平地分好。高度发展的共同富裕不是简单地吃大锅饭或劫富济贫，而是讲求科学的分配制度，提升低收入群体，扩大中等收入群体，使低收入群体和中等收入群体更趋近高收入群体。一方面，要鼓励一部分人先富起来，先富带动后富；另一方面，要强调机会公平，人人都能通过勤劳努力致富，最终实现全民共富。为了实现这个目标，一是要扩大中等收入群体，二是要提供有力的社会保障措施，即“扩中”和“提低”。然后还要规范财富积累机制，其实就是调节过高收入。全体人民共同富裕的现代化，不是只偏向于一部分人的、会导致贫富悬殊过大的现代化，在这方面也与西方国家不同。

第三，中国式现代化是物质文明和精神文明相协调的现代化。党的十九大报告中明确指出，我国现阶段主要矛盾已经转化为人民日益增长的美好生活需要和不平衡不充分的发展之间的矛盾。以人民为中心的发展思想，其实就是要解决平衡和充分这两大关系。全面奔小康后，在不断夯实文化自信的物质基础的条件下，追求更高层次的精神文明成为迫切需求。习近平总书记指出，实现中华民族伟大复兴的中国梦，物质财富要极大丰富，精神财富也要极大丰富。一方面，要不断厚植现代化的物质基础，不断夯实人民幸福生活的物质条件；另一方面，也要大力发展社会主义先进文化，传承中华文明，加强思想道德建设。此外，在精神文明建设方面，要深入开展群众性精神文明创建活动，深入开展创建文明城市、文明村镇、文明单位、文明家庭、文明校园等活动，加强公共文化设施建设，切实加强社会主义精神文明建设。习近平总书记关于“两个结合”的根本要求，即“坚持把马克思主义基本原理同中国具体实际相结合、同中华优秀传统文化相结合”，也拓展了中国特色社会主义的文化根基。党的二十大报告也同样指出，要推进马克思主义中国化时代化，更好地传承中华民族的优秀传统文化，将马克思主义与中国优秀传统文化相结合，树立文化自强自信。优秀传统文化是一个民族不断传承和发展的根基，是不可割断的精神命脉，蕴含着与时俱进的丰富哲学内涵和人文思想，对国家治国理政和解决当下全人类面临的共同难题而言都具有启发意义。从“大道之行也，天下为公”中，我们可以看到儒家思想中对大同世界终极理想的追求；从“人类命运共同体”中，我们可以看到习近平外交思想的核心理念，二者是历史与当下、传统与现代的相融相通，有着密不可分的联系。

第四，中国式现代化是人与自然和谐共生的现代化。我国高度重视绿色发展，“绿水青山就是金山银山”已经作为根本执政理念写入党章，保护生态环境也已作为根本目标写入宪法，这充分说明了我国对保护生态文明的重视。人与自然是生命共同体，我国已将绿色发展提升至前所未有的高度，像保护眼睛一样保护自然和生态环境。我国提出了实现双碳目标，即2030年实现碳达峰、2060年实现碳中和。其中一项重要的工作是提升非化石能源占化石能源的消费比重，要在八年时间内由目前的15%提升到25%。具体做法是“先立后破”，在发展起新型可再生能源后逐步降低传统石油、煤炭的能源消耗方式，在保证经济发展的同时贯彻绿色理念，坚定不移地走生态良好的可持续发展道路，实现中华民族永续发展。

第五，中国式现代化是走和平发展道路的现代化。和平与发展是时代的主旋律。我国高举和平、发展、合作、共赢旗帜，反对任何单边主义、保护主义、霸凌行径。同时，我国努力为解决全人类共同问题提供更多更好的中国智慧、中国方案、中国力量。在坚定维护世界和平与发展中谋求自身发展，又以自身发展更好维护世界和平与发展。

三、东北在推进中国式现代化进程中发挥战略支撑作用

目前，东北地区正处于千载难逢的战略机遇期、政策叠加的红利释放期、发展动能的加快集聚期、产业升级的转型关键期、跨越赶超的发展窗口期。东北只要抢抓机遇、乘势而上，必将为实现全面振兴增添新动能，在推进中国式现代化中发挥战略支撑作用。构建具有东北特色优势的现代化实践路径是提振东北经济社会发展信心、夯实东北地区发展根基、强化东北在中国式现代化建设中战略支撑作用的必

由之路。[①]

第一，提高东北人口整体素质，以人口高质量发展推进人口规模巨大的现代化。经济高质量发展的重要支撑是人口高质量发展，即要坚持以人为本。东北的人口高质量发展，既要有量的合理增长，也要有质的有效提升。具体来看，量的合理增长主要体现为人口规模和人口结构两方面，质的有效提升则主要体现为人口素质和人口分布两方面。首先，从人口规模方面来看，根据第七次全国人口普查结果，当前东北三省总人口为9851万人，接近1亿人，占全国人口总量的6.98%，规模依然较大。东北地区应深挖超大规模市场优势，发挥好劳动力成本优势。近十年来，东北人口呈现了负增长态势，与2010年相比，东北地区人口减少了1101万人，占比下降1.20%。东南沿海经济发达的省份对东北地区人口有较大吸引力。人口流入和经济发展呈正相关关系。虽然东北地区面临一定的人口外流，但东北地区的经济发展仍然具有较强的韧性和较大的潜力，近年来我国也出台了一系列重大举措促进东北工业振兴，为实体经济发展和产业创新营造良好外部环境，东北地区可通过全力加速经济增长进而创造更多的就业机会，从而实现人口规模的扩大。其次，人口老龄化是全球面临的共同挑战，从人口结构看，东北地区老龄化程度较深，65岁及以上人口的比重为16.39%，高于全国平均水平。近年来政府不断积极完善养老保障体系，大力发展养老事业和养老产业，加强城乡社区养老服务设施建设。东北地区应完善生育支持政策，积极应对人口老龄化。此外，从人口素质方面来看，东北地区人才储备丰富，人均受教

① 余淼杰．新时代东北全面振兴的机遇和任务［J］．人民论坛，2024，(02)：56-60.

育程度高。第七次全国人口普查数据显示，东北三省拥有大专及以上文化程度的人口占总人口的16.75%，15岁以上人口平均受教育年限10.16年。东北应加大人才振兴力度，以有力的引才育才政策留住人才、吸引人才，释放人口素质提升“新红利”；实施教育优先发展战略，提高人口的受教育水平、健康水平、创新能力，培养高素质的人才队伍。最后，从人口分布方面来看，东北常住人口城镇化率达到67.71%，这在全国位居前列。2023年，辽宁省城镇新增就业46万人、城镇调查失业率控制在5.5%以内，体现了党和政府对促进高质量充分就业的高度重视和以人民为中心的发展思想。东北三省特别是辽宁省具有较好的城市发展基础，并且有序开展城市更新行动，积极改造老旧小区和老旧管网，推进海绵城市建设，统筹推进“口袋公园”、城市绿道、城市水廊和完整社区试点建设。未来东北将继续推动城乡区域协调发展，加强人口流动性和灵活性，优化人口空间分布，提升经济效率。

第二，提升东北地区民生福祉，以人民生活品质稳步提高推进全体人民共同富裕的现代化。实现共同富裕，协调发展是制胜要诀。面对新形势新挑战，破解发展不平衡不充分问题，让现代化建设成果更多更公平惠及全体人民，关键要深入实施区域协调发展战略，不断缩小城乡区域发展和收入差距，提高发展的平衡性、协调性、包容性。习近平总书记指出：“在维护国家国防安全、粮食安全、生态安全、能源安全、产业安全中积极履职尽责，在全面振兴、全方位振兴中奋力开创黑龙江高质量发展新局面。”这不仅是对黑龙江省的希望，也是对东北地区的希望，为做好区域协调发展工作提供了根本遵循和行动指南。[①]东北地区尤其是辽宁省大力重视发展社会事业，2022年，辽宁省城镇和农村居民人均可支配收入分别增长2.2%和3.6%；2023年，城镇和农村居民人均可支配收入分别增长4.3%和7.9%，表现尤为亮眼，呈现出多年少有的良好局面。为了提高低收入群体收入、扩大中等收入群体比重，辽宁省不断完善收入分配制度，健全经济增长与工资合理增长的联动机制，加大税收、社会保障和转移支付等手段调节力度，多渠道增加城乡居民财产性收入。2022年，辽宁省退休人员基本养老金人均增长4%，城乡居民医保人均补助标准提高30元，城乡低保月均标准分别提高到727元和563元。辽宁的城乡差距指数只有1.93，在全国各省份中属于较低之一。就业是民生之本，收入是民生之源。辽宁省通过积极扩就业促增收，加大对高校毕业生、退役军人、农民工、残疾人等重点群体就业帮扶力度，确保零就业家庭至少一人实现就业，向全省人民共同富裕目标稳步迈进。此外，为更好地提高人民幸福感、加强民生福祉，辽宁省还尝试打造更多高品质生活空间，打造文化强省、体育强省、交通强省，建设宜居、韧性、智慧的高品质城市。

第三，弘扬东北宝贵精神财富，以思想文化建设推进物质文明和精神文明相协调的现代化。只有物质文明和精神文明建设都搞好，中国特色社会主义事业才能顺利向前推进。对东北而言，除了具有中华儒家传统优秀文化以外，还有东北抗联精神、大庆精神（铁人精神）、北大荒精神，这些宝贵的精神我们都要大力弘扬。辽宁是文化大省、文艺大省，在新时代东北全面振兴、辽宁开创新局的大局中，要用习

---

① 余淼杰．新时代东北全面振兴的机遇和任务［J］．人民论坛，2024，（02）：56-60.

近平文化思想武装头脑，将其转化为辽宁省文化建设的生动实践，实现物质富足和精神富有的双翼齐飞。首先，辽宁省强化主流价值观主导地位和道德教育宣传。辽宁具有丰富红色文化资源，辽沈战役为全国抗战胜利做出了重要贡献。辽宁也为国家经济建设添砖加瓦，研发制造了共和国第一架战斗机、第一艘万吨巨轮、第一艘导弹核潜艇等200多个“共和国第一”。在改革开放后，辽宁制造了第一艘国产航母、歼-15、“蛟龙”号等国之重器，成就了新中国工业的辉煌，展现了“共和国长子”的责任担当。辽宁大地上还涌现出雷锋、郭明义、罗阳等平凡而伟大的人物，他们的博爱、进取与爱国精神树立了楷模精神和榜样力量。其次，辽宁省保护传承赓续历史文脉。辽宁拥有丰富历史文化资源，中华文明探源工程确认牛河梁遗址为“古国时代”第一阶段代表，辽宁省委、省政府持续推进牛河梁红山文化遗址申遗工作，加快建设长城国家文化公园（辽宁段），加强文物古迹资源保护利用。再次，辽宁重视打造文化惠民工程。辽宁不断培育图书馆、博物馆、美术馆、文化馆等新型公共文化空间建设，打造“竖向辽宁”，持续开展全民健身活动，大力发展冰雪运动。此外，辽宁以文艺精品奉献精神食粮。辽宁推进实施文艺精品创作工程和广电视听提质创优工程，舞蹈《散乐图》、文物展“和合中国”荣获国家级大奖，省第十二届艺术节精彩纷呈。最后，辽宁以文化赋能提升旅游产业。辽宁持续推动文体旅深度融合，推出“百城千味·辽菜香”、“嬉冰雪、泡温泉，到辽宁、过大年”和“乡约辽宁”、“海上游辽宁”等品牌项目。辽宁坚持以文塑旅、以旅彰文，推动文化、体育和旅游在更广范围、更深层次、更高水平融合发展，叫响“山海有情、天辽地宁”的金字招牌，推动文体旅资源优势转化为辽宁振兴发展的产业优势、竞争优势。

第四，加快东北绿色产业发展，以保护生态环境推进人与自然和谐共生的现代化。东北特别是辽宁日前高度重视发展绿色经济，大力践行“绿水青山就是金山银山”的理念，打造清洁能源强省，加快建设美丽辽宁。在“降碳”方面，辽宁正稳步实施碳达峰行动，制定了碳达峰实施方案，逐步开展碳排放权公平分配与交易，支持沈阳、大连、朝阳等城市建设国家碳达峰试点。辽宁坚决打好低碳转型持久战，推进钢铁、石化、建筑、交通等重点领域清洁低碳转型，沈阳、营口、盘锦被纳入北方地区清洁取暖拟支持项目名单，推动24家钢铁企业实现超低排放，城市绿色公交占比达94%，实现蓝天常见。在“减污”方面，辽宁深入推进污染防治，持续打好蓝天、碧水、净土保卫战，在大气、水体等多领域深度治理工作上成效显著。2022年辽宁全年PM2.5平均浓度降为31微克/立方米，优良天数比例达90%，实现空气常新。辽宁重视治理城市黑臭水体，开展“美丽河湖”和“美丽海湾”建设，推进辽河口国家公园建设，150个国考地表水断面优良水质占比提高到88.7%，实现绿水长流。在“扩绿”方面，辽宁积极实施“绿满辽宁”工程，扎实推进辽西北防风治沙固土三年攻坚行动、辽东“绿肺”、“水塔”和黄渤海防护林建设，留白留璞增绿，营造林158万亩，草原生态修复治理83.4万亩，水土流失治理300万亩，打造更多人与自然和谐共生的生态体验场景。如今，辽阳入选国家森林城市，盘锦获评国际湿地城市，本溪满族自治县、喀左县获批国家生态文明建设示范区，实现绿野青山常在。在“增长”方面，辽宁大力发展绿色经济，坚持“先立后破”原则，即积极发展可再生能源，再逐步降低化石能源的比重，最终实现“双碳”目标。辽宁充分发挥东北地区风能光能资源丰富的优势，正在打造辽西清洁能源基地，推动辽东绿色经济区建设，通过风光火核储一体化稳步推进生态建设。如今，辽宁积极发展壮大氢能产业集群，稳步推进徐大堡、庄河核电基地建设，沈阳正打造节能环保产业聚集地，沈阳、大连正建设先进储能装备研发和制造基地，阜新、朝阳等地正积极发展陆上风光新能源，辽阳正通过建设再生铝加工利用基地发展循环经济，朝阳、兴城、大雅河等地正抽水蓄能电站建设……绿色发展已成为辽宁高质量发展的鲜明底色。

第五，深入推进东北海陆大通道建设，以高水平对外开放推进和平发展道路的现代化。东北地区应充分发挥得天独厚的区位优势，积极对接国家重大战略，深化开放合作水平，以高水平对外开放助力中国式现代化。东北三省尤其是辽宁目前正在大力推进东北海陆大通道建设，有效对接RCEP，努力打造成为东北亚开放合作枢纽地。2022年辽宁进出口总额同比增长2.4%，中欧班列同比增长27.7%，海铁联运量同比增长4.7%，实际使用外资同比增长89.5%。沈阳、大连、丹东、营口获批国家级外贸转型升级基地，鞍山获批跨境电子商务综合试验区，丹东港、葫芦岛港口岸扩大开放获国务院批复，营口经济技术开发区成为国家级进口贸易促进创新示范区，彰显出高水平开放新格局取得的明显成效。2023年，辽宁对内对外开放合作水平进一步提升，第四届辽洽会、首届全球辽商大会取得丰硕成果，辽宁自贸试验区两项创新经验在全国推广。辽宁对日韩进出口同比增长2.5%，对俄进出口同比增长53%，实际利用外资33.8亿美元。辽宁正全力推进构建全面开放新格局，积极构建“一圈一带两区”区域发展格局，建设大连国际性枢纽港，打造辽宁开放合作西门户和新增长极，实现更大规模、更宽领域、更深层次的发展。“山海关不住、投资到辽宁”正逐步成为新的社会共识！

第四节 百年未有之大变局，发挥地缘战略重要作用

党的十九大以来，习近平总书记多次指出，“当今世界正经历百年未有之大变局”。这是我们党立足中华民族伟大复兴战略全局，科学认识全球发展大势、深刻洞察世界格局变化而作出的重大判断，对于指导我们开启全面建设社会主义现代化国家新征程、夺取新时代中国特色社会主义新胜利，具有重大而深远的意义。如今俄乌冲突、红海危机、巴以冲突对国际贸易格局发生了显著且巨大的影响，全球供应链屡遭考验，不确定性不稳定性更加突出。在当前国内外形势正发生深刻复杂变化，来自各方面风险挑战明显增加的形势下，陆上丝绸之路向西发展风险增加，海上丝绸之路向南发展阻力增大。在此背景下，应充分发挥东北尤其是辽宁重要的地缘战略作用，打造海陆双向开放的东北亚海陆大通道，使东北成为陆上、海上丝绸之路的连接点，推动海上丝绸之路向北向南同时发展、陆上丝绸之路向东发展，加强远东经贸合作。

一、百年大变局下，“一带一路”倡议新机遇

2014年以来，“一带一路”倡议从愿景变为现实，取得了重要进展和显著成效。2022年，我国与“一带一路”沿线国家和地区的进出口总值占全部外贸总值的比重达32.9%，较上年提升3.2个百分点。2023年，“一带一路”将成为中国外贸政策的增长亮点。自2023年起，甚至在“十四五”相当长的时间中，中国与“一带一路”国家的贸易占比将会稳定在三分之一左右。

为推动“一带一路”高质量发展、加快建设贸易强国，首先需要厘清“一带一路”近年来面临着的挑战，可以概括为“两增大一受限”。从内部阻力看，“一带一路”面临着“西进”和“南下”的双重压力增大，即风险增大、阻力增大；从外界阻力看，“一带一路”还面临着外部竞争压力，即深入发展受限。

在“西进”压力方面，“一带一路”面临风险增大。“一带一路”倡议实施以来，中国与丝绸之路经济带沿线国家的贸易往来持续增长，贸易潜力挖掘较为充分，需要在对外投资、签订双边货币互换协议等议题上深入合作。但是，丝绸之路经济带贯穿中亚、东欧地区，阿富汗、乌克兰等国地缘政治冲突频繁，深入投资合作存在较大风险。

在“南下”压力方面，“一带一路”面临阻力增大。2020年11月，《区域全面经济伙伴关系协定》（RCEP）正式签署，由于自由贸易规则的差异，短期内中国加入《全面与进步跨太平洋伙伴关系协定》（CPTPP）的难度较大，海上丝绸之路向南发展的阻力增大。

在外界竞争压力方面，“一带一路”倡议的进一步落地面临一定的挑战。“一带一路”面临着西方替代性计划的竞争压力。近年来，以美国为首的西方国家看到了亚非地区基础设施建设的经济效益和政治意义，宣扬“债务陷阱论”，推出“蓝点网络”计划、“重返更好世界”倡议和“全球联通欧洲”计划，限制中国“一带一路”倡议发展。上述计划的主要目的国和合作内容与我国“一带一路”倡议有所重合，“一带一路”倡议的深入发展受到限制。

二、陆上丝绸之路重点向东发展，推进中蒙俄经贸合作

在“一带一路”倡议向西推进相对困难、风险较大的情况下，向

东推进陆上丝绸之路、加强远东合作成为未来“一带一路”倡议发展的重要方向，辽宁在此进程中发挥着重要地缘战略作用。2010年至今中国连续12年成为俄罗斯、蒙古国第一大贸易伙伴国。中俄蒙三国地理位置相邻、经济结构互补性强，具备深厚的合作基础和广阔的合作前景。中俄关系已提升至“新时代中俄全面战略协作伙伴关系”，俄罗斯作为领土横跨欧亚大陆、具有全球影响力的大国，近年来强调“向东转”战略，积极参与东亚峰会、亚太经合组织等机制，与亚洲国家保持密切合作；中蒙两国又是山水相连、毗邻而居，更在2022年签订了《中华人民共和国和蒙古国关于新时代推进全面战略伙伴关系的联合声明》。在此历史背景下中俄蒙经济走廊的合作大有可为。我国尤其是辽宁省应抓住这个历史机遇，积极建设中蒙俄经济走廊，持续深化三国合作，实现共同发展。具体应该从三方面入手：

一是加强次区域合作框架下的基础设施合作机制，完善经济走廊多式联运的平台和监管模式，促进物流联通。基础设施合作机制和多国联运监管模式一直是限制该区域发展的重要问题。《“一带一路”共建国家基础设施发展指数报告2023》指出，尽管近年来有所发展，但俄罗斯和蒙古国基础设施建设能力均较弱，在2023年的最新报告中分别位于第27位和第14位，基础设施建设仍需加强。三方应以中蒙俄经济走廊为契机，持续加大铁路、公路、口岸、航空等领域合作对接力度，不断完善以铁路、公路和边境口岸为主体的跨国基础设施联通网络，建立相关监管政策，促进物流发展。

二是搭建次区域合作框架下的通关便利化合作机制，加快经济走廊边境口岸的协同化管理进程，促进贸易畅通。当前，中蒙俄高度重视三国间经贸往来，签署《中华人民共和国政府和蒙古国政府联合声明》等文件促进贸易往来。未来，中蒙俄应继续签署相关经济合作区的协议，继续常态化举办中蒙俄商品展销会、中蒙俄科技展等活动，推动中蒙俄三国间国际商务、进出口加工、跨境旅游、边境贸易等经济活动发展。

三是打造次区域合作框架下的全面友好营商环境，促进保障合作运行的制度支撑和法律支持，促进资本流通。中蒙俄三国合作涉及跨国裁决、跨国共治等问题，需要三国加强政策沟通、不断深化多层次协商会谈、建立联合协作的执法模式，促进三国经济的协同发展。

三、海上丝绸之路重点向北发展，推进中日韩经贸合作

在海上丝绸之路方面，我们应该充分认识当今局势，即金砖国家和中日韩合作具有蓬勃生命力的现实情况。海上丝绸之路建设的重点应该是“两头并进”：一方面继续向南做好与金砖国家的合作，以及跟中东、西亚、北非的经贸合作；另一方面是向北做好中日韩之间经贸合作，争取成立中日韩自贸区。

我国不断加强与金砖国家合作，积极迎接金砖国家扩容。2023年8月24日，金砖国家宣布扩容，新增加了阿根廷、埃及、伊朗、沙特阿拉伯、阿拉伯联合酋长国和埃塞俄比亚等六国，使金砖国家数量增加到了十一个。金砖合作机制已经成为促进世界经济增长、完善全球治理、推动国际关系民主化的重要力量。2022年，金砖五国GDP之和为25.95万亿美元，占全球总GDP的25.55%，超过了四分之一。金砖国家对世界经济增长的贡献率从26.7%攀升至51.0%，成为拉动全球经济增长的重要引擎。在此背景下，中国的海上丝绸之路应当向南发展，与金砖国家一起形成互利合作的南南合作。其一，把金砖合作与“一带一路”倡议对接起来。二者均强调基础设施建设，致力于构建互利双赢、多极包容的国际经济新秩序。因此，可以加强

金砖国家间的信任和合作，实现各国发展战略与“一带一路”倡议的对接。其二，加强互利合作，提升综合实力。一方面，以世贸组织的原则去除各类贸易投资障碍，降低彼此贸易壁垒，努力建设金砖自由贸易区；另一方面，加强基础设施建设合作，依托“一带一路”倡议，运用中国过剩产能弥补发展中国家在基础设施建设方面的不足，激发金砖国家活力。

辽宁对于推动海上丝绸之路向北发展、积极推进中日韩自贸区建设发挥着重要地缘战略作用。依托沿海沿边的独特区位优势，辽宁畅通东北海陆大通道，为国内及日韩等国货物通过辽宁港口北上、西进通达欧洲等国家和地区，提供更加便利快捷高效的服务。2021年，日本已经是中国第四大贸易伙伴，进出口贸易总额为2.4万亿元，但中国和日本在RCEP之前尚未建立自贸联系，且RCEP的自由化水平仅为86%，低于国际平均水平。中国积极推动CPTPP主要是为了和日本建立多边贸易协定，加深相关合作。在“一带一路”倡议深入发展受阻、CPTPP的签署难度较高的情况下，我们应当抓住RCEP正式生效的历史机遇，推进中日韩自贸区建设，推进中日韩产业合作，打造稳定安全绿色的中日韩供应链，推进中日韩贸易自由化进一步发展。倘若可以建立中日韩自贸区，中日和日韩贸易往来必将得到极大的促进，三国间经贸往来、产业链建设将被彻底打通。但是，考虑到日韩在过去十年间关系进入相对低谷，推进中日自贸区建设可能成为当今局势下建设贸易强国的中策。尽管2023年韩国总统尹锡悦访问日本，与日本首相岸田文雄举行了12年来两国间首次正式首脑会晤，但日韩关系仍然由于历史因素和现实情况存在较强不确定性。中日韩三国自由贸易区涉及中日、日韩等多重现实因素，在短期内可能难以达成一致意向。在2012年中韩自由贸易区谈判正式启动、2015年中韩自贸协定正式签订的背景下，中方可以避开部分难点，着手加强与日本的自贸区谈判，降低双边贸易壁垒、提高双边自由化水平，从而激发区域经济增长动能，带动经济发展。

四、东北亚海陆大通道建设重点在于“一核两翼”

回顾过去十年，“一带一路”倡议为沿线各国的经济发展和经贸合作提供了绝佳的发展机会；展望未来，“一带一路”倡议的进一步深化发展仍然面临众多挑战。东北具有独特且显著的地理位置优势，东北振兴对深入推进“一带一路”建设发挥着重要地缘战略作用。如果海上丝绸之路向北发展、陆上丝绸之路向东发展，那么东北海陆大通道应该成为国家战略。党的二十大报告指出，东北要进一步推进全面开放新格局，实现东北的全面振兴。如果打通东北亚海陆大通道，东北将成为陆上、海上丝绸之路的连接点，同时成为对外开放的新高地，东北的全面振兴自然水到渠成。

在世界百年未有之大变局背景下，打造国家海陆双向开放的东北亚海路大通道大有可为。一方面，东北亚海陆大通道可以推动东北尤其是辽宁成为陆上、海上丝绸之路的新连接点，打造冰上丝绸之路，联通陆上丝绸之路沿线的蒙古国、俄罗斯和海上丝绸之路沿线的日本、韩国。海陆联运的运输成本会比纯海运经过马六甲海峡要降低很多，这将推动“一带一路”倡议在新时代实现新发展。另一方面，将东北亚海陆大通道建设上升为国家战略，除了可以发展贸易，还可以起到保障国家安全的作用，能够推动我国全面开放新格局的构建，重塑我国对外开放战略地图。通过加快东北亚地区公路、铁路、航运、航空、管道、空间综合信息网络等“六路”建设和基础设施联通，加强东北亚各国加强经贸往来与国防安全，推动东北亚全面开放和我国东北的全面振兴。党的十八大以来，以习近平同志为核心的党中央高度重视解决区域发展不平衡不充分问题，如何振兴东北老工业基地是其中的一个重要议题。打造通道畅通、物流高效、贸易便利的东北亚陆海大通道，将成为东北亚各国加强区域经贸往来的重要手段，推进东北的全面振兴。

建立东北亚海陆大通道重点在于打造“一核两翼”。“一核”就是打造辽中南城市群，以沈阳和大连为核心，利用东北高效便利的交通网络推进辽中南城市群。通过沈阳大连城市群发展带动辽中南城市群发展，推进工业化和城镇化。短期内把沈阳打造为国家中心城市，中长期则有望发展为东北亚国际中心城市。“两翼”是强化中国东北与蒙俄和日韩的经贸往来联系：构建中蒙俄自贸区是“一翼”，推进中蒙俄经贸合作，中蒙俄的经贸合作重点在于中俄的合作；构建中日韩自贸区则是更重要的另“一翼”，推进中日韩的经贸合作。打造国家海陆双向开放的东北亚海路大通道有助于促进“一带一路”倡议的深入发展，形成更大范围、更宽领域、更深层次的对外开放新格局。一方面，通过联通陆上丝绸之路沿线国家蒙古国、俄罗斯，推动陆上丝绸之路向东发展；另一方面，通过联通海上丝绸之路沿线国家日本、韩国，推动海上丝绸之路向北发展，实现“一带一路”倡议的海陆连接，从而实行与西方“蓝点网络”计划、“全球联通欧洲”计划的差异化发展路径。因此，东北海陆大通道上升为国家战略，将助力东北全面振兴，尤其是中日韩自贸区能够带动辽宁地区经济发展。

第五章 五方面重要任务

第一节　构建东北特色现代化产业体系

2023年9月7日，习近平总书记在新时代推动东北全面振兴座谈会上强调，要以科技创新推动产业创新，加快构建具有东北特色优势的现代化产业体系。所谓现代化产业体系，是一个内涵丰富的概念。党的十九大提出加快建设四维协同的产业体系，即建设实体经济、科技创新、现代金融和人力资源协同发展的产业体系。在这种产业体系中，产业发展呈现网络化、集群化、融合化的特征。以上特征能够使得企业之间的联系网络更加复杂紧密，通过集群降低技术和信息获取成本，而产业之间的跨界融合会进一步增加产业之间的市场竞争，最终实现产业从低技术低附加值向高技术高附加值的转变。

现代化产业体系具有共性，也具有不同地区和不同行业的特性，因为不同地区的自然资源、社会文化和产业基础都各有不同。对于东北三省而言，推动地区构建现代化产业体系，要扭住科技创新这个

“牛鼻子”，在原有产业基础上进行转型升级，加快形成新质生产力。东北地区要持续做好改造升级“老字号”、深度开发“原字号”、培育壮大“新字号”“三篇大文章”。其一，数字化升链“老字号”。实施智能升级项目，用人工智能等新一代信息技术为“老字号”赋能、升级、升链。精益数字化咨询项目，培育数字化转型标杆企业，提高数字化研发设计工具普及率，投入数字化车间和智能工厂，推动中小企业数字化转型。其二，深度开发“原字号”产业链。发展原字号产业要以补链、延链、强链为抓手，支持冶金建材、精细化工、农产品加工等行业转向高附加值的生产模式，加速中下游企业集聚进程，全力扭转“炼有余而化不足”的局面。其三，数智化培育壮大“新字号”。前瞻性布局智能机器人、生物技术、新型高端材料等未来产业，培育国家级、省级专精特新“小巨人”企业、科技型中小企业和高新技术企业。加快先进制造业产业融合集群发展进程，推动黎明航空动力产业园、中航发燃气轮机产业化基地、碳纤维产业基地等重大项目建设，做大做强战略性新兴产业集群和高技术产业集群，形成布局合理、特色鲜明、产业集聚的产业基地。

本节将首先介绍东北地区的现代化产业体系；然后从提高产业链安全，深化国有企业改革等几个角度介绍辽宁省在构建现代化产业体系中采取的措施。

一、现代化产业体系

东北地区构建现代化产业体系，是一个涉及现代化农业、现代化工业和现代化服务业建设的大问题。以辽宁为例，见表5-1，根据辽宁省“十四五”规划布局，“十四五”期间，辽宁省将加快农业产业转型升级，大力发展现代化畜牧业、渔业等；工业主要聚焦在装备制造、石化和精细化工、冶金新材料行业；同时重点发展生产性服务业、生活性服务业等。

表5–1　辽宁省现代产业体系布局

农业	工业	服务业
现代畜牧业、渔业、林草产业、优势特色产业	先进装备制造业、石化和精细化工、冶金新材料	生产性服务业、生活性服务业、公共服务业、农村服务业

具体来说，在农业建设方面，“十四五”时期，辽宁省将构建五大特色农牧业发展区。“十四五”规划将辽宁农业建设分为五大区域，各个部分的主要侧重方向各有不同。其中，中部平原地区主要侧重于建设“精品”农业，发展区域特色农业和都市休闲农业。辽北地区侧重于农业“现代化规模生产”，保障粮食安全。辽宁是全国13个粮食主产省之一，肩负着维护国家粮食安全的重大政治使命。实现现代化规模生产要落实好惠农政策，保障农民收入，调动农民积极性，抓住耕地和种子两个关键点，保护耕地，提高良种质量。辽西地区要重点做好“生态保育、水土平衡”。辽东地区侧重发展林业和特色农业，发展林果业和林下经济。辽东地区地处长白山余脉，有大片山地林地，要利用好这些大自然的馈赠。辽东地区要坚持发展林业和林下经济，打造辽宁的山珍品牌。沿海地区拥有海陆结合的特点，气候湿润，水土丰茂。沿海地区的农业现代化建设既要关注经济作物，也要充分利用海产品资源。建立重点农产品如大连樱桃、丹东草莓等的产业集群，进一步优化新品种、延长农业产业链条。

工业方面，东北三省构建现代化产业体系，关键在原有的产业基础上进行转型升级。根据辽宁省出台的“十四五”规划纲要，辽宁省主要将需要发展的目标产业归纳为“老字号”、“原字号”、“新字号”和消费品工业四类，将改造升级“老字号”、深度开发“原字号”、培育壮大“新字号”形象地比喻为做好“三篇大文章”。表5-2总结了“老原新”和“消费品工业”四种产业的内容和发展方向。

表5-2 辽宁省工业重点发展规划

“老字号”	“原字号”
汽车、数控机床、输变电设备、燃气轮机、压缩机、船舶与海洋工程装备	烯烃、芳烃、精细化工、高品质钢铁材料、先进有色金属材料、菱镁
“新字号”	“消费品”
机器人、航空设备、集成电路、生物医药、先进医疗设备、氢能	智能家电、家装包装、纺织、特色轻工日用品、工艺美术品

其中“老字号”产业包括汽车产业、数控机床产业、输变电装备产业等。这类产业属于东北老工业基地的传统优势项目，但是在发展过程中逐渐暴露了产能过剩、产能主要集中在中低端，在关键核心技术领域存在短板等问题。因此，在未来现代化产业体系的建设中，这类产业的主要建设方向是“深入推进工业供给侧结构性改革，加快装备制造业等优势产业数字赋能，提升产业基础能力，实施智能制造、服务型制造”。“原字号”产业主要是指原材料行业，其中石油化工、有色金属等行业是辽宁省的传统优势项目。目前，这类行业的发展方向主要是要向上下游拓宽产业链，避免在关键技术被“卡脖子”。同时，要优化产能，淘汰落后产能，化解过剩产能，优化存量产能。东北地区地大物博，物产丰富，尤其是在化石燃料方面，是国内石油、煤炭的主要产区，具有原材料的禀赋优势。未来进一步发展“原字号”产业同样要将数字信息技术应用到行业发展中，将产品加工做精

做细，还要做到绿色发展，减少污染；高效发展，提高原材料的利用率。“新字号”产业是未来现代化产业体系建设布局的关键，是推动经济发展的新动能。发展“新字号”产业要紧盯经济社会发展的重大需求，超前部署，支持科技型企业发展，建设相关产业集群。“消费品”工业包括智能家电、家装包装等产业项目。消费品在产业链下游，直接面对消费者，是老百姓日常生活的保障。发展现代化产业体系归根到底是为了地区的经济发展，是为了提高老百姓的幸福感、获得感。如果仅有先进的制造业，而忽视了基本消费品的发展，将会变得“头重脚轻”，在消费工业上同样会受制于人。相反，积极布局现代“消费品”工业，适应消费升级需求，能够顺势推动消费品品牌化、时尚化，建立具有国际竞争力的消费品品牌，提高产品附加值，这也是现代化产业体系的重要一环。

为了进一步说明辽宁省目前的产业特征，我们以沈阳都市圈为例，进行简单分析。沈阳都市圈是以沈阳市为中心城市，涵盖鞍山市、抚顺市、本溪市、阜新市、辽阳市、铁岭市、沈抚新区，这些城市或示范区环绕沈阳，围成一个广义空间上的圆形。都市圈涵盖了省内一半以上的自然地域与人口资源，是区域内极具竞争力的经济圈层群体。从产业结构来看，目前第一产业增加值为988.9亿元，第二产业增加值为5347.7亿元，第三产业增加值为7304.5亿元。2018—2022年，沈阳都市圈产业结构从6.54：40.59：52.87演变为7.25：39.20：53.55，均表现为明显的“三二一”结构。根据图5-1的数据可以发现，近五年来，沈阳都市圈的第二产业比重出现了下降的趋势，到了2022年才有所反弹。制造业存在着“未强先降”的风险，可能会导致就业难度的提升以及人口的流失。同时，第三产业比重在2020年上升为56.3%的高点位置后，在此后的两年间也有所下滑。而

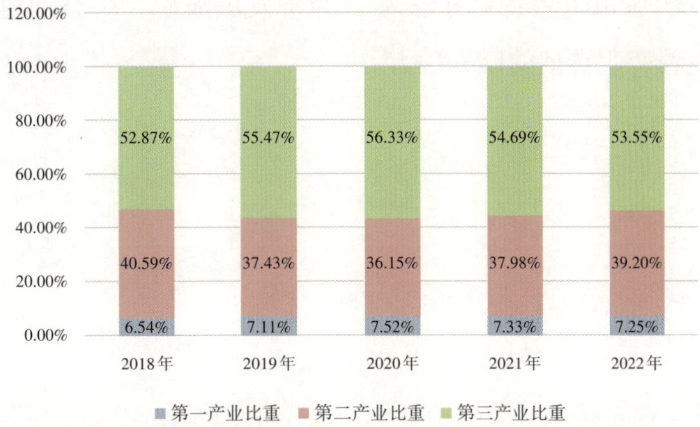

图 5-1　沈阳都市圈产业结构

数据来源：辽宁省各市统计年鉴。

第一产业比重却从2018年的6.5%上升为2022年的7.2%。可见，沈阳都市圈的产业结构的转型升级之路还任重道远，距离产业高端化仍有不小的距离。

进一步分析沈阳都市圈产业结构近五年的演变趋势，参考干春晖（2011）的测算方式，我们得到了沈阳都市圈产业结构高级化指数。如图5-2所示，沈阳都市圈产业结构高级化指数近五年表现为倒“U”形。从2018年的1.30上升到2020年的1.56，但又下降到2022年的1.37。[①]背后原因可能是2020年之后，新冠疫情对服务业的发展造成了巨大的冲击，导致产业结构高级化水平有所降低。根据《全国老工业基地调整改造规划（2013—2022年）》和《全国资源型城市可持续发展规划（2013—2020年）》，沈阳都市圈除核心城市沈阳外，均属于老工业城市或资源型城市。尤其是阜新和抚顺目前被通常定义为

① 干春晖，郑若谷，余典范. 中国产业结构变迁对经济增长和波动的影响[J]. 经济研究，2011，46（05）：4-16，31.

衰退型资源城市，资源趋于枯竭，经济发展滞后，生态环境问题突出，面临着产业转型的巨大压力。

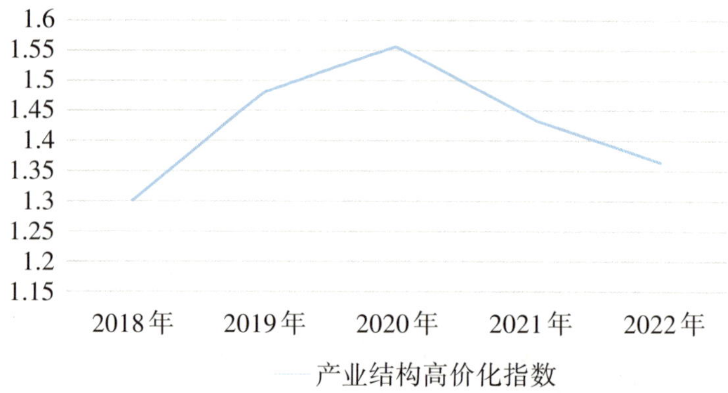

图5-2 沈阳都市圈产业结构高级化指数

数据来源：作者测算。

最后，我们对辽宁省的现代化服务业进行简要说明。我们依然以沈阳都市圈为例，因为在辽宁省内，沈阳都市圈具有极大的代表性，也是“十四五”规划中现代化服务业的“双核”之一。在现代化服务业建设中，生产性服务业起到了承上启下的重要作用，尤其是金融业，更是国民经济的血脉，是国家核心竞争力的重要组成部分，事关经济兴衰和国家战略实施，对东北振兴和区域发展至关重要。

从目前来看，沈阳都市圈有以下特点：第一，金融机构体系建设不断健全。都市圈基本形成银行、证券期货、保险各业并举，地方金融组织依法合规经营，服务功能与发展需求相适配的金融组织体系。截至目前，都市圈分行以上银行业机构196家，分公司以上证券期货机构121家，分公司以上保险机构318家，区域性股权市场1家，小额贷款公司、融资担保公司、融资租赁公司、典当行及商业保理公司等五类机构200余家。第二，都市圈各城市和地区大力开展直接融资，建立健全了上市政策激励机制和上市企业培育机制，深交所、上交所、北交所等三大证券交易所均在都市圈设立辽宁服务基地。截至目前，都市圈共有境内上市企业40家，占全省50%。区域股权市场规模优势突出，辽宁股权交易中心挂牌企业2689家，超过大连、哈尔滨、长春3个城市数量总和；累计融资787.3亿元，区域市场融资排名全国第5位。其中，都市圈内各地区挂牌企业数量2218家，占比82%。第三，沈阳金融基础设施最为完善，企业征信平台建成东北最强征信基座，累计采集企业信息超过18亿条，帮助金融机构解决企业融资超过2000亿元。东北首个绿色金融服务平台正式上线，储备301个绿色融资项目，发布绿色金融产品70个，落地75笔碳减排再贷款，已解决绿色领域贷款126.8亿元。此外，辽阳普惠金融服务平台、铁岭金融广场也逐步开始发挥作用。第四，沈阳中心带动基础夯实。沈阳是都市圈金融产业能级最强城市，正在加快建设东北区域金融中心。截至2023年三季度，沈阳金融业增加值434.4亿元，增速6%，占GDP比重7.46%。截至2023年10月末，沈阳金融业税收实现107.7亿元，占第三产业税收比重为22.62%，占全口径税收比重10.08%。截至2023年11月末，沈阳本外币存贷款余额42517.2亿元，成为东北地区唯一存、贷款余额均突破两万亿的城市，在全国15个副省级城市中排名第11位。金融支持重点领域和薄弱环节力度进一步加强，沈阳制造业中长期贷款同比增长17.2%，绿色领域新增贷款投放285亿元，科创金融新增贷款505亿元，贷款金额和支持户数均居全省首位。

二、提高产业链安全性

2023年中央经济会议指出，“实施制造业重点产业链高质量发展行动，加强质量支撑和标准引领，提升产业链供应链韧性和安全水平”。自2018年中美贸易战以来，过去二十年蓬勃发展的经济全球化趋势有所减弱，随后的新冠疫情、俄乌冲突和巴以冲突，更是对全球供应链的安全与稳定产生了巨大的冲击，加速了全球供应链重构。对于东北地区来说，为了更好地应对全球经济的新形势，提高本土产业链竞争力与安全性，需要朝着数字化、智能化方向发展供应链。目前，大数据、5G、人工智能等新一代信息技术为制造业带来了深刻变革，通过信息技术，赋能产业链中研发、生产、管理、服务等各个环节，保证产业链、供应链在关键时刻能够保持畅通，避免被对方在供应链上“卡脖子”。本小节，笔者继续以辽宁为例，向大家介绍东北地区目前在供应链建设方面的情况。

提高产业链安全性，加强重点产业链建设的有效手段之一就是建设产业集群。在一个有效的产业集群内部，企业之间的信息流通会更加有效便捷。从需求侧来讲，产业集聚能够帮助企业了解同行业其他企业的产品供应来源与质量；从供给侧来讲，产业集聚则能够帮助集群内部的企业提升知名度，从而得到客户的认可。另外，产业集群还能够促进技术在企业间的传播，通过市场的良性竞争，提高企业的研发创新水平。从供应链角度来讲，同行业上下游企业集聚到一起，既能够促进市场需求与供给的信息交流，提高上下游匹配度，提高供应链安全性，还能够在竞争中使得高生产率企业做大做强，发展成为龙头企业，带动整个地区行业的发展。产业集群做大，还可以吸引其他行业的企业进入，实现跨行业的交流合作，帮助企业横向拓展业务和眼界。

新材料行业是辽宁省着力发展的制造业之一。但是目前辽宁省新材料产业还处于提升阶段，存在企业单体规模偏小，产品差异化不明显，产业内上下游之间没有有效关联，行业龙头企业带动性不强的问题。为了推进行业发展，培育大中小企业融合共生的产业生态，辽宁于2020年12月成立了辽宁省新材料产业联盟。该联盟将企业、政府和科研部门汇集一处，将产业与城市发展结合起来，以城聚产，以产兴城。目前通过该联盟已经在辽宁省盘锦市形成了精细化工、塑料新材料等产业的产业集群。2023年上半年，开发区内的规模以上企业实现了29.94亿的总产值。除此之外，为了加强产业集聚，辽宁省先后规划建设了22个重点产业集群，围绕装备制造，石化和精细化工，冶金新材料和消费品工业规划打造4个万亿级产业基地。

辽宁盘锦的产业集群是整合资源的结果。吉林省吉林化纤集团，则是依靠"老底子"，在"新思路"的引导下持续做大做强。吉林化纤集团最值得骄傲的就是新材料之王"碳纤维"。2023年4月10日，吉林化纤集团启动了碳谷高性能碳纤维原丝、国兴复材碳纤维助剂、汽车轻量化复材及研发中心联合实验室4个碳纤维项目，充分释放了吉林化纤集团的产能。目前，吉林化纤集团已形成从原丝到碳丝再到复合材料的碳纤维全产业链。碳纤维产品质量也在不断提升，多个规格产品达到国内领先水平，一款大丝束碳纤维产品应用于知名风电叶片制造企业，有效带动了下游制造效率的提升。'十四五'时期，吉林化纤集团规划了24个碳纤维产业项目，将不断推动碳纤维质量提高和成本降低，继续拓展下游应用领域，实现全产业链一体化发展。

三、深化国有企业改革

国有企业是东北全面振兴的"龙头"，必须冲锋在前、勇挑重担。习近平总书记强调，"国有企业是壮大国家综合实力、保障人民共同利益的重要力量，必须理直气壮做强做优做大，不断增强活力、影响力、抗风险能力，实现国有资产保值增值。”对于东北三省来说，由于历史原因，国有企业在国民经济中的作用更为重要。图5-3展示了东北三省和全国其他省份上市公司中国有企业的比重变化趋势。数据显示，东北三省国有企业在上市公司中的比重要远高于全国其他省份，其中，黑龙江省在2022年依然是全国其他省份的两倍左右，也比东北三省平均水平高15%。图5-4进一步展示了东北三省和全国其他省份国有上市企业中制造业企业占比。很显然，东北三省的国有上市企业主要集中在制造业，制造业企业在东北三省国有上市公司中占比平均保持在56%左右，高于全国其他省份平均值44%约12个百分点。相比于全国其他地区，国有企业对东北三省的经济意义更加重大。

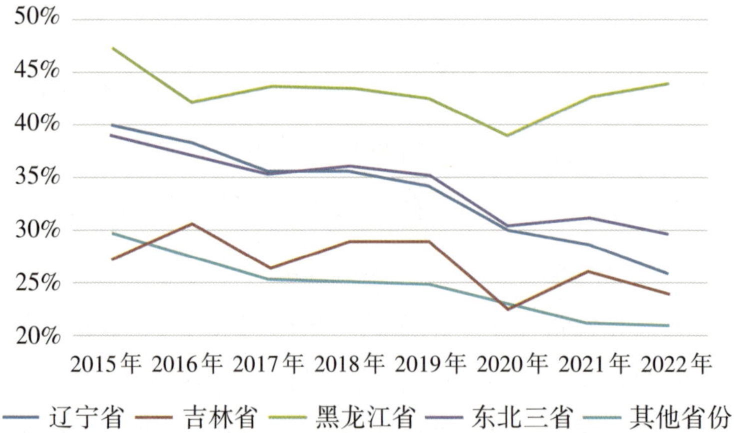

图5-3 东北三省与其他省份上市国有企业占比

数据来源：国泰安数据库，作者整理。

在东北三省内部，上市公司的数量分布也有所区别，表5-3展示了2015—2022年，东北三省上市公司和国有上市公司的数量变化。其中辽宁省上市企业数量远高于其他两个省份，而且国有企业占比从

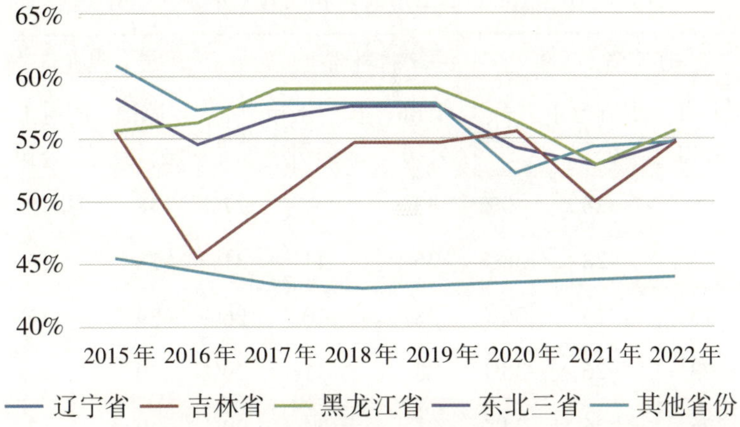

图5-4　东北三省与其他省份上市国有企业制造业企业占比

数据来源：国泰安数据库，作者整理。

2015年的40%下降到2022年的26%。而吉林与黑龙江两省的国有上市公司比重基本没有变化，吉林省始终保持在26%左右，黑龙江省较高，始终保持在40%以上。从数据中，我们可以发现，辽宁省在国有企业混合所有制改革的工作中，成效显著，按照常规定义，国有股权占比超过30%则为国有企业，辽宁省通过引入股份使国有企业占比7年内只下降14个百分点。

由于辽宁省国有上市企业在东北三省中具有领先地位，而且混合所有制改革卓有成效，图5-5以辽宁省为例进一步解剖了东北三省国有企业的行业分布。如图所示，2022年，辽宁省上市公司有62%从事制造业，行业十分集中。而国有上市企业则有55%从事制造业，27%从事电力燃气行业，9%从事邮政业。2022年，辽宁省国有上市公司大半属于制造业，同时也承担着社会公共事业的建设任务。上述数据说明对于东北三省来说，制造业在国民经济中占有更为重要的地位，实现工业现代化对于东北地区也更加刻不容缓，而通过深化国有

表5-3　东北三省上市公司和国有上市公司统计

年份	辽宁省			吉林省			黑龙江省		
	上市公司	国有上市公司	占比	上市公司	国有上市公司	占比	上市公司	国有上市公司	占比
2015	70	28	40%	33	9	27%	38	18	47%
2016	73	28	38%	36	11	31%	38	16	42%
2017	73	26	36%	38	10	26%	39	17	44%
2018	73	26	36%	38	11	29%	39	17	44%
2019	76	26	34%	38	11	29%	40	17	43%
2020	77	23	30%	40	9	23%	41	16	39%
2021	84	24	29%	46	12	26%	40	17	43%
2022	85	22	26%	46	11	24%	41	18	44%

数据来源：国泰安数据库，作者整理。

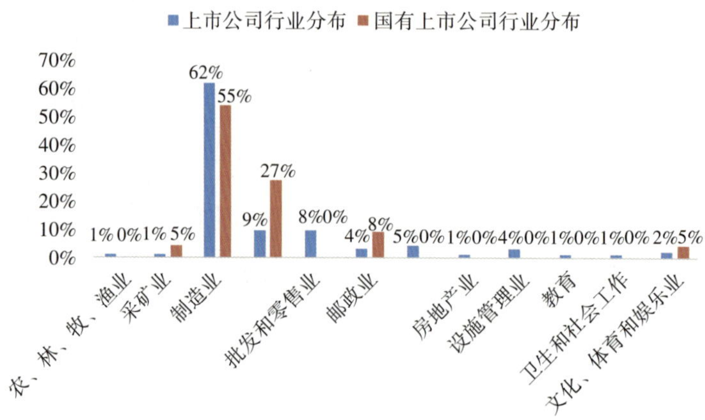

图5-5　辽宁省上市企业行业分布

数据来源：国泰安数据库，作者整理。

企业改革，做大做强国有企业实现现代化的过程中，东北地区同样承载着更加重要的任务。

深化国有企业改革，为东北地区发展现代化产业体系贡献了巨大力量。2019年，辽宁省沈阳市依照中央和省委工作部署，将市内明星国企沈鼓集团纳入了国家混改试点单位。2022年以增资扩股方式引入国家先进制造业二期基金持股39.13%，同步扩大员工持股比例至9.35%。混改完成后，沈鼓集团成为完全市场化运作的混合所有制企业，为沈鼓集团带来了更为强劲的创造活力。沈鼓集团是我国第一家专业风机制造厂，主要为能源与化工领域重大工程提供大型离心压缩机、往复式压缩机、泵等“工业心脏”装备，是中国唯一一家在能源与化工核心动设备所有细分市场领域，能与国际一流公司同台竞技的企业。

2023年3月15日，沈鼓集团设计制造的中国首台套150万吨/年乙烯“三机”，试运转合格后发往用户现场，并将于2024年投产。该机组是目前国内规模最大、技术程度最复杂、工艺水平最高的国产化超大型乙烯“三机”。一套乙烯装置中需要的裂解气压缩机、丙烯压缩机和乙烯压缩机三套机组并称为乙烯“三机”，技术水平被称为石化装备制造的“珠穆朗玛峰”。目前世界上能制造150万吨以上的超大型乙烯“三机”的国家只有4个，依靠沈鼓集团的研发成果，中国成功跻身其中。目前，沈鼓集团正在研制180万吨/年乙烯“三机”，而且已经具备了设计和制造能力。除了沈鼓集团，辽宁省还有通用技术沈阳机床、三一重装、北方重工等优秀的国有企业。这些国有企业通过引进股权、深化混改，迸发出生机与活力。通过企业的核心技术，使辽宁省高端装备制造业成为国家重大技术装备研制的骨干力量，也成为拉动辽宁工业经济发展的主导产业之一，在构建现代产业体系的进程中迈下坚实一步。

第二节　加快推进农业农村现代化

一、夯实农业生产基础，着力保障国家粮食安全

习近平总书记在党的十九大报告中指出，要“推动新型工业化、信息化、城镇化、农业现代化同步发展”。走“四化”同步发展道路，是全面建设中国特色社会主义现代化国家、实现中华民族伟大复兴的必然要求。农业农村现代化是“四化”的重要组成部分，而粮食安全则是农业农村现代化的基础和重要保障。

东北三省是我国的重要粮食生产基地，保障粮食安全对于国家经济社会发展具有重要意义。辽宁作为东北三省的一部分，实有7730万亩耕地面积和2800万亩典型黑土面积，是重要的优质粮和绿色农产品生产基地，对于保障国家粮食安全具有举足轻重的地位。习近平总书记在新时代推动东北全面振兴座谈会上强调，“当好国家粮食稳产保供‘压舱石’，是东北的首要担当。要始终把保障国家粮食安全摆在首位，加快实现农业农村现代化，提高粮食综合生产能力，确保平时产得出、供得足，极端情况下顶得上、靠得住”。这既是对东北地区在粮食安全方面保障作用的充分肯定和高度评价，也是对东北进一步做好粮食稳产保供工作提出的新要求。

东北三省特别是辽宁要做好粮食安全，关键要做好两项工作，即真正实现藏粮于地、藏粮于技战略。藏粮于地战略的重点在于抓住耕地这个“牛鼻子”。辽宁省的耕地资源丰富，耕地又是粮食生产的命

根子，要实现高质量的粮食生产，必须采取切实有效的措施来保护和提升耕地设施建设水平，提高耕地综合生产能力。

一是要落实最严格的耕地保护制度，坚决遏制耕地“非农化”，防止“非粮化”，强化落实“坚决守住18亿亩耕地红线”，严格控制建设用地占用耕地，确保粮食种植面积稳定在5303万亩以上。在保障耕地数量的同时，必须高度重视耕地的质量与可持续性。这意味着全面加强耕地土壤的改良、地力培肥和治理修复工作必不可少，同时要实施耕地质量保护与提升行动，综合运用工程、科技、生物和农艺等多种手段，有效提升耕地的生产能力。此外，还要积极开发各类非传统耕地资源，利用科技手段突破传统耕地的自然条件限制。这不仅有助于增加耕地的多样性，还能进一步提升辽宁农业生产的适应性和抗风险能力。针对耕地开发利用强度过大、部分地区地力透支严重、土壤退化等制约农业可持续发展的严峻问题，应坚持实行耕地轮作制度。实施这一制度，不仅有利于涵养地力、保护生态环境，还能平衡粮食供求矛盾、稳定农民收入，实为一举多得之策。

二是要加大对耕地的建设和改造力度，推进高标准农田建设，提升农田水利、农业装备等基础建设，改善土壤结构，增强耕地的抗灾能力。要加强土地整治和修复，对退化、荒漠化土地进行治理和改良，恢复土地生态功能。同时，要建立健全耕地质量监测体系，定期对耕地质量进行监测和评估，及时发现问题并采取有效措施。

在“藏粮于地”战略中，辽宁的黑土地保护也尤为关键。黑土地是我国耕地中的重要组成部分，其肥沃程度和生产能力对我国农业生产和粮食安全具有举足轻重的地位。然而，长期高强度的开发利用，导致黑土区耕地面临着严重的透支问题。这些肥沃的土地，曾经孕育了丰富的粮食产出，如今却面临着土层变薄、肥力下降、质地硬化等严峻问题，严重威胁到农业的可持续发展。要保护好、利用好黑土地这个耕地中的“大熊猫”，尤其是把东北这个大粮仓保好、建好，必须采取切实有效的措施，加强黑土地的保护和利用工作，为农业的可持续发展奠定坚实基础。一方面，要加强对黑土地的保护和管理工作，严格控制不合理的开发和利用行为，防止过度开发和破坏，加强对黑土地的监测和评估，及时掌握黑土地的质量和变化情况；另一方面，要加大对黑土地保护的投入力度，通过科学合理的土地整治和生态修复手段，改善土壤质量，恢复生态平衡，推进黑土地治理和修复工作。

“藏粮于技”战略的核心在于种业的发展。种子是农业的“芯片”，是粮食生产的源头。习近平总书记强调，保障国家粮食安全，“要害是种子和耕地”。种子是农业现代化的基础，能否培育出良种，关乎农业现代化的成败。要借助科技的力量，提升粮食单产和效益，确保粮食安全。通过利用先进的农业科技和物质装备，进一步强化粮食生产的支撑体系。用科技创新促进改良品种、改进农田基础设施、提高农作技术，从而提高粮食的单产和品质。

辽宁省新修订的《辽宁省农作物种子管理条例》着重强调了要做好种源“卡脖子”技术攻关，推动种业科技的自立自强，确保种源的自主可控。这一条例的出台，旨在加强农作物种子的科学管理和技术进步，提高农业生产效益，保障粮食安全和生态安全。该条例明确指出，种业是国家战略性、基础性核心产业，是保障国家粮食安全和生态安全的重要基石。辽宁省作为我国的农业大省，必须加强种业科技创新，提高种业自主创新能力，确保种源自主可控。为此，要加强种质资源保护和利用，建立健全种质资源保护体系，加大种质资源的收集、保存和利用力度，防止种质资源流失和外流。同时，鼓励科研机构和企业加强合作，共同开展种源“卡脖子”技术攻关，提升育种技术水平和创新能力。此外，该条例还特别强调了知识产权保护的重要性。通过建立健全知识产权保护机制，加大对侵权行为的打击力度，保护育种者的合法权益，激发创新活力。同时，加强对种子质量的监管，完善种子质量检测体系，提高种子质量水平。

切实维护粮食安全，辽宁省还需要在以下几个方面深入着力：

第一，稳步提升粮食生产能力。

党的二十大报告提出要逐步把永久基本农田全部建成高标准农田，辽宁具有得天独厚的地理条件和较为成熟的高单产粮食生产经验，如能加快建成一批具有示范效应的高标准农田，总结一套以土壤保护、科技农业、增产增效为特色的农业生产技术，实现产能提升和绿色发展相协调，辽宁将为我国保障粮食安全贡献辽宁智慧。

第二，畅通粮食储运流通体系。

服务好北粮南运大通道是辽宁的重要使命。辽宁应与国家和有关部委加强沟通对接，密切关注国家“北粮南运”政策动态及工作部署，结合辽宁建设东北海陆大通道的战略机遇，破除粮食储运流通体系中的制度障碍、信息藩篱等人为制约因素。辽宁还应强化服务意识和风险意识，紧紧围绕粮食供应链安全和效率，确定一批关键节点型城市，形成一批重点建设项目。

第三，大力发展粮食产业经济。

围绕辽宁“一圈一带两区”区域发展新格局，辽宁应调优农业区域政策和空间布局，推进沿海与腹地良性互动，形成优势互补、高质量发展的粮食产业经济布局。辽宁以港口城市为核心大力发展港口经济，延长产业链条，提高产业附加值，做大做深粮食深加工规模，利用天然区位优势不断完善粮食物流集疏运体系，从粮食运输集散地转变为粮食产业集聚地。

保障粮食安全既是辽宁的历史使命，也是辽宁的战略机遇。以舍我其谁的担当承载起我国粮食流通枢纽大任，辽宁定能在支持东北振兴和服务新发展格局的宏图中不断取得新突破。

二、推动创新驱动发展，提高农机装备现代化水平

农业机械化是农业现代化的重要标志，也是提高农业生产效率、促进农民增收的重要手段。通过加强科技创新和技术推广，加大对农机装备现代化建设的投入，提高农机装备现代化水平，有助于提升农业质量效益和竞争力，更好地推进农业农村现代化进程，实现农业的高质量发展。

建立健全农机装备产业创新体系，对于推进农业农村现代化具有重要意义。要着力构建以企业为主体、科技为支撑、市场为导向的农机装备科研创新平台，以激发企业自主创新活力。通过实施企业技术创新重点项目计划，大力孵化培育农机高新技术企业，提升企业自主创新能力，加快推动农机装备产业的转型升级。要积极争取国家首台（套）重大技术装备保险补偿政策支持，推动首台（套）农机装备的研发和示范推广应用。同时，以农机农艺结合为重点方向，鼓励引导高校、科研院所和企业开展农业动力机械和作业机械关键共性技术研究，以推进智能农业机械装备的研发与应用。同时，为促进农机装备产业的持续发展，有必要梳理一批农机装备产业重点项目，推动农机装备产业向智能、高端、成套方向转型升级，为农业农村现代化提供有力支撑，促进农业生产的提质增效和可持续发展。

提升农机装备制造供给能力，对农业现代化进程的推动具有积极作用。要加强农机装备产业链协同发展，积极推动上下游企业间合

作，形成良好的产业生态。同时，完善农机产品需求与科研导向目录，确保研发与市场需求紧密结合。鼓励发展高性能大马力智能拖拉机、高速智能精量播种机械等先进整机装备，以及柴油机、变速箱、高端液压元件等核心部件。通过支持智能农机装备物联网平台、大数据中心、运维平台等基础设施建设，提升农机装备的智能化水平。

在优化农机装备产业结构布局方面，以沈阳、丹东、锦州、铁岭等市为重点，建设具有特色优势的农机装备产业集聚区，进一步完善产业链条。加大对农机装备企业的扶持力度，鼓励农机装备企业通过资源整合，组建企业集团，提高产业集中度。同时，鼓励农机装备企业由单机制造向成套装备集成转变，支持企业向“专精特新”方向发展，推动先进农机技术及产品走向国际市场，积极参与服务“一带一路”建设。

采取系列严格措施，确保农机装备的高质量与可靠性。首先，要制定和实施精准农业、智能农机、绿色农机等标准，以构建完善的农业机械标准体系。其次，加强农机装备产业计量测试技术的研发，提升试验测试和鉴定能力。对于涉及人身安全的产品，要依法实施强制性产品认证，并鼓励农机装备产品自愿性认证。此外，要强化农机产品质量监管，加强企业承担产品质量安全主体责任。开展农机装备行业诚信自律和质量提升行动，严厉打击产品质量违法行为和假冒品牌行为，以维护市场秩序和消费者权益。

三、健全现代化农业经营体系，深化农业农村改革

推进农业农村现代化，要紧紧抓住健全现代化农业经营体系和深化农业农村改革这两个关键环节。建立完善的现代化农业经营体系并持续推进农业农村改革，有助于实现农业生产的规模化、集约化和专

业化，提高农业生产效率和农产品质量，激活农业农村发展的内生动力，共同促进农业和农村的协调发展，深入推进农业农村现代化。

培育壮大新型农业经营主体，为现代农业发展注入新的活力。要实施家庭农场培育计划，积极开展示范县创建和省、市、县三级示范家庭农场评选工作，以树立典型、引领发展。同时，建立健全家庭农场名录管理制度，明确纳入名录的条件和程序，确保家庭农场发展的规范化和可持续性。此外，还应积极鼓励各地区组建家庭农场协会或联盟，提升其组织化程度和整体竞争力。同时，实施农民合作社质量提升工程也至关重要。要开展省、市、县示范社三级联创，建立省级示范社信誉评价体系，按规定对符合标准的合作社给予配套金融政策支持，以激励其更好地发挥示范引领作用。

深化农村承包地制度改革也是推进农业农村现代化的重要一环。要坚持农村土地农民集体所有制和家庭承包经营基础性地位不动摇。在此基础上，完善农村承包地“三权分置”制度，开展第二轮土地承包到期后再延长30年试点工作，进一步释放农村土地制度改革的红利，激发农业农村发展的内生动力。

规范农村宅基地管理对于保障农民权益、促进农村可持续发展也具有重要意义。要摸清宅基地底数，稳慎推进宅基地制度改革试点工作。在实践中探索宅基地所有权、资格权、使用权分置的有效实现形式，以充分保障农民的合法权益。同时，依法依规开展房地一体宅基地确权登记颁证工作，严格落实“一户一宅”政策，确保农村居民点的科学布局。在此基础上，加强宅基地流转制度建设，规范流转程序，为农民提供更多的权益保障和发展机会。

四、扩大农业对外开放，加快农业走出去步伐

扩大农业对外开放，加快农业走出去步伐，是推进农业农村现代化的重要途径。积极与国际农业市场交流、合作，能够引入先进的农业技术、管理模式和资金，提升农业综合生产能力，优化农业产业结构，提高农产品质量和效益。不仅能够满足国内市场需求，还能增强农产品出口创汇能力，有助于提升辽宁省农业的国际竞争力。同时，农业走出去还能够带动农业装备、生产资料等产业的发展，增加就业机会，促进农民增收和农村经济繁荣。因此，辽宁省要积极推进农业对外开放，加强国际合作与交流，推进农业农村现代化进程。

促进优势农产品外销，开拓更广阔的国际市场。要充分依托辽宁省丰富的农业资源、优越的区位条件以及坚实的产业基础，进行科学合理的产业布局规划。既要稳固传统优势产业的出口地位，也要积极培育具备国际竞争力的新兴农业产业。推动优势农产品在国内外市场的拓展。在巩固日本、韩国及欧盟等传统市场的基础上，大力开拓东盟、中东等“一带一路”沿线新兴市场，进一步深化与京津冀、长江经济带、粤港澳大湾区等地区的协同发展和农业领域的交流合作。全面提升辽宁省优质出口农产品的供给能力、国际市场影响力和产业竞争力。

积极推进农业对外投资合作，拓展重点投资合作区域，提升在中高端市场的竞争力。要深化投资与贸易的融合发展，推动对外农业投资合作向多元化、多环节转变，由传统的农业资源利用向市场布局、品牌建设、技术创新和管理优化等方面拓展。为加快重点领域“走出去”步伐，辽宁省应积极引导企业构建“全产业链”布局，并加大引进先进技术、经营模式、管理方式和现代服务的力度。同时，要重点

加强在畜禽和水产品加工、农业装备制造、农业生态环境保护等领域的国际合作，以推动农业对外投资合作取得新的突破。

加强农业科技领域对外合作，推动农业科技的创新与发展。辽宁省要积极打造农业科技领域的区域合作平台，并加强对现有对外联合实验室的建设与管理，确保其高效运作。同时，要合理规划和布局新建的联合实验室和对外合作平台，注重联合开发、引进应用、成果集聚和人才培养，以全面提升农业科技水平，加强各领域的科技交流合作。此外，要重点推进农产品精深加工、农作物高效育种、智能农业装备、土壤治理、病虫害防治等领域的对外合作，以加快农业科技成果的转化和应用，为农业农村现代化提供坚实的科技支撑，推动农业对外开放迈上新台阶。

第三节　提升对内对外开放合作水平

东北三省地处东北亚区域的核心地带，向北毗邻俄罗斯、蒙古国，是我国的北大门；向东与朝鲜半岛接壤，与日本隔海相望；向南通过辽东半岛连接渤海湾、太平洋，是环渤海经济带重要组成部分；向内，与京津冀相邻，与东部沿海城市互为犄角，是中国向北向东开放的前沿和重要窗口。习近平总书记在新时代推动东北全面振兴座谈会上发表重要讲话强调，“要加快建设现代化基础设施体系，提升对内对外开放合作水平。”

东北三省特有的区位优势决定了其在联通内陆与世界，打造国内国外双循环发展格局上具有重要的战略地位。东北三省是“一带一路”的重要通道，是我国沿海地区北上连接中俄蒙经济走廊的重要线路。东北地区物产丰富，产业基础较为雄厚，生态环境良好，在与国内国外的经济合作中具有互补性优势。

在本小节中，我们将通过介绍东北地区对国内国外全方位开放合作的情况。具体来说，笔者将从加强制度开放、促进区域贸易，加强与国内产业链融合、促进人口流动的角度介绍对内开放合作；通过介绍中蒙俄经济走廊的贸易合作、中日韩经贸合作的情况介绍东北地区对外开放的成果。需要说明的是，中俄蒙经济走廊和中日韩经贸合作的合作开放是一个复杂的系统问题，除了本节提到的贸易合作以外，另有制度、文化、产业链等多个角度的开放合作。这些复杂的问题将在本书第8章进行系统的论述，本节主要关注经贸往来问题。

一、深化对内开放合作水平

（一）加强制度开放，加快实现制度统一

在计划经济时代，东北地区被誉为“共和国长子”，是全国工业中心。时代的优越性也带来了计划经济的封闭性。为了在新时代提升对内开放水平，加强区域间合作，积极融入全国统一大市场，东北三省在减少隐性成本和显性成本方面做出了多项改革。以辽宁为例，2023年，辽宁省采取推广高速公路差异化收费措施，推动物流领域降低成本。物流成本的降低将大大缩短商品和人力的通勤时间，提高市场的运行效率。而隐性成本主要是指制度成本，比如统一市场准入制度、支持民营企业发展、改善营商环境等。各类成本的降低意味着东北地区更加趋向市场化，图5-6展示了东北三省市场化指数的变动。如图所示，在2015—2021年，东北三省总体的市场化程度表现良好，尤其是辽宁省，市场化程度始终在东北三省领先，而且始终高于全国平均水平。辽宁省从2016年起，市场化指数逐年增长，领先

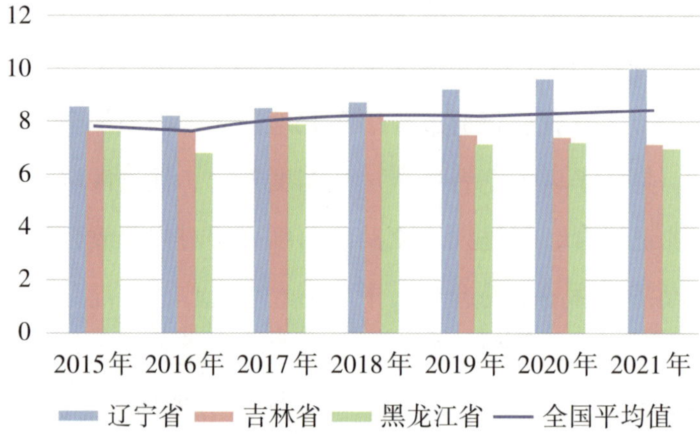

图5-6 东北三省市场化程度指数

数据来源：马克数据网，作者测算。

吉林省和黑龙江省的幅度也越来越明显。

制度开放的关键一环是坚持“两个毫不动摇”，统一企业的市场准入规则，支持民营企业发展，给予民营企业与国有企业同样的经营地位。国内曾经一度谬传的“投资不过山海关”的说法，正是因为过去的一段时间民营企业在东北三省投资过程中受到了不公正待遇。在过去的几年中，东北地区特别是辽宁省以优化营商环境为目标，开展了深入的制度改革。图5-7展示了2015—2021年东北三省非国有经济发展指数。可以看到，从2019年开始，辽宁地区的非国有经济发展便开始超越全国平均水平，并在此后依然保持领先。黑龙江省同样在2020年以来超越了全国平均水平，并在2021年超过辽宁，排在东北三省第一位。而吉林省在相对量方面始终没有超越辽宁省与黑龙江省，需要在未来的改革中进一步深化。

增强法治建设是打造市场化营商环境的重要保障。2023年，辽宁省继续深入开展为期三年的涉企业、涉信访、涉超期案件专项监督

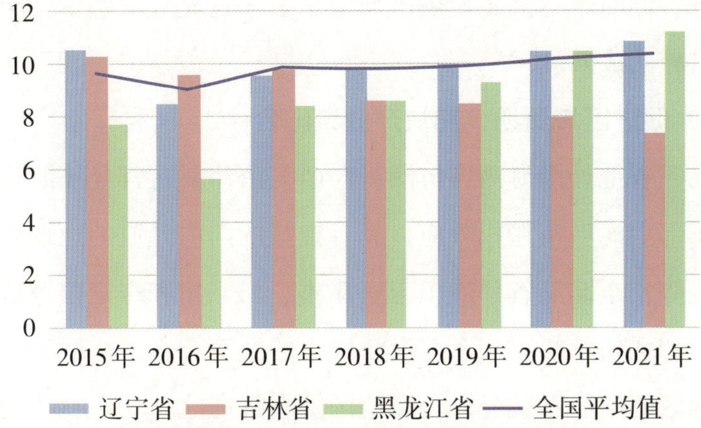

图5-7　东北三省非国有经济发展指数

数据来源：马克数据网，作者测算。

行动，目的就在于打造稳定、透明、可预期的法治环境。良好的法治环境是市场正常运行的基础，市场运行有效时，自然能够通过分工与竞争改善地区的整体社会环境。图5-8展示了黑吉辽三省的法治建设指数。相对而言，辽宁省的法治环境从2019年开始超越了吉林省和

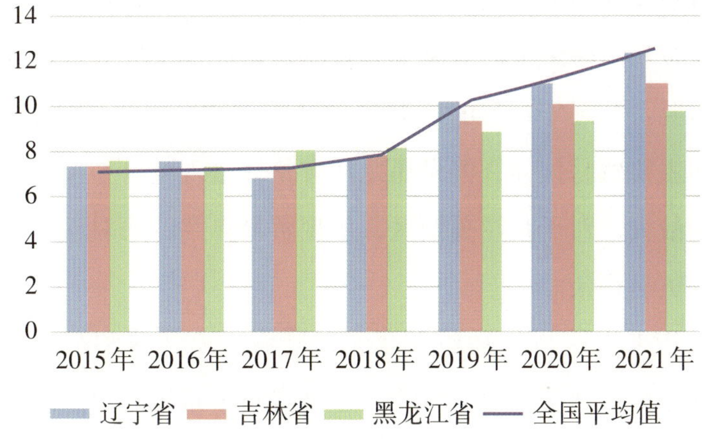

图5-8　东北三省法律制度环境指数

数据来源：马克数据网，作者测算。

黑龙江省，同时也达到了全国平均值以上，这充分说明了辽宁省布局的改革措施的成效。

（二）促进区域贸易，加快产业链融合

东北三省地处渤海湾经济圈，向西与京津冀首都经济圈相邻，向西南与东部沿海城市遥相呼应，具有独特的向内开放的地理优势。凭借地理优势，东北三省开展了与京津冀、长三角和珠三角等地区的贸易往来，加强与京津冀和东部沿海城市的经济合作，有助于实现与经济发达地区的产业链融合，提高地区供应链韧性。

图5-9显示了东北三省对京津冀等地的贸易情况。图中显示的进口、出口数据来自2017年的省级投入产出表，该表提供了行业层面省际的中间品贸易情况。利用中间品贸易信息，我们可以大体推知地区之间的产业链融合情况。因此，图5-9反映的是2017年东北三省的国内贸易状态。首先，与京津冀等地贸易往来最多的是吉林省，无论是与京津冀地区还是珠三角、长三角地区，其贸易总额都高于辽宁省与黑龙江省。对于东北各省的情况来说，辽宁省发挥地缘优势，与京津冀的贸易总额最高，其次是长三角地区，而珠三角地区由于距离较远，因此贸易总额最少。但是无论对哪一地区，辽宁省都是处于贸易赤字的情况。与辽宁类似的是黑龙江省，京津冀与长三角地区都是黑龙江省的主要贸易伙伴，但是黑龙江省整体呈现贸易平衡状态。吉林省贸易量最大，对于京津冀地区，呈现贸易赤字，而对于东南沿海地区则呈现贸易盈余。

进一步来看，图5-10绘制了东北三省对京津冀和东南沿海地区的分行业净出口情况。可以发现，辽宁省对于京津冀地区的贸易逆差主要来自服务业进口，而对长三角地区的贸易逆差主要来源于制造业进口。而吉林省对京津冀的贸易逆差和对珠三角地区的贸易顺差均主

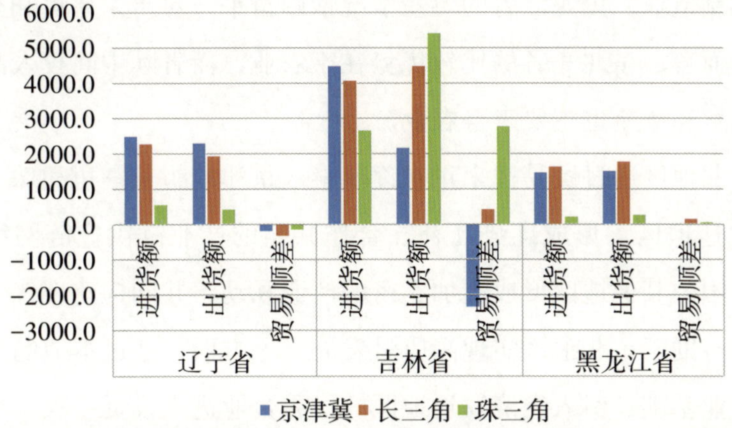

单位：亿元

图5-9　东北三省对内贸易情况

数据来源：李善同等（2023），作者整理。①

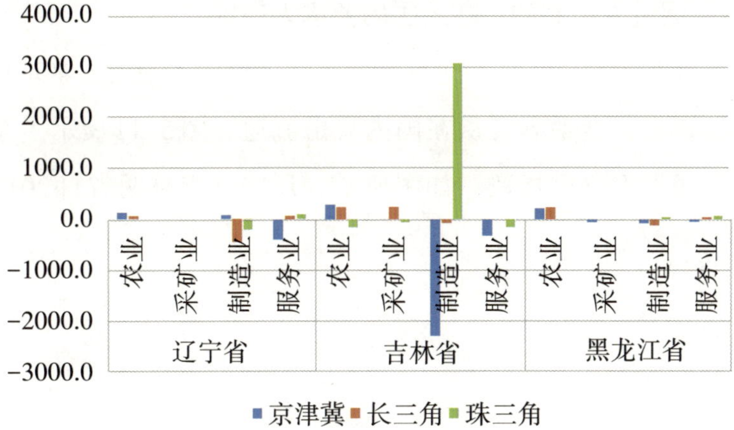

单位：亿元

图5-10　东北三省对内分行业净出口情况

数据来源：李善同等（2023），作者整理。

① 李善同，何建武，祝坤福，等. 中国多区域投入产出模型：1987—2017年［M］. 北京：经济科学出版社，2023.

要来自制造业，黑龙江省的贸易情况依旧持平。对于京津冀和东南沿海地区而言，东北三省的比较优势在于农业，而省际中间投入品贸易造成的贸易顺差也主要来自农业。

东北地区通过贸易往来正在逐步融入京津冀、长三角和珠三角等国内发达地区，形成优势互补、合作共赢的产业链供应链网络。未来，与国内其他地区形成更加紧密的产业联动，共同构建现代化产业体系，有助于东北地区实现高质量发展。一方面，通过本地的土地资源和产业基础，引入经济发达地区的优秀企业进入投资，联合培育新能源、集成电路、新材料等先进制造业。另外，可以将相对落后的劳动密集型产业向我国西部地区、俄罗斯远东或蒙古国进行转移，通过投资和贸易加强与中西部地区的联动，延伸产业腹地。

（三）促进人口流动，融入国内要素大市场

提高对内开放合作水平的重要一环是加快融入国内要素市场，促进劳动、资本、金融等要素在国内自由流通。图5-11展示了东北三省要素市场发育程度指数。如图所示，辽宁、吉林两省自2017年以

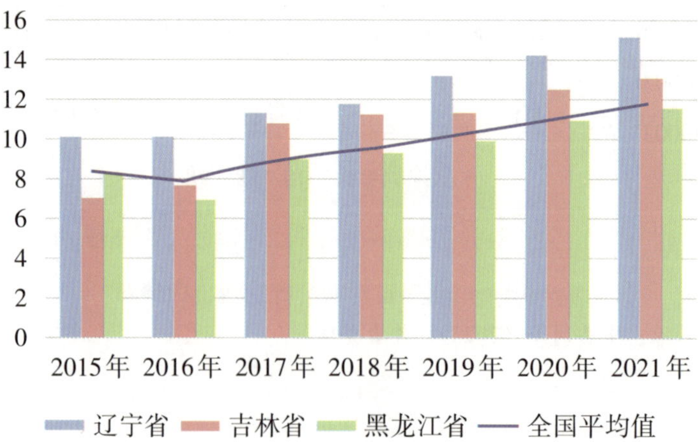

图5-11 东北三省要素市场发育程度指数

数据来源：马克数据网，作者测算。

来便保持着高于全国平均水平的状态，辽宁常年居于东北三省第一位，是东北三省要素市场最为发达的地区。

东北三省目前正在面临人口老龄化的问题，能否吸引人口来到东北、落户东北对于东北三省的经济发展至关重要。当前，东北三省正在逐步放开户籍制度，以方便外来人口在东北工作和生活。另外，“兴辽英才计划”、“百万学子留辽来辽”计划、“吉人回乡”工程、“长白山人才工程”和“技能龙江行动”等多项人才引进工程，也在发挥着吸引人才的作用，整体出现了“孔雀东北飞”的态势。图5-12展示了东北三省外来人口的来源地。根据国家统计局划分，我们将外来人口来源分为东部、中部和西部。总体来说，东北三省的外来人口主要来自东部和西部地区。另一方面，如图5-13所示，东北三省外流人口主要集中在东部地区，而黑龙江省的人口外流情况比较严重，对东部地区外流人口就达20多万人。未来，东北三省要做好开放，通过开放提升与国内市场的融合度，成为国内市场产业链中不可缺少的一环，才能提供足够的就业岗位，刺激离乡人口

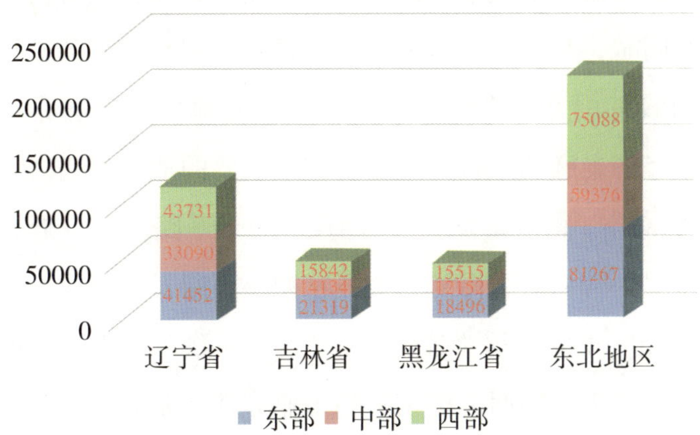

图5-12　东北三省外来人口统计

数据来源：2020年《人口普查年鉴》，作者测算。

返乡。而在外人口带回来的信息与技术，一定能够进一步助力本地区的经济发展。

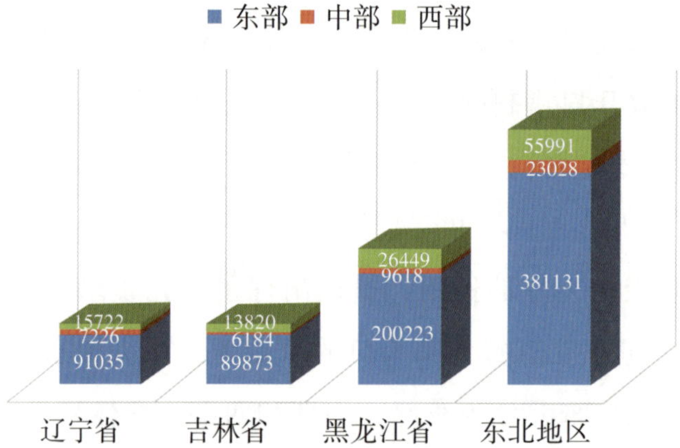

图5–13　东北三省外流人口统计

数据来源：2020年《人口普查年鉴》，作者测算。

二、提升对外开放合作水平

东北地区与俄罗斯远东地区、蒙古国地理相邻，具有巨大的经贸合作潜力。同时，与日韩隔海相望，中日韩三国在亚洲的地位举足轻重，提升对日韩的开放合作水平同样对东北地区的发展具有深远意义。中俄蒙经济走廊和中日韩经贸合作最重要的战略意义之一是能够推进“一带一路”高质量发展。目前，“一带一路”建设遇到了几项挑战，一是“一带一路”沿线一些国家冲突不断，地缘政治风险难以把控；二是CPTPP的签署难度增大，“一带一路”向南拓展的难度增加；三是以美国为首的西方国家看到了亚非地区基础设施建设的经济效益和政治意义，宣扬“债务陷阱论”，推出“蓝点网络”计划、“重返更好世界”倡议和“全球联通欧洲”计划，这些计划与“一带一路”倡议有所重合。基于此，“一带一路”破局的关键在于向北突围。东北海陆大通道可以联通陆上丝绸之路沿线的蒙古国、俄罗斯，以及海上丝绸之路沿线的日本、韩国，实现“一带一路”倡议的海陆连接。

（一）中俄蒙经济走廊

中俄蒙经济走廊是“一带一路”的重要组成部分，是“一带一路”向北发展的关键。从经贸角度看，中俄蒙三国的经贸互补性强，两国丰富的石油、天然气和矿产资源可以保障中国的能源安全，而中国能够通过与俄蒙两国在基础设施、贸易和数字经济领域的合作，促进两国的经济发展。

目前，东北三省已经与俄罗斯建立了良好的贸易合作关系。图5-14展示了东北三省对俄罗斯的贸易情况。东北三省中对俄贸易最多的是黑龙江省，2021年对俄贸易总额达到188亿美元，其中进口额172亿美元，出口额16亿美元，占全省总出口额的65%左右。另外，

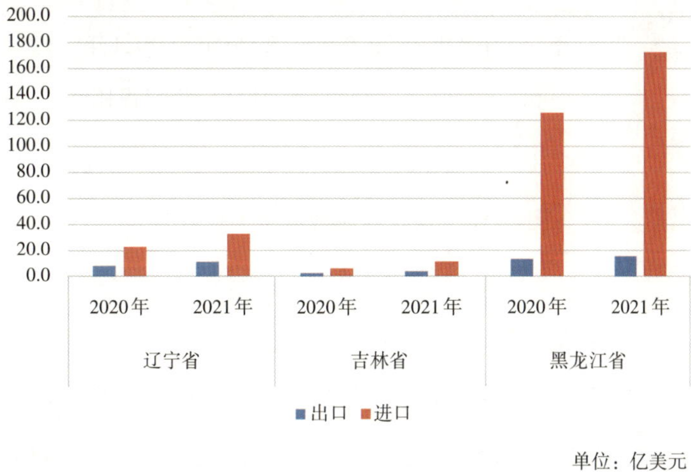

图5-14 东北三省对俄罗斯贸易情况

数据来源：《辽宁省统计年鉴》《吉林省统计年鉴》《黑龙江省统计年鉴》。

东北三省对俄贸易均呈现贸易逆差，其中辽宁省在2021年对俄贸易逆差达到21亿美元。图5-15进一步展示了辽宁省对俄贸易的变化趋势。首先，辽宁省对俄贸易常年处于逆差状态，进口量在新冠疫情过后迅速回升，达到了历史新高32.6亿美元。辽宁省对俄出口较为稳定，始终保持在11亿美元左右。从进出口占比来看，辽宁对俄贸易仍然具有极大的上升空间，辽宁对俄出口比重基本稳定在2%左右，而进口占比不超过5%，未来随着中俄蒙经济走廊的不断建设发展，对俄贸易将对辽宁的经济社会发展产生更大的贡献。

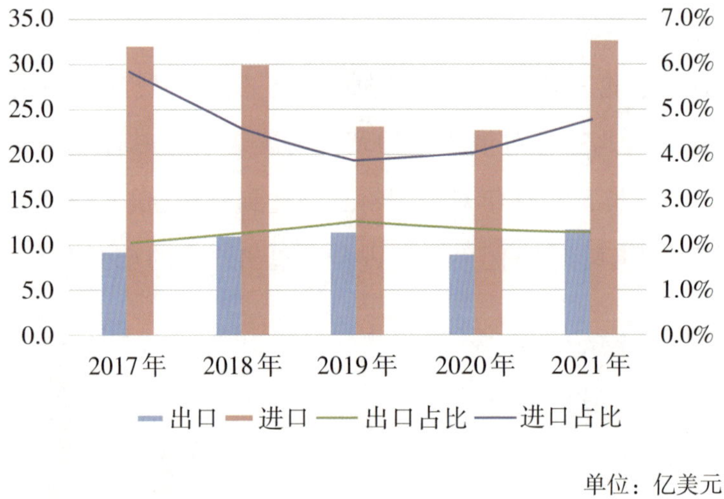

图5-15　辽宁省对俄罗斯贸易情况

数据来源：《辽宁省统计年鉴》。

（二）中日韩自贸区

东北三省与日本、韩国仅一海之隔。2021年日本、韩国对辽宁省进出口总额分别为60.5亿美元和88.5美亿美元，占进出口额的5%和7.4%，是辽宁省第三和第二大贸易伙伴。中日韩自贸区不输当前世界上任何一个区域经济合作体。中日韩三国不仅是亚洲的经济主导力量，也是全球重要的贸易投资大国[1]。日韩在东北地区对外开放关系中占据重要地位，推动东北三省与日韩两国经贸合作进一步深化，是实现东北亚区域合作，让辽宁重新迈进沿海开放强省的核心环节。[2]

接下来，我们通过以下数据分析东北三省与日韩的经贸往来。图5–16展示了东北三省目前对日韩的贸易发展情况。显然，辽宁省对日韩的贸易量在东北首屈一指，2020年对日韩出口额115亿美元，是吉林省和黑龙江省总和的10倍。从日韩的进口贸易量来说，辽宁省也同样在东北地区领先。图5–17进一步展示了辽宁省对日韩贸易的发展趋势，总体来说，日韩是辽宁省的重要贸易伙伴之一。2020年以前，辽宁省对日韩出口量占全省总出口量的30%。随着出口目的地多元化的发展，辽宁对日韩出口占比有所下降。进口方面，2017—2021年，辽宁省从日韩进口额基本在100亿美元左右，占全省进口比重16%左右。

图5–18从外商直接投资的角度介绍辽宁省与日韩之间的经济联动。2021年，日韩两国对辽宁省实际投资9.6亿美元，占当年辽宁省实际利用外资总量的30%，分别是当年辽宁省第2、第3大外资来源国。随着中日韩自贸区的深入发展，辽宁省与日韩两国的经济联动将更加丰富多彩。

---

① 许创颖．RCEP背景下中国参与东亚区域经贸合作的路径［J］．价格月刊，2021（10）：24–31.

② 余淼杰．东北如何扭转“投资不过山海关”之羁绊？［J］．辽宁大学学报（哲学社会科学版），2023，51（01）：3–7.

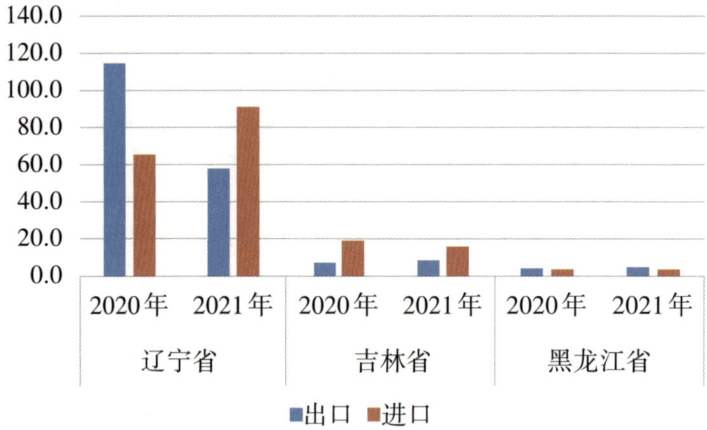

单位：亿美元

图5-16　东北三省对日韩贸易情况

数据来源：《辽宁省统计年鉴》《吉林省统计年鉴》《黑龙江省统计年鉴》。

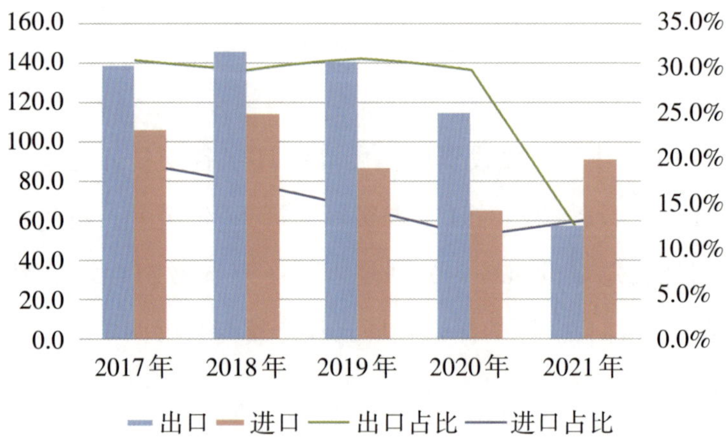

单位：亿美元

图5-17　辽宁省对日韩贸易情况

数据来源：《辽宁省统计年鉴》。

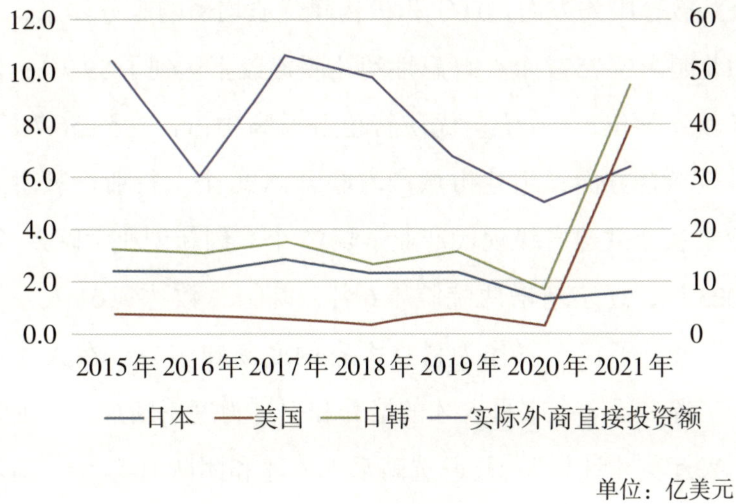

图5-18　辽宁省利用外资情况

数据来源：《辽宁省统计年鉴》。

第四节　实现人口高质量发展

一、量的合理增长

教育是保证人口高质量发展的关键。习近平总书记在东北大学建校100周年给全体师生的回信中提出殷切希望，“着眼国家战略需求培养高素质人才，做强优势学科，不断推出高水平科研成果，为推动东北全面振兴、推进中国式现代化作出新的更大的贡献”。

在过去的一年中，辽宁不断加快推进教育强省建设。2023年，辽宁携手清华大学和北京大学共同签署了战略合作框架协议，为振兴东北的高质量人才培养开启了“跨越式”的高校合作模式。同时，在基本公共教育服务方面，辽宁积极构建优质均衡的服务体系，新增普惠性幼儿园学位7571个，普惠性幼儿园覆盖率达到了89.7%；新增公办义务教育学位5.4万个；优质特色普通高中占比达到56.7%。在产教、科教融合方面，组建市域产教联合体20个、行业产教融合共同体10个、校企共建省级现代产业学院97个、创新创业学院20个。

2023年，辽宁新增两院院士6名，院士总数达到61人，外籍会士1人，彰显了辽宁省作为科技大省的底蕴和实力。在人才培养方面，辽宁省多层次高水平人才的培养和引进力度不断加大，通过优化实施“兴辽英才计划”，共遴选高水平人才和团队1047个；新增技能人才27.4万人，其中高技能人才7.6万人；通过深化“百万学子留辽来辽”行动，留住省内应届毕业生20余万人；深入34所全国知名高校推介辽宁，引进海内外优秀博士和高级职称人才突破4000名。

沈阳作为辽宁省内拥有深厚根基的人才培养中心，拥有东北大学和辽宁大学两所“双一流”建设高校，为沈阳市培育高级人力资本提供了关键保障，还有沈阳工业大学、沈阳航空航天大学等在工程技术、材料科学、航空航天等领域有着深厚的学科积淀，具有明显的专业特色和优势，培养了大量优秀的工程技术人才。目前，全市共有研究生培养机构25个，包括6个科研机构和19所普通高校；普通高等学校45所，其中本科院校26所、专科院校19所；全市各类高等教育学校（机构）在校生规模达到80.6万人，同比增加1.7万人，研究生在校生共计84047人，同比增加7684人。

辽宁省及沈阳都市圈具有较强的高校、企业研发能力。大连理工大学、东北大学和中科院大连化学物理研究所等在过去6年中共获批超过3000个发明专利，远超省内其他机构；鞍钢股份近6年以超过1000个发明专利的成绩，成为省内企业专利的领头羊；东软集团作为行业领先的全球化信息技术、产品和解决方案上市公司，过去6年总计获批超过900个发明专利。

二、质的有效提升

第一，为扎实落实立德树人的根本任务，应继续巩固辽宁省各阶段教育成果，将辽宁省加快建设为全国教育强省。

一是在各级各类教育推进发展中，应积极推动学前教育普及普惠和安全优质发展、义务教育城乡一体化和优质均衡发展、高中阶段教育的学校多样化发展，并应持续巩固“双减”成效；二是在高等教育方面，为适应发展需求应推动高等教育的内涵式发展，深入推进省内一流大学和优势学科建设，优化高校布局和学科专业设置，发展基础学科、新兴学科、交叉学科和大学科技园，并加快建设省级创新创业学院15个、实践基地30个；三是在职业教育方面，着力打造市域产教联合体和行业产教融合共同体，提升供给质量，办好继续教育，建设全民终身学习的学习型大省。

第二，应继续强化人才引进的机制与政策，并深入推进人才交流。

一是完善沈阳现代化都市圈流动人员档案信息共享数据，推动沈阳现代化都市圈城市流动人口人员人事档案信息跨区域汇集、查询，促进沈阳现代化都市圈人力资源合理有序流动；二是围绕沈阳现代化都市圈重点产业和关键领域，支持沈阳现代化都市圈各市（区）用人主体共同招引人才、建立人才柔性使用机制；三是加强引才政策和人才需求信息方面的交流互通，采取“走出去”与“引进来”相结合的方式，引进各类人才，壮大人才队伍，提升人才质量。

第三，通过联合开展校企、校地合作，丰富人才就业创业服务平台。

一是开展沈阳现代化都市圈校企深度合作，充分利用沈阳现代化都市圈就业服务平台发布招聘信息，促进企业和高校毕业生有序对接，通过校地生源信息、就业信息整合及资源共享，满足企业对高校毕业生的需求，促进沈阳现代化都市圈高校毕业生充分就业；二是通过定期举办沈阳现代化都市圈高校毕业生、技术工人专场招聘会，吸引更多人才到沈阳现代化都市圈就业创业；三是开展“校地联合促就业”活动，围绕“一圈一带两区”战略布局，结合各地重大工程、重大项目和重点企业人力资源需求情况，与沈阳现代化都市圈各高校联合开展岗位推送、校园招聘等活动，建立校企、校地合作互动常态化机制。

第四，强化人才服务职能，加强孵化基地建设。

一是以沈阳市铁西区人力资源产业园为牵动，沈阳现代化都市圈各市（区）依托自身人力资源建设优势，共同打造一批人才服务基地，为沈阳现代化都市圈各类主体提供优质的人力资源服务；二是推动沈阳现代化都市圈各市（区）互设人力资源服务窗口，建立联动机制，共同提高沈阳现代化都市圈城市服务质量；三是建立沈阳现代化都市圈创业孵化联盟联络机制，联合签订合作协议，促进沈阳现代化都市圈各市（区）共享合作。

第五，加强国内外高层次人才引进力度。

一是把引育科技创新高层次人才作为战略重点，优化领军人才发现机制和项目团队遴选机制，借助领军人才“以才引才”，引进若干“关键人物”，发挥其晶核集聚作用，带来一批高端技术，凝聚一批专业人才，推动学科、领域和产业的发展；二是在加大国内引才力度的同时，积极探索建立海外精准引才模式，建立“一带一路”人才交流协作平台，可依托中德高端装备产业园与德国交流交往的先发优势，深入做好面向德国等欧洲国家的引才工作，进一步提升人才承载力和吸引力。

第六，探索深化人才培养选用机制。

一是探索建立基础研究人才长期培养稳定支持机制，大幅提升基础研究人才的薪酬福利待遇和保障水平，以预算制支持为主支持其开展长期潜心研究；二是允许高层次人才自主组建团队、自主使用设备、自主决定技术路线，以发挥科技引领、项目攻关和人才培养的先导作用；三是探索建立人才举荐制度，在重大项目落地达产过程中发挥重大创新平台核心成员、科学家及企业家举荐人才等关键人才的作用，并将上述人才直接纳入各级人才计划予以支持；四是继续深化产教融合改革，允许职业院校按规定自主招聘企业技能人才担任专任教师，支持取得高级及以上技能等级的技工院校毕业生享有全日制大专生同等待遇。

第七，加快建立健全都市圈内的人力资源服务保障机制。

一是深化人力资源服务领域“放管服”改革，进一步简化优化审批流程，全面推行人力资源服务许可告知承诺制，提高服务的便捷性和可及性，并推动人力资源服务企业采用先进质量管理模式方法，公开服务质量信息，实施服务质量承诺；二是加强人力资源市场事中事后监管，实施“双随机、一公开”执法监管，强化劳动保障监察执法，构建法治保障、信用约束、协同监管、社会共治的良好发展格局；三是强化人社行业主管部门主体责任，把发展人力资源服务业放在重要位置，纳入地区经济社会发展总体规划和服务业发展规划，加强顶层设计，做好战略筹划和宏观指导，在更高层次、更广领域，形成更强推动力；四是会同组织、发改、财政、科技、商务、市场监管、统计等部门，建立健全促进人力资源服务业高质量发展的工作协调机制，形成工作合力；五是加强行业协会建设，大力培育和发展人力资源服务行业协会组织，充分发挥行业协会自我管理、业内自律沟通交流等重要作用。

第五节　优化政治生态，营造良好营商环境

党的十八大以来，习近平总书记高度重视东北优化政治生态、营造良好营商环境工作，多次到东北地区考察调研，召开专题座谈会，对新时代东北振兴作出重要部署。2015年7月，习近平总书记在长春召开部分省区党委主要负责同志座谈会时强调，进一步简政放权，优化营商环境。2017年3月，习近平总书记在参加十二届全国人大五次会议辽宁代表团审议时强调，一个地方要实现政通人和、安定有序，必须有良好政治生态。2018年9月，习近平总书记考察东北三省并在沈阳主持召开深入推进东北振兴座谈会，强调要加强东北地区党的政治建设，全面净化党内政治生态，营造风清气正、昂扬向上的社会氛围；以优化营商环境为基础，全面深化改革。2019年8月，中央财经委员会第五次会议研究推动形成优势互补高质量发展的区域经济布局问题，习近平总书记专门谈到“推动东北全方位振兴”，强调下一步，特别是“十四五”时期，要有新的战略性举措，推动东北地区实现全面振兴。

2023年9月在新时代推动东北全面振兴座谈会上，习近平总书记强调：“要进一步优化政治生态，营造良好营商环境。”习近平总书记围绕优化营商环境作出一系列重大决策部署，是着眼于“国之大者”

的战略考量，是推动高质量发展的重要举措，是对东北发展的纲领性方向性的引领，对东北振兴、辽宁振兴起到把航定向的重要作用。营商环境通常被视为经济发展的晴雨表，也是一个地方政治生态的折射，良好的营商环境能创造凝聚力、形成吸引力、提高生产力，良好的营商环境将为东北全面振兴提供高质量发展的保障。影响营商环境的诸多因素，既包括看得见的显性因素，也包括看不见的隐形问题，政治生态作为集中体现一地一域党风政风、社风民风的系统性因素，其优劣直接关系营商环境的好坏，对企业的生存环境和发展信心具有广泛而深远的影响。风清气正的政治生态，是一个地方吸引力、竞争力、辐射力的综合体现，哪里政治生态好、干部作风过硬，企业就往哪里走，人才、资金就往哪里流，营商环境就会好转；反之，一个地方的发展如果哪个环节出现问题，大都能从政治生态上找到根源，是政治生态遭到严重破坏的具体映射。

辽宁，作为我国的重要老工业基地，曾经有着辉煌的工业历史。但随着经济全球化的加速和产业结构的转型升级，辽宁也面临着一些挑战，其中，营商环境作为影响区域经济发展的关键因素，受到了广泛关注。党的十八大以来，辽宁对标市场化、法治化、国际化，不断加强营商环境建设，以政治生态的持续净化、法治环境的持续改善来促进和保障营商环境的根本好转，人民群众和经营主体对营商环境的满意度持续提升，外界对辽宁的预期不断提升，辽宁的政治生态和营商环境有了质的提升。特别是近年来，辽宁省委、省政府以“刮骨疗毒”“刀刃向内”的大无畏勇气，全方位无死角并持之以恒地正风肃纪，反腐倡廉，经历了“十三五”时期辽宁振兴发展极不平凡的五年，政治生态有了本质性的改善，在“不忘初心、牢记使命”主题教育工作中，全面加强从严治党，深入推进廉政建设和反腐败斗争，持续净化和修复政治生态，辽宁的营商环境也发生了根本性的变化，经济也走出多年来最困难的时期。结合辽宁近年来优化政治生态实践探索，笔者以为东北地区优化政治生态的内涵可以从5个方面进行诠释。

一、强化顶层设计，开展营商环境监督行动

从2022年辽宁省纪委监委发布第一次探索性制定《营商环境监督行动方案》以来，辽宁省纪检监察机关按照“一年攻坚突破、三年显著见效、五年全面优化”的监督目标，聚焦信用、司法、执法、审批、监管、中介、经营、政务服务“八个环境”，全面起底破坏营商环境问题线索。笔者认为，这八个方面问题从深层次体现的是政府诚信、权力运行、中介机构、幕后交易、干部状态五大类问题，是影响政治生态和营商环境最突出的五类问题，辽宁将这八个方面、五大类深层次问题作为监督行动的攻坚重点，是精准把脉、精准施策。2023年在2022年先行探索的基础上，以“一号文件”公开发布了《辽宁省纪委监委2023年营商环境问题“万件清理”监督行动方案》，针对性出台督促“一把手”亲自抓带头抓、三级联动查处案件督促履职等“十项清理措施”。根据有关数据统计，2023年通过交办、领办、督办、核办，统筹数量质量分量，累计有效解决近1.7万件营商环境问题，推动辽宁省干事创业精神状态进一步提升、营商环境发生重大转变。2024年第一个工作日，辽宁省再次第一时间发布《2024年营商环境监督行动方案》，部署开展新一年的营商环境监督行动，聚焦司法、执法、审批、监管、中介“五项权力”，营造“八个环境”，在全力监督推动“监督清理影响振兴发展的做法取得务实成效”等八个方面显著见效，不断加大营商环境监督的力度、深度和精准度。

表 5-4　营商环境“八大成效”

推动《2024年营商环境监督行动方案》 在营造良好营商环境方面取得八个显著见效							
监督清理影响振兴发展的做法取得务实成效	监督清理政府拖欠企业账款取得务实成效	监督推动“一网通办”和“办事不找关系”改革取得务实成效	监督推动“一网交易”改革取得务实成效	监督打造“阳光辽宁”系列行动取得务实成效	监督办理破坏营商环境案件取得务实成效	监督塑造服务发展的法治环境取得务实成效	监督优化企业群众诉求的受理、办理、反馈取得务实成效

二、维护公平正义，持续优化法治化营商环境

根据《2021年度中国营商环境研究报告》，我国东西部营商环境的差距主要体现在“政策服务环境”，因此营商环境建设落后的区域，尤其要侧重于法治化改革。近年来，东北地区以法治化为抓手大力推进营商环境一体化建设，打破经济发展面临的体制机制障碍，遏制腐败、关系户等不良风气，尤其是辽宁省坚持立法先行，健全营商环境法规体系，贯彻落实《优化营商环境条例》，着力打造“1+N”优化营商环境法规制度体系，强化营商环境重点领域立法。辽宁先后制定施行《辽宁省政法机关法治化营商环境问题查处暂行办法》《辽宁省公安机关执法工作规范》等多项促进企业生产经营的法律法规，将一些切实管用的政策措施和行之有效的成熟做法及时上升到法律层面，以制度化形式固定下来，形成了一整套健全完善的优化营商环境法律法规体系，从根本上确保各项营商环境改革创新工作于法有据、依法推进。

辽宁省以市场主体需求为导向，升级开展“1+7”专项活动，“1”是指深化涉企案件生产经营影响评估机制，“7”包括开展3个专项整治和4个专项活动。这组优化法治化营商环境“组合拳”，让市场主体来辽放心投资、安心发展、舒心经营，有效发挥法治固根本、稳预期、利长远的保障作用，促进国企民企外企竞相发展。

1个涉企评估机制，为企业送上一颗“定心丸”：优化营商环境的过程，需要建立评价机制，对政府部门优化营商环境工作情况开展专项督查，以营商环境指标考核为契机，加快推动区域营商环境整体优化提升，辽宁省在这方面先行先试，取得了探索成果。2023年，辽宁省某建设公司将某开发公司诉至辽阳市文圣区人民法院，请求法院判令被告给付7400余万元工程款及利息，并申请诉讼财产保全。查封账户，将堵塞企业“血脉”，对企业信用造成不良影响，被告的困境将进一步加剧；不查封账户，无法保障原告的合法权益。面对两难困境，辽宁省各级人民法院对所有涉企案件全面深入开展生产经营影响评估，想尽一切办法最大限度减少案件办理对企业生产经营造成的影响，避免机械司法、就案办案，努力在法律空间内寻求最佳办案效果，最终将“查封账户”转变为“活封房源”，在文圣区人民法院积极调解下，双方不仅握手言和，还达成了二期合作协议，把“两难”变“双赢”。这便是辽宁省涉企案件生产经营影响评估机制发挥的效应。

3个专项整治，“如我在诉”解决“顽瘴痼疾”：积案背后是积怨，2023年以来，辽宁省各级人民法院以超常规司法举措强力化解涉企积案。建立专门台账，对涉企违规超审限案件进行重点清理；把清积工作作为“一把手”工程，推动清理工作高效、均衡、有序发展；深化大数据分析研判、审判质效面对面和审判管理激励三项机制，实现积案清理工作与日常审限管理协同推进；充分发挥专业法官会议和审判委员会职能作用，确保积案清理工作实效，经过不懈努力，辽宁省各级人民法院积案清理工作取得积极成效。

4个专项活动，助力市场主体跑出“加速度”：“保护企业家人身财产安全”专项活动开展以来，辽宁省各级人民法院严厉打击黑恶势力强迫交易、合同诈骗、市场监管领域贪污贿赂、企业内部人员职务侵占等犯罪活动，依法纠正涉产权错案。辽宁省各级人民法院坚持“治罪”与“治理”并重，大力推动将涉案企业刑事合规改革延伸至审判环节。2023年，全省人民法院依法审理合规案件20件，促进企业合规守法经营，减少和预防企业犯罪，同时，发出涉企司法建议185份，助力企业行业整治。整改不规范终结本次执行案件2200件，发放执行案款357.70亿元，及时兑现企业胜诉权益。

根据辽宁省高级人民法院工作报告，2023年辽宁省紧盯市场主体急难愁盼，整改不规范终结本次执行、超标的超范围“查冻扣”266件，清理长期未结案件858件，返还历史遗留胜诉退费1.64亿元，让市场主体吃下“定心丸”。立足打击犯罪和保护服务职能，维护民营企业和企业家人身财产权益，审结侵犯市场主体人身财产安全等犯罪案件183件。进企业、进园区开展帮企惠企活动，让市场主体专心创业、放心投资、安心经营。沈阳市中级人民法院“送法助企健康行”活动入选全国工商联司法保护协同创新百佳案例。着眼更高水平司法保护，秉承“善意、谦抑、审慎、文明”司法理念，对涉企案件实行生产经营影响评估，盘活企业资产947.17亿元，及时修复企业信用4.03万件，将司法行为对生产经营的影响降至最低，帮助一批企业渡过难关、轻装上阵。

推行法治化应以健全法律体系为根基，宣传先行，在不同部门间形成清廉高效的一体化窗口，在社会范围内建立亲清的政商关系，推动营商环境与国内领先地区接轨，稳步迈上新台阶。从操作层面，要加强市场准入制度建设，降低企业运营成本，减轻企业税费负担；推进行政审批制度改革，加强知识产权保护；推进跨境贸易便利化，促进跨境投资，扩大对外开放。

三、强化案件查办，严肃惩治影响营商环境问题

加强治理能力建设，尤其是强化对案件的查办能力是优化政治生态的重要保障。近年来，辽宁省把营商环境监督行动和净化基层政治生态，统筹考虑，一体实施，全面推行‘阳光三务’、基层‘微腐败’大清扫、信访减量退位等10项‘组合拳’，为优化营商环境创造良好的政治生态环境。营商环境监督行动开展以来，辽宁省以巡视巡察开篇、查办案件引领、通报曝光回应，构建党委（党组）领导督导、政府职能部门解决诉求、纪检监察机关彻查案件、社会各界积极参与的监督格局。辽宁省已累计对100个县（市、区）的营商环境专项巡视，紧盯企业、群众反映强烈的突出问题，深入千余家基层单位、企业工厂了解问题、分析问题、解决问题。通过全面排查、科学研判、精准定性营商环境方面问题2944个，为清除营商环境淤堵问题提供靶向参考。

辽宁省各市开展常态化调研走访、随机明察暗访，负责查处有影响、有分量的案件，纠治“躺平”现象、“中梗阻”问题，紧盯窗口单位、企业项目，严肃查处违法犯罪案件和“小鬼难缠”、吃拿卡要、久拖不办、推诿扯皮等问题。根据有关数据统计，2023年辽宁省各级纪检监察机关共受理破坏营商环境问题线索6412件，立案5671件，给予党纪政务处分6746人，组织处理1794人，留置464人，移送司

法机关331人。辽宁省纪委监委累计发布了12期全省纪检监察机关开展营商环境监督行动情况通报，累计通报曝光341起破坏营商环境典型案例。笔者对2023年发布的典型案例进行了深入分析，通过分析发现，有的与不法商人利益勾连，滥用权力违规插手干预市场经营活动，妨害公平竞争，破坏公平秩序；有的服务意识淡漠，看关系办事，看好处出力，漠视群众利益；有的胆大妄为，公权私用，索要巨额财物，损害企业利益；有的滥用职权，执法犯法，以案谋私，破坏公平正义；有的任性用权乱作为，吃拿卡要，以权谋私，侵害企业权益。辽宁省不断深化通报案例的质量，不仅通报整治多少问题、查处多少案件，还通报发生问题的行业领域、违纪人员的职务职级、造成的恶劣影响及危害等，让企业、群众看到辽宁省持续优化营商环境的信心决心和行动成效。

2024年，辽宁将进一步深化案件办理工作，继续推进“万件清理”、基层“微腐败”大清扫和“万件化访”行动，不断深化源头治理，加强对权力集中、资金密集、资源富集部门的监督，深挖彻查营商环境问题背后的腐败、责任和作风问题，不断提升查办案件的穿透力、震慑力。

四、保持反腐高压，营造风清气正营商环境

风清则气正，气正则心齐，心齐则事成。推动构建亲清新型政商关系、以政治生态之变引领营商环境之变，绝非一朝一夕之功，必须把政治生态建设作为基础性、经常性工作，一锤接着一锤敲、一年接着一年干。2022年，辽宁省，全域开展“微腐败”大清扫行动，坚决整治群众身边腐败问题和不正之风，全省万余件“微腐败”信访举报件全部办结。2023年，辽宁省聚焦一手抓高质量发展、一手抓全

面从严治党，制定遏增清存“1+5+2”系列文件，围绕“有力遏制腐败增量、有效清除腐败存量、构建保障振兴发展反腐败治理新格局”目标任务，坚持以自我革命精神纵深推进全面从严治党、党风廉政建设和反腐败斗争，有力引领保障了全面振兴新突破三年行动实现首战告捷，在政治监督、遏增清存、纠治“四风”、破解难题、智慧反腐、自身建设等方面取得卓有成效的实绩。2023年，辽宁省累计接收的信访举报、检举控告数量分别下降36%、44.3%，立案23957件，处分25312人，尤其是深查影响营商环境的重点领域，累计审结贪污贿赂等职务犯罪案件730件、907人，累计查处金融领域腐败问题立案783人，处分767人，开展“靠企吃企”问题专项整治，立案2158件，处分2258人，坚决斩断腐败传递链、政商勾结链、骗子寄生链，坚决清除“不信组织信关系、不走正门走偏门”的污染和毒害。这些举措彰显了辽宁省政府对有腐必惩、有贪必肃的坚定信心，彰显辽宁省政府营造风清气正营商环境的决心。

辽宁省政府工作报告明确提出，建设更严要求的廉洁政府，辽宁省将坚持以严的基调强化正风肃纪，锲而不舍落实中央八项规定及其实施细则精神，坚决反对形式主义、官僚主义，持续为基层排忧减负。扎牢织密防治腐败的制度笼子，加强对重大工程、重点领域、关键岗位的监察监督，进一步深化整治金融、国企、能源、医药和基建工程等重点领域腐败问题，精准惩治新型腐败和隐性腐败，加大基层“微腐败”治理和对行贿行为惩治力度，对一切腐败行为做到零容忍，用政府的廉洁指数、勤政指数换取人民群众的满意指数、幸福指数！

五、维护百姓利益，全力提升民生福祉

辽宁省坚持以严的基调强化正风肃纪，锲而不舍落实中央八项规定及其实施细则精神，坚决反对形式主义、官僚主义，持续为人民、为企业排忧减负。辽宁全面开展“万件化访行动”，省级领导包市包领域包案督导指导，建立健全源头治理、提级统筹调度、纪信联动等工作机制，强化工作定力、预防调节、积案攻坚、联动化解，在化解信访问题中维护了群众利益，在调处矛盾纠纷中保障了社会安定。推动“免申即享”改革，采用省级统筹、省市县（区）三级联动、自上而下一体推进的模式，已基本实现省市县（区）全覆盖，免申即享改革破解了政策落实周期长、效率低、送达率低、公信度低等痛点、难点、堵点问题。2023年，辽宁累计924条政策通过流程再造实现“免申即享”，累计兑付政策资金超40亿元，兑付税费优惠超1400亿元，惠及企业1100万户（次）以上，减少跑动1650万次以上。深入开展“领导干部进园区进企业服务振兴新突破”专项行动，帮助企业纾困解难实现健康发展。沈阳市深入开展“一联三帮”“营商下午茶”等活动，政府构建通达的政企沟通渠道，积极服务企业，助力企业纾难解困，推动企业转型发展。沈阳以在监管机制创新方面的优异成绩，成功入选2022城市营商环境创新城市。营商环境好不好，企业和群众最有发言权，2023年人民群众和经营主体对辽宁营商环境满意度达到95.9%，较2022年的92.3%持续提升。

综上，政治生态是辽宁全面振兴的根本前提，近年来辽宁省在优化政治生态方面做了大量的改革探索，坚定不移推进全面从严治党，持续净化政治生态，让辽宁振兴发展的肌体更加健康有力。坚持传承红色基因，大力弘扬东北抗联精神、大庆精神（铁人精神）、北大荒

精神，激发了广大党员干部敢闯敢干实干的创业热情。一体推进了不敢腐、不能腐、不想腐，构建了全面遏制增量、有效清除存量、保障振兴发展的反腐败治理新格局。

“栽下梧桐树，引得凤凰来”。通过加强权力监督制约机制建设、推进政治体制改革、提升治理能力以及反腐败等方面措施的实施，相信辽宁的政治生态将得到进一步优化和提升，为营造良好营商环境、推动辽宁全面振兴提供有力保障。

辽宁是个聚宝盆

民以食为天、食以农为源、农以地为本。耕地是人类赖以生存的物质基础，更是人类社会和自然资源和谐共生的重要载体。耕地的数量与质量，不仅决定粮食生产供给能力，还决定了粮食等农产品的供给质量，更重要的是，它还是实施『藏粮于技』战略的基础和载体。党的十八大以来，习近平总书记在高度关注粮食安全的同时，也高度重视作为粮食安全重要保障的耕地保护问题，将『藏粮于地』上升到战略高度多次强调。

第六章
丰富的要素资源禀赋

第一节　土地资源

民以食为天、食以农为源、农以地为本。耕地是人类赖以生存的物质基础，更是人类社会和自然资源和谐共生的重要载体。耕地的数量与质量，不仅决定粮食生产供给能力，还决定了粮食等农产品的供给质量，更重要的是，它还是实施“藏粮于技”战略的基础和载体。党的十八大以来，习近平总书记在高度关注粮食安全的同时，也高度重视作为粮食安全重要保障的耕地保护问题，将“藏粮于地”上升到战略高度多次强调。

“藏粮于地”具有十分丰富的内涵，其重点在“藏”。中国是一个粮食消费大国，并且随着居民收入水平提升带动的消费升级，粮食需求数量还会不断上升，“藏”的含义在于，我们要确保在任何市场条件下都能生产出必要的粮食。为了确保在任何市场条件下都能生产出必要的粮食，必须围绕保持粮食综合生产能力这个核心，系统地从全局出发，做好耕地全流程监管，当前尤其要从耕地数量稳定、质量提升和生态利用三个维度入手，真正将“藏粮于地”战略做实。

一、耕地

辽宁省耕地总面积为518.21万公顷（7773.22万亩），占全国耕地总面积的3.2%。辽宁省拥有典型黑土的面积约为2800万亩，占东北黑土区耕地面积的10.07%，主要分布在辽河平原区和东部低山丘陵区，是全省重要的优质粮和绿色农产品生产基地。

辽宁省耕地主要分布在辽宁中部平原区和辽西北低山丘陵的河谷地带，其中有80%左右的耕地集中在这两个区域。辽东半岛和辽西南山区的耕地较少，主要分布在沿海滩涂和山间盆地。

辽宁省耕地按类别分为水田、水浇地和旱地，其中旱地面积比重最大，占全省耕地面积的80.3%；水田和水浇地面积分别占15.9%和3.8%。按坡度分为0°~15°、15°~25°和25°以上的耕地，其中0°~15°的耕地占全省耕地面积的97.7%；15°~25°和25°以上的耕地分别占1.9%和0.4%。

主要种植的作物有水稻、玉米、高粱、小麦、谷子、大豆、花生、棉花、烟草等粮油作物，以及蔬菜、水果、花卉、药材等经济作物。其中，水稻和玉米是全省最主要的粮食作物，占全省粮食播种面积的92.8%，也占全省粮食产量的96.0%。辽宁省还是全国重要的油菜籽、苹果、樱桃、榛子等特色农产品的生产基地。

二、黑土地

2020—2022年，东北地区黑土地保护性耕作实施面积由4600万亩增加至8300万亩左右。其中，辽宁省保护性耕作面积1000万亩。2022年黑龙江省实施保护性耕作面积达到2550万亩，吉林省保护性耕作面积为3283万亩，内蒙古保护性耕作面积为1440万亩。

辽宁省是东北黑土区的重要组成部分，拥有典型黑土的面积约为2800万亩，占东北黑土区耕地面积的10.07%。黑土地主要分布在辽河平原区和东部低山丘陵区，是全省重要的优质粮和绿色农产品生产基地。

辽河平原区黑土地面积约为2382万亩，占全省黑土耕地面积的86%。这里的黑土地形成于第四纪冰期，具有土壤肥沃、结构疏松、水分保持能力强等特点，适宜种植玉米、水稻、大豆等作物。辽河平原区黑土地的主要分布县（市、区）有新民市、辽中区、康平县、法库县、海城市、台安县、抚顺县、清原满族自治县、本溪满族自治县、凤城市、宽甸满族自治县、灯塔市、辽阳县、开原市、铁岭县、西丰县、昌图县。

东部低山丘陵区黑土地面积约为384万亩，占全省黑土耕地面积的14%。这里的黑土地形成于第三纪，具有土壤厚度大、有机质含量高、土壤酸碱度适中等特点，适宜种植小麦、玉米、大豆等作物。东部低山丘陵区黑土地的主要分布县（市、区）有朝阳市、建平县、喀左县、北票市、凌源市、阜新市、彰武县、盘锦市、大洼区、盘山县、锦州市、义县、黑山县、北镇市。

辽宁省的土壤类型多样，主要有黑土、草甸土、暗棕壤、棕壤、水稻土等，其中黑土是最具代表性的土壤类型，占全省耕地面积的37.6%。黑土是世界上最肥沃的土壤之一，是指拥有黑色或暗黑色腐殖质表土层的土地，是一种性状好、肥力高、适宜农耕的优质土地。辽宁省的黑土主要分布在辽河平原区和东部低山丘陵区，是全省重要的优质粮和绿色农产品生产基地。

辽宁省的黑土具有以下特点：

土壤有机质是土壤肥力的重要指标，辽宁省土壤有机质含量高，平均达到32g/kg，是全国平均水平的1.5倍。土壤有机质能够提供土壤所需的氮、磷、钾等养分，改善土壤的物理性状，增强土壤的水分保持能力和抗旱能力，促进土壤微生物的活动，提高土壤的生物活性。同时，土壤团粒结构好，平均团粒度达到0.8mm，是全国平均水平的2倍，是土壤透气性和渗透性的重要指标。土壤团粒结构能够保持土壤的疏松性和通气性，有利于根系的生长和呼吸，防止土壤的板结和硬化，减少土壤的侵蚀和流失。此外，土壤酸碱度适中，平均pH值为6.5，是土壤养分有效性和作物生长的最佳范围。土壤酸碱度能够影响土壤中的化学反应和生物过程，影响土壤养分的有效性和作物的吸收利用。土壤酸碱度适中能够保持土壤中的多种养分的平衡，适合多种作物的生长。

三、藏粮于地，筑牢粮食安全根基

辽宁省始终把耕地保护放在首位，严守耕地红线，坚决遏制耕地“非农化”、防止“非粮化”。同时，大力推进高标准农田建设，不断提高耕地质量。截至2023年底，辽宁省累计建成高标准农田8600万亩，实现了旱能灌、涝能排、盐碱能改良、重金属能控制。此外，辽宁省还积极推广秸秆还田、免耕播种等措施，有效保护了黑土地肥力。

加强耕地保护。辽宁省严格执行耕地保护政策，严守18亿亩耕地红线，坚决遏制耕地“非农化”、防止“非粮化”。2022年，辽宁省耕地保有量5367.6万亩，比2012年增加100.6万亩。

高标准农田建设。辽宁省大力推进高标准农田建设，不断提高耕地质量。2022年，辽宁省新增高标准农田296万亩，累计建成高标准农田8600万亩。

农业科技创新。辽宁省积极推广农业科技，提高农作物单产。2022年，辽宁省粮食单产955.1斤/亩，比2012年提高125.1斤/亩。

这些措施的实施，有效提高了辽宁省耕地质量和效益，为粮食安全提供了有力支撑。2022年，辽宁省粮食总产量512.7亿斤，比2012年增加55亿斤，实现了“十九连丰”。

四、藏粮于技，科技赋能粮食生产

辽宁省大力推进农业科技创新，为粮食生产插上科技翅膀，建成了一批国家级、省级农业科技创新平台，加大了农业科技研发投入，强化了农业科技成果转化应用。水稻育秧移栽、玉米机械化播种收获、大豆宽窄行种植等技术在辽宁省得到广泛推广应用，有效提高了农业生产的科技含量和效率。

辽宁省是全国重要的粮食产区，素有“辽北粮仓”之称。近年来，辽宁省深入实施藏粮于技战略，大力推进农业科技创新，取得了显著成效，是藏粮于技的先行者，主要采取了以下三方面的措施：

一是种质创新。建立了辽宁省种业创新研究院，整合了全省的高校、院所、企业等优势资源，开展了一系列的科技项目，培育了具有自主知识产权的优良品种，提高了粮食的产量和品质。

二是黑土地保护。制定出台了《黑土地保护实施方案》，实施了黑土地保护示范区建设、有机肥还田、保护性耕作、农机深松整地等措施，有效提升了黑土地的质量和肥力。

三是高标准农田建设。突出“集中连片、整村推进”，重点支持粮食和油料主产区，优先在“两区”、制种田、典型黑土区和永久基本农田开展高标准农田建设，提升农业的抗风险能力。

夯实粮食成效显著，粮食安全得到有效保障。2022年，辽宁省粮食总产量达到512.7亿斤，比2012年增加55亿斤，增长12.1%，实现了“十九连丰”。粮食单产也大幅提高，2022年达到955.1斤/亩，比2012年提高175.8斤/亩，增长22.6%。同时大力推广绿色生产技术，提高了粮食质量。2022年，辽宁省优质粮食占比达90%以上。粮食产需基本平衡，自给率保持在95%以上。

辽宁省农业科学院是辽宁省农业科技创新的主力军。近年来，辽宁省农业科学院育成了一批高产、优质、抗病虫害的农作物新品种，为辽宁省粮食生产做出了重要贡献；沈阳农业大学是辽宁省农业科技人才培养的重要基地。近年来，沈阳农业大学为辽宁省培养了一批高素质农业科技人才，为辽宁省农业科技创新提供了人才支撑。昌图县是辽宁省重要的粮食产区。近年来，昌图县大力推进高标准农田建设，实施秸秆还田、有机肥还田等措施，有效提高了耕地质量和效益。2022年，昌图县粮食单产980斤/亩，比2012年提高150斤/亩。开原市是辽宁省的黑土地保护重点县。近年来，开原市大力实施黑土地保护工程，推广秸秆还田、免耕播种等措施，有效保护了黑土地肥力。2022年，开原市粮食单产960斤/亩，比2012年提高130斤/亩。

表6-1　2023年辽宁省农业特色产业发展优势区域名单

产业名称	县（市、区）	产业类别
水稻	新民市	种植业
	大洼区	种植业
	盘山县	种植业
	大石桥市	种植业
	东港市	种植业

续表

产业名称	县（市、区）	产业类别
花生	义县	种植业
	阜新县	种植业
	昌图县	种植业
	兴城市	种植业
地瓜	康平县	种植业
	彰武县	种植业
杂粮	建平县	种植业
设施农业	新民市	种植业
	海城市	种植业
	北镇市	种植业
	北票市	种植业
	凌源市	种植业
	朝阳县	种植业
	建平县	种植业
	喀左县	种植业
	绥中县	种植业
食用菌	岫岩满族自治县	种植业
	抚顺县	种植业
	凤城市	种植业
樱桃	金普新区	种植业
	旅顺口区	种植业
	普兰店区	种植业
	瓦房店市	种植业

续表

产业名称	县（市、区）	产业类别
草莓	东港市	种植业
葡萄	法库县	种植业
	北镇市	种植业
	盖州市	种植业
	灯塔市	种植业
花卉	凌源市	种植业
蓝莓	庄河市	种植业
	凤城市	种植业
南果梨	千山区	种植业
	海城市	种植业
白梨	绥中县	种植业
中药材	清原县	种植业
	新宾满族自治县	种植业
	本溪满族自治县	种植业
	桓仁满族自治县	种植业
	宽甸满族自治县	种植业
柞蚕	凤城市	种植业
	岫岩满族自治县	种植业
绒山羊	盖州市	畜牧业
梅花鹿	西丰县	畜牧业
辽西驴	建平县	畜牧业
海参	金普新区	渔业
	瓦房店市	渔业

续表

产业名称	县（市、区）	产业类别
海参	长海县	渔业
	凌海市	渔业
扇贝	长海县	渔业
蛤仔	庄河市	渔业
	东港市	渔业
牡蛎	庄河市	渔业
	长海县	渔业
海蜇	鲅鱼圈区	渔业
	盖州市	渔业
河蟹	大洼区	渔业
	盘山县	渔业
多宝鱼	兴城市	渔业
淡水鱼	辽中区	渔业

资料来源：辽宁省农业农村厅官网。

五、农机发展

辽宁省是我国重要的粮食生产基地，也是农业机械化的积极践行者。2020年，全省农机总动力达到2400万千瓦以上，农作物耕种收综合机械化率达到80%以上，主要农作物生产基本实现全程机械化，畜牧业、渔业、设施农业和农产品初加工业机械化取得明显进展。同时，辽宁省制定了“十四五”农业机械化发展规划，提出了以推动农业机械化向全程全面和高质量发展、满足乡村机械化需求为目标，以补短板、强弱项、促协调为着力点，全面提高粮食等重要农产品全程机械化水平，大力推进农业机械化由耕种收环节向植保、烘干、秸秆处理全过程延伸，由种植业向畜牧业、渔业、特色农业、设施农业、农产品初加工业扩展，由平原地区向丘陵山区推进，全方位提升农业机械化和农机装备制造水平的总体要求。

辽宁省加快推进农机装备产业高质量发展，完善农机装备产业创新体系，提升农机装备制造供给能力，优化农机装备产业结构布局，加强农机装备质量可靠性建设，支持农机装备产业向智能、高端、成套方向发展，鼓励和引导高校、科研院所和企业开展关键共性技术研究，研发新型农机智能装备。

辽宁省推进农业机械化全程全面发展，推进优势农作物全程机械化，促进农机均衡化协调发展，推动农机农艺融合化发展，加快农机智能信息化发展，加强农机作业条件改善，完善农机社会化服务体系，提高农机使用效率，促进农业生产效率，降低生产成本，全力破解农业生产面临的“谁来种地、怎么种地”的难题。

六、智慧农业

辽宁省近年来在数字经济和乡村振兴方面取得了显著进展，特别是在智慧农业领域。辽宁省积极探索运用大数据和人工智能，为农民提供智慧农业精准服务，包括知识共享、资讯供给、宣传引导、项目示范和集中培训等多种形式，以提高农户参与和应用智慧农业的能力。辽宁省还实施了一系列科技创新措施，包括创建云服务平台、建设智慧农业专家知识库、获得多项专利，以及研发农户生产经营评测模型数据库，促进了农村现代化和乡村振兴战略的实施。

2019 年 8 月，为防御第 9 号台风“利奇马”，金农热线启动应急预案，24小时人工值守；通过500余个微信群发送气象预警与防灾措施信息100余条，收到农民电话、微信反馈信息3000余条，信息服务辐射全省农业生产主体约50万人次。

2020年新冠疫情发生以来，金农热线充分发挥农情向上反馈、政策向下传达的作用，提供农业信息咨询、宣传防控政策、汇总上报农产品和农资运输堵点问题，仅2022年春季就帮助农民挽回损失3000余万元。截至2022年12月，“12316”金农热线服务平台服务总量达2192.5万例，开展信息下乡助农活动300余次，专家团队累计服务农民8万余次。据初步统计，通过各类服务，“12316”金农热线已累计帮助农民止损增收创造效益约30亿元。

七、土地保护

为了保持土壤质量，提高农业生态效益和可持续性，辽宁省实施了一系列的管理与保护政策，主要包括以下几个方面：

一是土地轮作。土地轮作是指在同一块土地上，按照一定的顺序和周期，种植不同的农作物，以调节土壤养分、改善土壤结构、防治病虫害等。辽宁省实施了“玉米-大豆”“玉米-小麦”“玉米-油菜”等多种轮作模式，有效缓解了土壤养分的流失，提高了土壤肥力和作物产量。

二是有机耕作。有机耕作是指在不使用化肥、农药等化学物质的情况下，利用有机肥、绿肥、生物制剂等，提高土壤有机质含量，促进土壤微生物活性，增强土壤的自我调节和修复能力。辽宁省推广了有机肥替代化肥行动，鼓励农民使用畜禽粪便、秸秆、农业废弃物等制作有机肥，减少化肥的使用量，提高土壤的生态功能。

三是保护性耕作。保护性耕作是指以农作物秸秆覆盖还田、免

（少）耕播种为主要内容的现代耕作技术，旨在减少土壤的扰动，保持土壤的水分和温度，防止土壤侵蚀和风化，提高土壤的保水保肥能力。辽宁省制定了《辽宁省黑土地保护性耕作实施方案（2021—2025年）》，明确了保护性耕作的目标、措施和保障机制，实行差异化作业补助和高标准应用基地建设，推动保护性耕作在全省适宜区域稳步有序扩大实施面积。

第二节　重工业基础

辽宁省具备发展制造业的独有比较优势，相比于其他省份，其独特优势显著。辽宁省“十四五”综合交通运输发展规划，于2021年12月28日正式印发，此规划出台是为了应对新时代东北全面振兴的挑战和机遇，为辽宁省未来五年交通运输发展制定重要战略。该规划的目标是在维护国家“五大安全”战略定位下，打造综合交通运输门户枢纽，完善现代综合交通运输体系，积极融入新发展格局，为辽宁省全面振兴、全方位振兴提供有力支持。在“十三五”期间，辽宁交通运输领域取得了令人瞩目的成就，全面完成了各年度交通运输目标任务，成功推动了辽宁振兴战略的实施，为全面建成小康社会目标的实现提供了有效保障。一些显著的成就包括铁路和高速公路的建设，港口资源整合的突破，以及ETC发行量超额完成国家目标等。新的“十四五”规划期为2021—2025年，其核心目标是进一步加强辽宁省的交通运输基础设施，提高综合交通运输能力，以适应新时代东北全面振兴的需要。这一规划为政府决策提供了指导，明确了未来五年的发展蓝图和行动计划。在这个阶段，辽宁省将继续致力于交通基础设施建设，提高运输效率，增强综合运输网络的覆盖范围，以更好地支持经济社会发展。

一、交通基础设施发达

辽宁省已基本实现高铁市市通、高速公路县县通、普通公路村村通，现有8个民航机场、6大港口、13个开放口岸，综合立体多式联运体系正在形成，如京沈高铁运营，辽西地区融入京津冀“一小时经济圈”。便捷高效的交通运输网络能大幅降低制造业企业物流成本，促进生产要素集聚、企业协同和专业化分工，为制造业发展提供了坚实基础。超前布局新型基础设施，为数字产业化发展创造优势条件。辽宁开通5G基站7.7万个；上线运行工业互联网标识解析二级节点33个，居全国第二位；沈阳、大连跻身“双千兆”城市，沈阳、大连人工智能计算中心作为东北仅有的两个节点接入全国算力网络。

目前，全省铁路营运里程达到6637公里，其中高速铁路2092公里，基本实现市市通高铁；公路通车里程达到13万公里，其中高速公路4331公里，实现所有陆地县（市）通高速，全部行政村、撤并村通硬化路。“辽满欧”“辽蒙欧”等国际综合运输通道开通运营。

辽宁开放口岸数量由1978年的3个增加到目前的13个，国际空中航线、国际集装箱航线分别增加到132条和110条，生产性码头泊位增加到421个，其中5万吨级以上泊位230个，集装箱班轮航线达到152条，码头岸线长度由不足万米增长到8.2万米。

截至2023年9月，辽宁省内已有民用机场8座，取证通用机场3座，规划机场2座。

京沈高铁运营，辽西地区融入京津冀“一小时经济圈”。京沈高铁具有巨大的运能，低成本，低能耗，少占用空间等优点。从沈阳到阜新、朝阳、承德，“京沈高铁”全线通车后的时间分别在40分钟、60分钟和110分钟。从沈阳到北京的时间将缩短为2.5小时，辽宁省内各城市可以通过沈阳形成到北京的4小时经济圈。这意味着哈尔滨到北京的时间将缩短为4小时，大庆到北京的时间可能只需5小时。“京沈高铁”形成“京沈半程经济圈”，以带动整个东北地区的发展，开启东北地区经济增长新引擎。

京沈高铁沿途资源丰富。过去，东北地区只有秦沈高铁通过山海关进入北京，但由于铁路基础设施陈旧、装备落后、能力小，并不能跑出高铁该有的速度，严重地制约了区域经济发展。京沈高铁的开通，成为东北入关的最快捷通道。京沈高铁让沈阳成为连接东北铁路网与全国高铁网的枢纽中心，衔接哈大高铁、沈丹高铁等，通过哈尔滨、大连、长春形成连接东北各城市的高铁网络，激活整个东北高铁路网，形成东北地区通往全国各地的高效、便捷的快速客运网络，完全打通东北与京津冀地区的互动连接，成为整个东北振兴新的加速器。

近年来，辽宁省高度重视数字经济发展，以智能制造为主攻方向，以数字技术赋能传统产业转型升级，为辽宁工业经济稳步发展注入活力。向“数”转身，新基建是保障。目前，数字辽宁工程重点项目“沈阳人工智能计算中心、大连人工智能计算中心”建设均已提速，两个中心总规划算力已达到600P以上、高速算力达到10P。“星火·链网”超级节点（沈阳）上线运营，5G基站、标识解析二级节点总数均居全国前列。

辽宁交通聚焦“七个方面”全力攻坚突破：辽宁将突出抓好现代化交通基础设施建设，开工建设秦沈（一期）、新阜2条高速公路，加快推进京哈高速公路改扩建等7条在建高速公路项目，建设改造国省干线公路1300公里、农村公路6000公里；加快建设沈白高铁，全面开工建设大连新机场，启动大连邮件处理中心等7个客货枢纽项目和大连长海大桥等7个亿元以上重点项目建设。

辽宁交通聚焦“七个方面”全力攻坚突破：这是辽宁省贯彻落实《辽宁省“十四五”综合交通运输发展规划》的重要举措，旨在构建高效便捷、绿色智能、安全可靠的现代化综合交通运输体系，为辽宁经济社会高质量发展提供有力支撑。

开工建设秦沈（一期）、新阜2条高速公路，加快推进京哈高速公路改扩建等7条在建高速公路项目。这是辽宁省加快高速公路建设的重点项目，总里程达1640公里，总投资约1640亿元。其中，秦沈高速公路是国家“八纵八横”高速公路网的重要组成部分，线路全长874公里，总投资840亿元，计划2025年底建成通车；新阜高速公路是辽宁省“十四五”期间重点建设的高速公路项目，线路全长76公里，总投资约76亿元，计划2024年底建成通车。

建设改造国省干线公路1300公里、农村公路6000公里。这是辽宁省提升公路网质量和服务水平的重要任务，主要包括改造干线公路危桥923座，改造农村公路危桥1466座，提升公路安全等级，完善公路服务设施，推进公路绿化美化，打造公路精品工程。

加快建设沈白高铁。沈白高铁是国家中长期铁路网中东北东部快速铁路通道的重要组成部分，也是东北地区“十四五”期间重大高铁建设项目。线路全长428公里，总投资707亿元，设计时速350公里。沈白高铁建成通车后，可满足经济发展新常态下客运需求快速增长的需要，大幅缩短沿线城市与哈长城市群、辽中南城市群之间的时空距离，充分发挥中心城市的辐射带动作用，对拓展沿线旅游资源吸引腹地，促进沿线城镇化进程，支撑经济社会绿色可持续发展具有重要意义。

全面开工建设大连新机场。大连金州湾国际机场是国内首个采用离岸式“人工岛”建设的机场，工程占地9.95万平方米，计划总投资约260亿元。大连新机场项目定位于“面向国际、服务区域、内外衔接、示范引领、经济驱动”的区域航空枢纽和“平安、绿色、智慧、人文”四型机场建设试点。建成后，它将成为大连东北亚国际航运中心、物流中心建设的重要支撑，也是大连市加速推进新时代“两先区”建设、推动高质量发展的重要举措。

启动大连邮件处理中心等7个客货枢纽项目。这是辽宁省加快建设现代化综合交通运输体系的重要内容，主要包括大连邮件处理中心、大连港、营口港、辽中环路铁岭至本溪段高速公路等一批绿色交通项目，总投资约200亿元。这些项目建成后，将提升辽宁省客货运输能力，优化海运航线网络，推动中欧班列沿海集结中心和国际中转集拼中心、商品汽车枢纽建设，打造油品、矿石、粮食、木材等大宗散货基地。

大连长海大桥等7个亿元以上重点项目建设。这是辽宁省加快推进重大工程建设的重点项目，总投资约900亿元。其中，大连长海大桥是东北最长跨海大桥，全长25.3公里，预计总投资90亿元，计划2025年底建成通车。大连长海大桥建成后，将有效缩短大连与长海县之间的时空距离，促进陆岛经济社会一体化发展，提升大连旅游资源的吸引力。

二、工业体系完备

辽宁产业门类的完整性居全国领先水平，拥有一批关系国民经济命脉和国家安全的战略性产业，特别是装备制造、石油化工、钢铁冶金等优势产业在全国占有重要地位，具备承接东部地区产业梯度转移的产业基础条件。辽西地区是京津冀制造业产能转移半径最短的承接区域之一；辽中南地区面朝大海，依托东北腹地，有利于参与区域产业分工协作，承接东部地区产业转移和创新要素辐射；辽宁与江苏、沈阳与北京、大连与上海对口合作机制，能促进地区间优势互补、深化南北互动合作。

辽宁省的工业体系产业门类齐全。辽宁省工业和信息化厅的数据显示，辽宁省产业门类完备，在国民经济行业的41个工业大类中拥有40个，207个工业中类中拥有197个，666个工业小类中拥有500多个。优势产业突出，关系国家安全和经济发展命脉。辽宁省是我国装备制造业的重要基地，拥有一批国内外知名的装备制造企业，如沈阳机床、北方重工、中航沈飞、大连船舶、辽阳石化等。持续做好结构调整‘三篇大文章’，改造升级‘老字号’、深度开发‘原字号’、培育壮大‘新字号’，推动短板产业补链、优势产业延链、传统产业升链、新兴产业建链，增强产业发展的接续性和竞争力，基本形成多点支撑、多业并举、多元发展的产业发展新格局。在做好结构调整“三篇大文章”的过程中，辽宁省发挥在新材料、精细化工、高端装备制造、半导体芯片制造设备和工业基础软件等领域的产业底蕴和科技优势，解决一批“卡脖子”难题，为国家高水平科技自立自强贡献辽宁智慧；突出抓好高端装备制造、集成电路、精细化工、生物医药、新材料和节能环保等产业发展，让产业优势更加突出，为国家产业链供应链安全可控贡献辽宁力量；超前布局增材制造、柔性电子、量子科技、储能材料等未来产业，打造领军企业和标志产品，形成新的产业梯队。

三、科技创新推动产业升级

辽宁省作为新中国工业的摇篮，拥有强大的工业基础和创新资源，是国家重要的装备制造业基地和战略性新兴产业集聚地。经历了改革开放40多年的发展，辽宁省工业经济从小到大、从弱到强，建立了以重化工业为主的全面工业体系，为新中国独立自主的工业体系做出了重大贡献。在振兴老工业基地战略的指导下，辽宁省抓住机遇，以供给侧结构性改革为主线，制造业强省建设为核心，开放合作为手段，有效应对了经济下行压力，工业经济保持稳定向好的发展势头。

2023年1—11月，辽宁省规模以上工业增加值同比增长9.1%，高于全国平均水平，其中高技术制造业增加值增长23.7%，占规模以上工业增加值的比重达到11.8%，比上年同期提高2.4个百分点，显示出辽宁省在高技术制造业方面的显著增长。

辽宁省正以技术创新为引领，推动其工业升级，通过增加科技投资和强化科技人才队伍建设来提升科技创新能力，支持全面振兴的新突破。同时，辽宁省不断推动传统制造业的数字化、网络化和智能化改造，延伸产业链，形成完善的产业集群，以提高辽宁制造业的核心竞争力和市场份额。特别重视汽车及零部件、仪器仪表、纺织服装等产业的数字化应用，围绕9个重点园区创建区域数字化转型的标杆，并加速智慧园区和“5G+工业互联网”示范园区的建设。辽宁省还致力于推进钢铁、石油化工、电力等行业的绿色低碳转型，加快新能源汽车、氢能、风能、太阳能等新能源产业的发展，构建绿色制造体系。此外，辽宁省积极改造升级传统企业，深度开发原有品牌，并培育新品牌，如鞍钢集团和大连英歌石科技等，这些公司分别在新能源汽车、钢铁绿色化和人工智能石墨烯材料领域取得了突破，成为各自领域的领军企业。

辽宁省是我国重要的工业基地，拥有雄厚的工业基础和优势产业。但是，随着经济社会的发展，辽宁省也面临着产业结构不合理、创新能力不足、竞争力下降等问题。为了适应新时代的要求，辽宁省以科技创新为驱动，大力推动产业转型升级，实现高质量发展。

一是加快构建以先进制造业为骨干的现代化产业体系，打造万亿级先进装备制造业产业基地。辽宁省聚焦高端装备、集成电路、新能源等新兴产业，超前布局增材制造、柔性电子、储能材料等未来产业，不断汇聚新动能、塑造新优势。辽宁省还建成了700多个数字化典型应用场景，积极推动企业与平台服务商对接，促进企业改造升级。

二是深入实施创新驱动发展战略，提升工业产业基础能力和产业链现代化水平，全力建设数字辽宁、智造强省。辽宁省出台了《辽宁省科技创新条例》，落实了《辽宁省科技体制改革三年攻坚实施方案》，布局建设辽宁实验室，创建国家级科技创新平台等措施，加大财政资金在科技领域的投入力度，推动国家重点实验室、工程技术研究中心、企业技术中心、制造业创新中心等创新平台建设取得更多成果。辽宁省还突破了百万吨级乙烯三机、铁路信号控制等关键核心技术，开发出±1100kV特高压换流变压器、平台型智能机床等高端产品，有效服务国家重大工程。

三是做好改造升级“老字号”、深度开发“原字号”、培育壮大“新字号”“三篇大文章”，推动传统产业向高端、智能、绿色转型。辽宁省推动产品提档升级，在乙烯压缩机、炼油压缩机等领域实现核心设备国产化突破，推进“产品+服务”智能化升级，由单机智能化向系统级智能化、工厂级智能化发展，加速推进大型智慧焦炉、无人化连续卸船机等产品核心技术的优化迭代。辽宁省还推动头部企业和零部件配套企业整零共同体示范，通过建设数字化平台，推动整机企业和零部件配套企业同步研发、同步制造、同步物流和同步在线服务，进一步提升整个供应链的运行效率。

四、产业链条完整协调

作为新中国工业的摇篮，辽宁省以其雄厚的工业基础和创新资源而著称，成为国家重要的装备制造业基地和战略性新兴产业集聚地。辽宁省的重工业覆盖了钢铁、石油化工、装备制造、船舶、汽车、航空航天等多个领域，构建了一个门类齐全、基础雄厚的工业体系，为新中国独立自主的工业体系的建立和完善作出了重要贡献。此外，辽宁省重工业产业链条完整，各领域之间实现了相互连接和协同发展，不仅包括原材料供应和产品制造，还涵盖了市场销售、物流配送等环节，形成了一个完整且高效的产业生态，为全面振兴和新的发展突破提供了坚实的支撑。

辽宁的钢铁产业链发达先进。辽宁省是我国重要的钢铁生产基地，拥有鞍钢、本钢、凌钢等一批知名钢铁企业，形成了从矿山开采、铁矿石加工、钢铁冶炼、钢材加工到钢铁产品销售的完整产业链。辽宁省钢铁产业链不仅为本省的装备制造、船舶、汽车等产业提供了优质的原材料和零部件，也为全国乃至全球的基础设施建设、工业生产和民生消费提供了重要的支撑。辽宁省钢铁产业链还与石油化工、电力、建筑等产业形成了紧密的协同关系，实现了资源共享、效益共赢。辽宁省钢铁产业链在推动产业转型升级方面也取得了显著成效，通过技术改造，实现了钢铁生产过程的绿色低碳化，成为我国钢铁行业的绿色发展典范。

辽宁的石油化工产业链完备。辽宁省是我国重要的石油化工生产基地，拥有辽河油田、锦西化工、辽阳石化等一批知名石油化工企业，形成了从油气勘探开发、炼油化工、石油化工产品加工到石油化工产品销售的完整产业链。辽宁省石油化工产业链不仅为本省的钢铁、装备制造、汽车等产业提供了优质的原材料和中间产品，也为全国乃至全球的能源供应、工业生产和民生消费提供了重要的保障。辽宁省石油化工产业链还与电力、交通、物流等产业形成了紧密的协同关系，实现了产业链的延伸和优化。辽宁省石油化工产业链在推动产业转型升级方面也取得了显著成效，通过技术创新，开发了一批高附加值、高技术含量的精细化工产品，提升了产业的竞争力和效益。

辽宁的装备制造产业链先进完整。辽宁省是我国重要的装备制造业基地，拥有沈阳机床、中航沈飞、大连重工等一批知名装备制造企业，形成了从机械基础件、数控机床、重型机械、船舶、汽车、航空航天等装备制造到装备制造产品销售的完整产业链。辽宁省装备制造产业链不仅为本省的钢铁、石油化工、电力等产业提供了优质的设备和服务，也为全国乃至全球的基础设施建设、工业生产和民生消费提供了重要的支撑。辽宁省装备制造产业链还与科技、教育、金融等产业形成了紧密的协同关系，实现了产业链的升级和创新。辽宁省装备制造产业链在推动产业转型升级方面也取得了显著成效，通过技术创新，开发了一批具有自主知识产权和国际竞争力的高端装备，打造了一批具有国际影响力的品牌和标杆企业。

第三节　地理气候优越

一、黄金纬度优势

辽宁省位于中国东北地区，因其独特的纬度位置，享有一系列独特的气候特点。这些气候特点不仅塑造了该地区的自然环境，还深刻影响了人们的生活方式和经济活动。本节旨在探讨辽宁省的气候特点，特别是其低气温和空气清洁度，以及这些气候特点如何影响该地区的生态和生活环境。

辽宁省位于北纬38°43′至43°26′之间，这一纬度带来的首要气候特点是四季分明。春季温和，夏季凉爽，秋季金黄，冬季寒冷。特别是在冬季，辽宁省的气温通常较低，有时甚至会降到零下几十度。这样的气候条件对于某些特定的农作物和自然生态系统来说是非常有利的。

辽宁省属温带—暖温带、湿润—半湿润季风气候，冬季比较寒冷，夏天温暖。1月均温-18℃～-5℃，7月均温22℃～26℃，年平均气温4℃～10℃，无霜期125～215天，气温大致东北偏低，西南偏高，极端最低气温-38.5℃，极端最高气温40℃，年降水量440～1130毫米，是东北地区光照、热量、降水最丰富的省份。由于地势和海洋的影响，降水自东向西递减，年均温从东北到西南渐增，气候有明显的区域差异。

辽宁省的纬度在塑造其生态和宜居性方面发挥着关键作用。温带大陆性气候，由其纬度位置带来了明显的季节变化，这反过来影响了省内植物和动物生活。长冬融夏为多样化的动植物生命提供了适宜的条件，这种生物多样性是辽宁省生态平衡和吸引力的重要组成部分。

辽宁省的纬度还影响了人类活动和生活方式的选择。寒冷的冬季举办如冰雪节等活动，这些不仅在文化上具有重要意义，还促进了旅游业。从5月到10月的宜人天气为农业和户外活动提供了理想的时机，有助于当地经济和社区生活。此外，清新的空气和明显的季节变化为居民提供了健康和多姿多彩的生活环境。

考虑到辽宁的发展和经济活动时，纬度经济的概念变得特别相关。辽宁的纬度，加上其气候条件，为经济发展创造了更多机会。例如，寒冷的气候支持了冰酒生产、冬季运动和旅游业等产业。不同的季节也有利于多样化的农业活动，不同的作物适应不同的季节，从而有助于该地区的农业多样性和粮食安全。

二、低温利农优势

辽宁省的低温气候对于特定作物的生长具有显著的促进作用。这一地区特有的气候条件，尤其是冬季的低温和夏季的凉爽天气，为多种作物提供了理想的生长环境。首先，低温条件有助于减少病虫害的发生。冬季的严寒能有效地杀死或抑制许多对作物有害的害虫和病菌，从而减少农药的使用，这对于保持作物健康和提高农产品质量具有重要意义。其次，低温还有利于某些作物的休眠和积累营养。例如，一些水果和蔬菜在冬季低温条件下能够进入休眠状态，这有助于它们在春季重新生长时积累更多的能量和营养。此外，辽宁省的低温气候也有利于一些特殊作物的生长，如玉米、大豆等耐寒作物。这些作物在凉爽的夏季气候中生长更为旺盛，从而提高产量和质量。因此，辽宁省的低温气候为农业生产提供了一系列的优势，促进了特定作物的健康生长和高产量。

辽宁省的空气清洁度对农业生产同样具有重要的益处。首先，空气质量的良好减少了空气污染对作物的负面影响。在许多工业化地区，空气污染物如硫化物和氮化物会对作物造成损害，降低作物的产量和质量。然而，在辽宁省尤其是在农村和远离城市的地区，空气中污染物的含量相对较低，这有利于作物的健康生长。此外，清洁的空气还有助于保持土壤和水源的质量。空气中较少的有害物质意味着这些物质通过降水等方式进入土壤和水体的可能性也较低，从而减少了对农业生产环境的污染。清洁的土壤和水源是农业生产的基础，它们直接关系到作物的生长条件和最终产量。因此，辽宁省的空气清洁度不仅有利于作物直接的生长环境，也为维护农业生产的整体生态系统提供了重要的保障。

三、四季分明优势

辽宁省作为中国重要的工业基地之一，其独特的气候条件在推动工业发展，尤其是数字产业和能源效率方面发挥着重要作用。本节将深入探讨辽宁省如何利用其纬度条件带来的气候优势，促进工业特别是数字产业的发展，以及这一过程中对能源消耗和生产效率的影响。

（一）辽宁省发展数字产业的气候优势

辽宁省的气候特点为发展数字产业提供了显著优势。数字产业，尤其是数据中心和高性能计算中心，对环境温度有着极高的要求，因为这些设施产生的大量热量需要有效散发，以保证设备的稳定运行和延长寿命。辽宁省的气候特点，特别是凉爽的夏季和寒冷的冬季，自然降低了空调和其他冷却设备的使用频率和强度，从而显著降低了运营成本。此外，辽宁省清洁的空气质量也有助于减少数据中心设备的维护成本，因为较少的空气污染意味着较低的灰尘积累和腐蚀风险。因此，辽宁省的气候条件不仅为数字产业提供了理想的物理环境，也有助于降低能源消耗和运营成本，这为本省在全国乃至全球数字经济中占据重要地位提供了坚实的基础。

（二）数据中心在高纬度地区的能效优势

在高纬度地区，辽宁省数据中心能够实现更高的能效比（PUE-Power Usage Effectiveness）。PUE是衡量数据中心能效的关键指标，代表着为实现IT设备运行所消耗的总能量与IT设备直接消耗能量的比值。辽宁省的数据中心由于外界气温较低，能够使用更多的自然冷却技术，如空气侧经济器（使用外部空气冷却）和蒸发冷却等，这些技术能显著降低数据中心的PUE，实现能源的高效利用。此外，低温环境还减少了设备过热的风险，有助于提高设备的稳定性和寿命，进一步降低维护成本。

辽宁省已建成两个国家级数据中心，分别位于沈阳和大连，总建筑面积超过30万平方米，总机柜数超过1.5万个，总存储容量超过1.5亿GB，总计算能力超过1.5万TFlops。此外，辽宁省还有一批专业的数据中心运营商和服务商，如东网科技、东大云计算、大连华信、鞍山聚龙等，为各行各业提供定制化的数据中心解决方案，涉及金融、电商、物流、教育、医疗、工业等领域。

（三）辽宁省数据中心的环境和经济双重优势

辽宁省数据中心不仅在环境上具有优势，在经济上也具有显著优势。低温气候条件降低了数据中心的冷却需求，减少了能源消耗，这直接降低了运营成本，提高了企业的经济效益。同时，高效的能源使用和低碳排放也使得这些数据中心更加符合国际上对绿色环保的要求，提升了企业的社会责任形象，增强了企业的市场竞争力。此外，高纬度地区的这些优势也吸引了更多的企业投资建设数据中心，促进了当地经济的发展，创造了更多的就业机会。

（四）工业发展的纬度优势

辽宁省的纬度优势在工业发展方面同样显著。四季分明的气候对于工业生产尤其是能源消耗具有重要影响。在温和的春秋季节，由于温度适宜，工厂和生产设施的能源消耗相对较低，因为它们不需要过多的加热或冷却。这不仅降低了能源成本，也减少了环境污染。在寒冷的冬季，辽宁省的低温气候促使工业企业采用更高效的加热系统，这些系统通常具有更高的能源效率和更低的排放水平。此外，辽宁省的气候条件也有助于工业产品的保存和运输。例如，低温有利于某些化工产品和食品的储存，减少了产品在运输过程中的损耗。因此，辽宁省的气候条件为工业生产提供了一个节能高效的环境，有助于提高整体的生产效率和降低成本。

（五）气候助力工业结构转型

辽宁省的气候条件对于工业结构的转型和升级也起到了促进作用。随着全球对环保和可持续发展的日益重视，低碳、环保成为工业发展的新趋势。辽宁省的低温气候为发展低能耗、高效率的工业提供了自然条件。例如，低温环境有利于发展新能源和清洁能源产业，如风能和太阳能发电。这些产业在辽宁省能够有效利用自然条件，降低能源成本，同时减少温室气体排放。此外，辽宁省的气候条件也有利于开发和应用新材料，特别是在节能环保和低温工艺方面。这些新材料和技术不仅可以提高生产效率和产品质量，也有助于提升辽宁省工业在全球市场中的竞争力。因此，辽宁省的气候条件不仅有利于传统工业的节能降耗，也为工业的绿色转型和升级提供了天然优势。

通过深入分析可以看出，辽宁省的纬度优势在推动工业特别是数字产业的发展方面发挥着重要作用。这些气候条件不仅有利于降低能源消耗和提高生产效率，也为工业的绿色转型和升级提供了有力支撑。因此，充分利用辽宁省的纬度优势，将对本省工业的可持续发展和长远竞争力产生积极影响。

第四节　矿产能源

一、丰富的矿产能源

东北地区的矿产资源丰富，为国家的发展做出了重要贡献，也为东北地区的振兴提供了强大助力。自新中国成立后，国家集中投资建设了以能源、原材料、装备制造为主的战略产业和骨干企业，使得东北老工业基地成长为新中国工业的摇篮，为我国形成独立、完整的工业体系和国民经济体系，为改革开放和现代化建设做出了历史性的巨大贡献。

东北地区的矿产资源开发在全国占据重要地位，东北石油、天然气、油页岩、煤、铁、金、菱镁矿、硼等40种矿产储量全国领先。黑龙江黄金储量居全国第三位，其中砂金储量居全国第一位。吉林省已发现矿产136种，占全国已发现矿种的84%，探明储量的矿产有88种，占全国探明储量矿种的50%，是国内有较多矿种的省区之一。

辽宁省矿产资源丰富，已发现的矿产达到128种，其中战略性矿产资源有25种，探明的资源储量达121种，形成了钢铁、能源、有色、机械、化工、建材等门类齐全的矿业经济体系。能源、黑色金属及冶金辅助原料、有色金属及贵金属、化工原料、建材及其他非金属，五大门类矿产的种类基本齐全，而且储量丰富，尤其是发展现代工业需要的大宗矿产资源得天独厚，是全国具有这种优势的少数省份之一。在长期矿产资源开发中，辽宁形成了钢都鞍山、煤都抚顺、煤铁之城本溪、煤电之城阜新、石油之城盘锦等工业城市。

（一）能源矿产

辽宁是全国范围内较早和较大规模对煤炭进行开采和利用的省份之一。早在新石器时代，位于辽宁抚顺地区的露头煤就已经得到了远古先民的利用，此后，有计划、成规模的人为开采活动在辽宁各地出现。近代以来，辽宁更是中国工业门类发展较为齐全、工业基础较好的地区，经过新中国成立后的一系列建设，到“一五”期间，辽宁煤炭工业已经具备一定规模。20世纪五六十年代辽宁煤炭支援全国，年输出1000万~1500万吨，现年产量仍占全国总产量的8%。目前全省煤炭保有资源储量为79.3亿吨。煤炭资源主要分布在沈阳、铁岭、阜新、抚顺和辽阳，本溪、朝阳、锦州和葫芦岛也有一定资源分布。

辽宁的石油资源主要分布在辽河中下游平原地区的盘锦市，沈阳市的南西部、辽阳市西部也有少量分布。全省石油累计探明地质储量23.7亿吨，剩余技术可采储量1.9亿吨。其中，辽河油田的开发建设，是新中国石油工业发展的一个生动缩影。在1955年开展前期地质普查的基础上，1970年投入大规模勘探开发建设，原油产量1980年跨越500万吨，1986年突破1000万吨、成为全国“油老三”，1995年达1552万吨历史最高峰，到2022年连续37年保持原油千万吨规模稳产。2021年，辽宁省原油产量全国排名第七位，汽油、柴油产量排名全国第二位。

（二）黑色金属及冶金辅助原料矿产

辽宁是我国铁矿石储量最多的省份。根据自然资源部数据，2022年，辽宁省铁矿石储量为39.55亿吨，占全国铁矿石总储量的24%。辽宁鞍本地区是我国重要的铁矿资源分布区。其中，辽宁省本溪市的大台沟铁矿是目前亚洲发现的最大铁矿，已查明储量超过30亿吨。除了铁矿石，锰矿石、红柱石、锢矿耐火黏土、熔剂石灰岩、白云岩等储量也十分丰富。

（三）其他

辽宁省菱镁矿无论是数量还是质量都居世界首位，保有资源储量为32.5亿吨，占世界总探明储量的四分之一。菱镁矿是一种以碳酸镁为主要成分的矿物，其应用价值主要是经其制取氧化镁含量很高的材料，这类材料具有很好的耐火性和黏结性，此外也是提炼金属镁的主要原料。菱镁矿用途非常广泛，主要应用于冶金、化工、建材、轻工和农牧业等领域。辽宁省的辽东地区（营口至大石桥至海城一带）是世界级菱镁矿资源集中区。据统计，2021年辽宁省菱镁矿储量为53208.62万吨，储量占全国总量的91.75%，而且矿石质地优良，埋藏浅，具有很高的开采价值。

除了工业上应用广泛的各类矿产资源，辽宁还盛产美玉。鞍山市岫岩满族自治县特有的岫岩玉为中国历史上的四大名玉之一（其三为陕西蓝田玉、新疆和田玉和河南独山玉），因产于辽宁岫岩而得名，最早的玉名见自西汉《尔雅》：“东方之美者，有医无闾之珣玗琪焉”。其中的“珣玗琪”，即岫岩美玉。

在中国的玉料产地中，岫岩玉是中国玉文化史上开发最早、最悠久的玉种。1983年，辽宁海城小孤山仙人洞距今12000年的旧石器遗址中出土三件浅绿色玉质、打制工艺制成的砍斫器，是迄今发现最早的人类使用岫岩玉的证明。被学界认定为中国玉文化之源的8000年前的内蒙古兴隆洼文化遗址的玉器，也多是岫岩玉。5000多年前红山文化时期，岫岩玉的开发利用更是达到巅峰。出土于内蒙古翁牛特旗三星塔拉的碧玉C形龙，被誉为“中华第一龙”，便是由墨绿色岫岩玉雕琢而成。考古发现黄河中下游及长江流域等新石器文化遗址出土的玉器中，也多有岫岩玉器。在“神玉”时期岫岩玉是当仁不让的主角。虽然和田玉在商周之际崭露头角，至汉代成了“王玉”时期的宠儿，但岫岩玉在皇家用玉中仍时有踪影。汉代“金缕玉衣”的玉片多是岫岩玉，明定陵出土的玉器中有不少用岫岩玉雕琢，清代是岫岩玉石采掘盛期，清宫遗宝里更有大量精美的岫岩玉艺术品。岫岩玉远景储量约300万吨，居中国玉石储量之首，实行限产后，年产量仍占中国玉石总产量的60%。

二、旧貌换新颜

（一）新中国成立前矿产资源惨遭掠夺

东北地区矿产资源储量巨大，种类齐全，开采难度低。煤、铁资源尤为丰富。新中国成立前，日本大肆掠夺东北矿产资源。毫无节制的开发导致东北地区矿产资源大量外流。

1905年至1918年，东北许多矿产资源已被日本资本所攫取。1931年“九一八”事变后，日本迅速武装侵占了全东北，通过实施经济统制政策，大肆掠夺中国东北资源。按照《抚顺炭矿统计年报》的统计，1908—1931年，日本从辽宁抚顺掠夺走1600多万吨煤；1931—1943年，这个数字为1700多万吨；1945年，在日本投降的当年，日军还掠走325.4万吨煤炭。日本还于1918年设立了“鞍山制铁所”。1919—1945年，日本从鞍山铁矿共掠夺铁矿石3500万吨、生铁

1187万吨、钢锭548万吨、钢材326万吨。为了侵夺东北地区的金矿资源，日本设立了“采金事业调查部”，制定了《满洲采金事业方策》，投入300多人，盗采黄金。盗采规模超10万两。

二战期间，日本多次企图研制原子弹。1939年，日本在辽宁海城地区调查铀矿并偷运至东京。这项盗取活动一直持续到1945年。但由于技术水平不足，研制计划均以失败而告终。

（二）新中国成立后东北支援全国工业建设

新中国成立后，东北地区矿产资源丰富、工业基础好、地理位置特殊。党中央决定以东北工业基地为基础，举全国之力把东北工业发展起来，并把鞍钢作为东北工业建设的重点。辽宁的煤炭、铁矿资源成为了新中国经济建设的助推器。

1949年7月9日鞍钢正式开工，由此成为了新中国第一家大型钢铁厂。同年，鞍钢生产的生铁、钢、钢材分别占到全国产量的40%、63%和55%，占据“半壁江山”。据了解，当年全国的粗钢产量仅为16万吨，也就是鞍钢当年的钢产量仅为10万吨。有数据显示，1949年到1952年，鞍钢的铁、钢、钢材产量分别占全国的46%、64%和47%。可以说新中国成立之初的鞍钢是中国名副其实的“钢铁老大”。进入21世纪，鞍钢先后与攀钢、本钢重组，成为国内第二、世界第三的钢铁集团。由此，钢铁产业形成“南有宝武，北有鞍钢”的新格局。

（三）新时代实现高质量发展

走进新时代，辽宁积极响应国家号召，稳步推进能源结构调整，为祖国的绿水青山贡献辽宁力量。据辽宁省人民政府工作报告，2023年，辽宁省持续用力护生态，新建绿色矿山107个，加快推进科学绿化试点示范省建设，营造林258.9万亩，清洁能源强省建设加快推进，非化石能源装机占比达48.5%，绿色正在成为辽宁高质量发展的鲜明底色。

在能源领域，辽宁立志创新，取得不断突破。技术创新促进新能源与传统能源并行发展。“高压电制热储热提升可再生能源消纳的关键技术”课题被列入国家科技支撑计划，“常规/供热机组调节能力与电热综合协调调度技术”项目被列入国家重点研发计划，不断提升电网接纳清洁能源能力。“大型薄煤层自动化开采成套设备”研制成功，大幅提升了辽宁省煤炭行业薄煤层开采效率和自动化整体水平。辽河油田通过“新能源+产能新井”“新能源+老区调改”“新能源+数字化建设”等多场景建设应用，利用井场、站场优先开展自消纳项目建设，以内部挖潜推动生产用能清洁替代，运装机规模累计达到98.57兆瓦，实现了井站场覆盖千余个、装机规模近百兆瓦、发电量突破一亿千瓦时。2023年生产绿电突破1.1亿千瓦时，达到上年的3倍以上。

辽宁省坚持“先立后破”的原则发展新能源。在保证能源安全的情况下，逐步提高非化石能源占能源消费的比重。正如习近平总书记在参加十三届全国人大五次会议内蒙古代表团审议时强调：“绿色转型是一个过程，不是一蹴而就的事情。要先立后破，而不能未立先破”，“实现‘双碳’目标，必须立足国情，坚持稳中求进、逐步实现，不能脱离实际、急于求成，搞运动式‘降碳’、踩‘急刹车’”。

在先立新能源的过程中，辽宁省统筹做好新能源与配套送出工程规划，多措并举提升清洁能源消纳水平。积极推进松辽清洁能源基地建设，全力支持新能源实现跨越式发展，力争在“十四五”期间风电、光伏装机规模达到3700万千瓦以上。科学合理规划和利用海上风能资源，加快陆上风电建设，积极推动风能资源条件较好的西部地区加快发展，加强风电布局与国土空间布局、产业发展、生态红线等方面的衔接协调。充分利用矿区等废弃土地发展光伏发电，在保护生态的前提下，因地制宜探索光伏治沙、水光互补、沿海滩涂渔光互补等光伏发电与多种产业融合发展。逐步开展采煤沉陷区及老工业区搬迁改造光伏项目。鼓励有条件地区利用屋顶、院落等发展分布式光伏发电。

案例：亚洲第一大露天煤矿西露天矿转型

2018年9月25日至28日，习近平总书记在东北三省考察。其间，习近平总书记专程前往辽宁抚顺矿业集团西露天矿，察看西露天矿矿坑，了解采煤沉陷区综合治理情况和矿坑综合改造利用打算。

西露天矿是世界第七大、亚洲第一大露天煤矿。1901年开始开采，1914年转为露天开采，整个矿坑长6.6公里，宽2.2公里，开采深度400米，矿坑坑底低于海平面327米，是中国境内海拔最低点。当地人形象地称之为“大坑”。

“大坑”历经118年的持续开采，经历了清末、日俄侵占、国民党统治及新中国建设时期。回到人民怀抱后，西露天矿累计生产煤炭2.8亿吨、油母页岩5.3亿吨，为新中国上缴利税6.58亿元，为国家的经济建设做出了较大的贡献。1958年2月13日，毛泽东主席视察时感叹道“大鹏扶摇上青天，只瞰煤海半个边”。“一五”期间国家的156项重点工程中，煤炭行业有五项重点工程都落户于抚顺，1955年6月出版的《人民的煤都抚顺》图册，图文并茂地描绘了抚顺自新中国成立以来的飞跃发展和煤矿工人生活的巨大变化。

随着资源开采殆尽，2019年5月西露天煤矿正式关停。关停后的西露天煤矿成为集自然景观和人文景观为一体的工业旅游胜地。2004年7月，西露天矿被评为全国首批工业旅游示范点。抚顺市专门成立西露天矿退煤闭坑综合治理与整合利用暨城市转型绿色发展工作推进组，出台西露天矿治理开发行动计划，按照“产业+生态+民生”的思路，推进国家级煤矸石综合利用示范基地、金融小镇项目一期基础设施建设等一批项目实施，以此作为抚顺城市转型绿色发展的突破口。

第七章
完整的产业链供应链

辽宁作为“共和国的长子”，是中国重要的工业基地。辽宁省地大物博，产业体系“五脏”俱全，拥有较为完整的产业链、供应链。目前，辽宁省正在全面贯彻落实党的二十大和全国两会精神，深入贯彻落实习近平总书记关于东北、辽宁振兴发展的重要讲话和重要指示批示精神，牢牢把握高质量发展这个首要任务，推动经济实现质的有效提升和量的合理增长，谱写属于辽宁的高质量产业发展新篇章。

第一节 完备的产业体系

按照联合国产业分类，辽宁拥有41个产业大类中的40个、207个产业中类中的197个、666个产业小类中的500多个。东北地区则拥有全部的产业大类、产业中类和产业小类，产业体系十分完备，涵盖了全产业链，见表7-1。东北地区的工业体系反映了我国工业的现状和发展趋势。完备的产业体系带来规模配套优势，可大大降低企业要素供给成本，提高生产效率，增强竞争力。因此，东北工业的振兴发展可以彰显中国工业体系的竞争优势，对于我国在全球产业竞争中获得优势具有战略意义。

表7–1 辽宁、东北地区及中国的产业门类情况

产业门类	辽宁省	东北地区	全国
产业大类	40	41	41
产业中类	197	207	207
产业小类	500多	666	666

数据来源：作者根据公开数据整理。

根据全国第四次经济普查公报，辽宁省进入全国前5名的产业数量为9个，全国排名第5位，仅次于广东省、山东省、江苏省、浙江省。辽宁省作为“共和国的长子”，具有较为完备的工业体系，具备优越的地理环境优势，先天的优势和后天的积累使得辽宁省具备承接我国东部地区产业梯度转移的产业基础条件。辽西地区是京津冀制造业产业转移半径最短的承接区域之一；辽中南地区面朝大海，依托东北腹地，能够直接参与区域产业分工协作，承接东部地区产业转移和创新要素辐射；同时辽宁与江苏、沈阳与北京、大连与上海的对口合作机制，能促进地区间优势互补、深化南北互动合作。

一、一产是保证

习近平总书记在新时代推动东北振兴座谈会上明确指出，当好国家粮食稳产保供“压舱石”，是东北的首要担当。要始终把保障国家粮食安全摆在首位，加快实现农业农村现代化，提高粮食综合生产能力，确保平时产得出、供得足，极端情况下顶得上、靠得住。

近十年来，我国第一产业增加值占GDP的比重已由9.2%下降至

7.1%，同全球其他国家尤其是发达国家相比，发展趋势基本一致。2023年，东北三省第一产业增加值占GDP的比重为13.1%，其中，辽宁省第一产业增加值占GDP的比重为8.8%，明显高于全国平均水平，辽宁省第一产业增加值累计增速4.7%，高于全国平均水平4.1%。

近年来，东北地区的第一产业增加值占GDP的比重始终维持在13%~14%的高位，见表7-2。

表7-2 辽宁、东北及全国三次产业占比情况

单位：%

指标	第一产业			第二产业			第三产业		
年份	辽宁	东北	全国	辽宁	东北	全国	辽宁	东北	全国
2012	10.5	13.8	9.1	49.8	46.1	45.4	39.7	40.1	45.5
2017	8.8	13.3	7.5	38.4	35.3	39.9	52.8	51.5	52.7
2023	8.8	13.1	7.1	38.8	34.6	38.3	52.4	52.3	54.6

数据来源：作者根据公开数据整理。

（一）以粮食为例——“量”的合理增长和“质”的有效提升

东北地区积极落实国家战略部署，发挥保粮仓的战略作用。东北三省粮食产量已连续多年占据全国的五分之一以上，如图7-1，商品粮量约占全国的四分之一，粮食调出量约占全国的三分之一。

2023年，东北三省实现了粮食的“二十连丰”，粮食总产量达到14538.1万吨，占全国粮食总产量的20.9%，其中，辽宁省粮食总产量创历史最高水平，达到2563.4万吨，已连续九年超过2100万吨；黑龙江省粮食总产量达到7788.2万吨，占全国粮食总产量的11.2%，连续14年位居全国第1名。

东北地区深入贯彻落实高质量发展，加快推进农业农村现代化。

近年来，东北地区持续推进农业农村现代化，大力发展现代化大农业，加速将基本农田改建升级为高标准农田的进程，粮食综合生产能力不断提高，初步实现了粮食生产的高质量发展。在粮食生产“量”的扩大的同时也实现了“质”的提升。

2023年，吉林省粮食单位面积产量达到7186.4公斤/公顷，居全国13个粮食主产区第1名。辽宁省粮食单位面积产量达到7163.5公斤/公顷，居全国13个粮食主产区第2名。东北三省农业机械化水平均达到65%以上，明显高于全国平均水平，其中，黑龙江省综合机械化率达87.7%，居全国前列。农业现代化建设正加快推进。

图7-1 2012—2023年东北地区粮食产量情况

资料来源：中经网。

表7-3 2023年全国13个粮食主产区粮食产量

省份	单位面积产量（公斤/公顷）	总产量（万吨）
吉林	7186.4	4186.5
辽宁	7163.5	2563.4
江苏	6956.8	3797.7
山东	6742.2	5655.3

续表

省份	单位面积产量（公斤/公顷）	总产量（万吨）
湖南	6440.7	3068.0
河南	6142	6624.3
河北	5902.1	3809.9
湖北	5899.9	2777.0
江西	5824.4	2198.3
内蒙古	5666.4	3957.8
安徽	5659.2	4150.8
四川	5611.8	3593.8
黑龙江	5282.6	7788.2
全国总计	5845.3	69541
东北三省总产量占全国比重		20.9%

资料来源：作者根据公开资料整理。

习近平总书记在新时代推动东北全面振兴座谈会上强调，“协同推进农产品初加工和精深加工，延伸产业链、提升价值链，拓展农业发展空间，促进农业增效、农民增收”。2023年，辽宁省新增独角兽企业“十月稻田”。“十月稻田”通过有机农业、农业旅游、产业链延伸等多种方式形成了自己的产业链优势，注重产品质量，提高了农业的产品竞争力和可持续性。在农业领域，辽宁拥有8个被农业部认定的中国特色农产品优势区。截至2021年底，辽宁地区拥有89种国家地理标志保护产品，139件地理标志商标，98种农产品地理标志登记产品。盘锦大米等10个地理标志产品成功入选“中欧地理标志保护与合作协定清单”。

二、二产是重点

习近平总书记在新时代推动东北全面振兴座谈会上强调，推动东北全面振兴，根基在实体经济，关键在科技创新，方向是产业升级。产业升级是先立后破，即立足现有产业优势，致力于产业“创新”，加快形成新质生产力。辽宁作为“共和国长子”，是中国重要的工业基地，其装备制造、钢铁冶金、石油化工等优势产业具备国际竞争力，是维护国家产业安全的根本战略保障。

2023年，我国第二产业占GDP的比重为38.3%，而发达国家第二产业占GDP的比重一般在15%以下。2023年，东北三省第二产业占GDP的比重已下降至34.6%，低于全国平均水平。其中，辽宁省第二产业占GDP的比重处于高位，达到38.8%。第二产业累计增速5.0%，高于全国平均水平4.7%。规模以上工业增加值同比增长5%，按三大门类看，采矿业增加值同比增长1%，制造业增加值同比增长6.3%，电力、热力、燃气及水生产和供应业增加值同比减少2.4%。装备制造业增加值同比增长9.1%，高于全国平均水平6.8%，其中，汽车制造业增加值同比增长15.7%，高技术产品生产发展势头良好，新能源汽车集成电路、金属切削机床等产品产量分别同比增长124%、42.8%、33.8%。

辽宁制造业投资同比增长14%，投资占比提高2%，高技术产业投资同比增长32.8%，其中，高技术制造业、高技术服务业投资同比增长25.3%和42.8%。辽宁高新技术企业总数达到1.3万家，同比增长16%；新增注册科技型中小企业10341家，同比增长55.6%，总数达到33484家；新增雏鹰、瞪羚企业1029家。

东北是我国重要的老工业基地，制造业更是东北地区的特色优势产业。作为第二产业的子集，制造业在东北振兴的历程中注定发挥着不可磨灭的作用。制造业是经济社会发展的重要引擎，是创新驱动发展的关键载体。制造业发展不仅意味着产品生产和制造，更重要的是激发技术创新、推动新技术应用和全要素生产率提升。技术创新分为原始创新和改进创新两个方面，原始创新侧重全新的发明和创造（即从0到1），改进创新是在现有技术基础上进行改良和优化，进一步提升效率、降低成本、改善产品性能等（即从1到N）。改进创新依托生产制造过程积累形成了新产品、新工艺、新业态、新模式，是中国区别于美国等去工业化国家的独特优势。工业化生产能够提供规模化生产能力，为技术创新提供必要条件。辽宁在工业化生产方面有突出优势，拥有完善的工业体系和丰富的工业场景，可以为技术创新提供良好支持。

从历史角度看。工业革命以来，英国、美国、德国、日本先后凭借强大的制造业成为高收入国家，并长期在诸多制造业领域维持较强国际竞争力。制造业是跨越“中等收入陷阱”、推进现代化建设的核心支撑。二战之后，韩国与巴西几乎同步开启工业化道路，其后两国的发展路径和经济成效形成鲜明对比。韩国始终坚持制造立国，制造业比重相对稳定，2020年韩国制造业比重在25%左右，人均GDP达到31489美元，成功迈上高收入国家行列。而巴西自20世纪80年代末开始走工业化道路，制造业比重持续下降，2020年已降至9.8%，人均GDP仅有6797美元，经济多年持续低迷徘徊，陷入“中等收入陷阱”。两国的发展实践从正反两个方面说明，跨越“中等收入陷阱”离不开制造业的有力支撑。

从社会角度看。制造业是人民就业增收的主要渠道。就业是最大的民生，中国制造业规模体量大、就业需求强，人社部发布的

《2022年第四季度全国招聘大于求职“最缺工”的100个职业排行》中有41个属于制造业。中国制造业企业年平均带动就业人数达到4500余万人，发挥出稳就业、增收入、促消费的作用。制造业就业需求具有多层次性。一方面，先进制造业对于高端创新人才有巨大吸引力，是汇聚高端创新人才的“蓄水池”；另一方面，传统劳动密集型制造业仍是解决大量低技能劳动者就业的重要途径，不能因新兴产业发展而偏废。一些国家因为制造业大面积衰退产生了严重的收入失衡问题，值得高度警惕。

我国第二产业占GDP的比重维持在较高水平。对于中国而言，是适应当前发展阶段的，是科学而合理的。对于东北地区尤其是辽宁而言，更是符合东北比较优势的，是具备东北特色的。目前，我国制造业是发展中国家跨越“中等收入陷阱”、推进东北地区现代化建设的核心支撑。东北地区作为老工业基地，肩负着履行“五大安全”的重大使命，更要警惕“脱实向虚”的危险。

聚力打造现代化产业体系，先进装备制造、石化和精细化工、冶金新材料、优质特色消费品工业4个万亿级产业基地和22个重点产业集群加快发展。推动传统制造业改造升级，完成重点钢铁企业超低排放改造项目523个，制定菱镁行业高质量发展实施意见，高技术制造业投资增长25.3%。大连市、丹东市、沈北新区、普兰店区获评国家消费品工业“三品”战略示范城市。深入实施产业基础再造和重大技术装备攻关工程，4家企业入选国家产业技术基础公共服务平台。推进战略性新兴产业集群发展，集成电路装备产业渐成规模。一体推进质量、标准、品牌强省建设，制造业产品质量合格率逐年提升，沈鼓集团、兴齐眼药荣获“全国质量奖”。强化数字赋能，培育省级工业互联网平台累计87个、智能工厂和数字化车间累计337个。成功举办

2023全球工业互联网大会。

三、三产有特点

长期以来，发达国家第三产业占GDP的比重一般为70%~80%。近十年来，我国第三产业占GDP的比重已上升至54.6%。同期，东北三省第三产业占GDP的比重已上升至52.3%，辽宁省第三产业占GDP的比重上升至52.4%，与全国平均水平基本持平。

近年来，东北地区数字经济蓬勃发展，有效地促进了生产性服务业与制造业的深度融合，推动了服务型制造的发展。辽宁省数字经济基础稳固，全省5G基站突破5万个，5G网络实现县级行政区主城区全覆盖。推进工业互联网与钢铁、装备、消费品等行业的有机整合，促进产业链条的延伸与升级，2022年完成16个工业互联网标识解析二级节点建设运行。试运行的“星火·链网”超级节点成为全国七个超级节点之一，为东北地区各行业提供稳定的区块链和标识解析服务。吉林省中车长春轨道客车股份有限公司获批先进制造业和现代服务业融合发展试点。2022年，华为、百度人工智能产业基地在黑龙江省开工建设。

第二节　鲜明的产业集群

东北地区的许多工业城市都形成了独特的产业集群，这为其降低固定成本、获取正外部收益、实现规模报酬递增提供了坚实基础。辽宁省是其中的典型代表，各城市展示了多样化的“产业名片”。辽宁省共有4个万亿级产业基地——先进装备制造产业基地、石化和精细化工产业基地、冶金新材料产业基地、优质特色消费品工业产业基地，22个重点产业集群，包括12个市场竞争优势明显的千亿级产业集群——精细化工产业集群、菱镁精深加工产业集群、船舶与海工装备产业集群、粮油产业集群、航空装备产业集群、畜禽产业集群、轨道交通装备产业集群、先进有色金属材料产业集群、压缩机和制冷装备产业集群、电力装备产业集群、数控机床产业集群和高品质钢铁材料产业集群，以及10个战略性新兴产业集群——新能源汽车产业集群、集成电路装备产业集群、软件产业集群、工业互联网产业集群、人工智能产业集群、机器人及无人机产业集群、先进医疗装备产业集群、生物医药产业集群、节能环保产业集群、氢能产业集群。

当前，我国正处于新发展阶段，我们要毫不动摇地贯彻新发展理念。基于辽宁在全国产业链中的独特战略地位及其在全国产业布局中的重要意义、独有比较优势，辽宁的产业发展应高举“三新”旗帜，立足国内国际两个大局，发挥压舱石作用。具体来说，有如下六点：

第一，推进自贸区优惠政策安排，提高一般贸易比重，提升对外贸易附加值。相比于加工贸易，一般贸易具有更高的技术含量和品牌价值，对产业链上下游的议价能力较强，所以具有更高的附加值。2022年，辽宁省以一般贸易方式实现进出口值5451.7亿元，增长5.2%，占当年辽宁省进出口总值的68.9%，比重较上年提升1.9个百分点。同期，加工贸易进出口值1577.8亿元，下降13.5%，占20%。一般贸易的发展为辽宁提升全球价值链地位提供动力，应持续推进自贸区优惠政策，降低进口关税和制度性成本，提高一般贸易占比，优化贸易模式。

第二，加强创新型企业的税收优惠政策配套，培育企业发展新动能，提高发展质效。2022年，辽宁在新兴领域投资、高新技术制造业、新产品产量的增势迅速，实现全省高技术产业投资同比增长16.3%、全省规模以上高技术制造业增加值同比增长16.6%、全省新产品增速最高至220%的优越成绩。企业新动能的孕育表明了全要素生产率的提升，进而提高了社会经济的发展质效。应完善激励科技型中小企业创新的税收优惠政策，增强企业创新动力，培育企业发展新动能，提高发展质效。

第三，推动国家质量基础设施落地辽宁，加强质量品牌建设，提升辽宁产品质量。质量品牌是市场经济趋向成熟的必然结果，是现代企业核心竞争力的重要标志，是区域经济综合实力和发展可持续力的重要特征。近年来，辽宁各部门以重点行业、重点区域、重点产品为突破，推动品牌建设创新发展，打造强企名企，叫响辽宁品牌，辽宁品牌群体不断壮大。未来，辽宁应推进一批国家质量基础设施落地，如建设生产应用示范平台和标准计量、认证认可、检验检测、试验验证等产业技术基础公共服务平台，统筹推行“企业主体、政府引导，市场主导、质量至上，创新驱动、示范引领，社会共治、合理推进”的质量品牌建设运行机制，切实开展质量品牌的评价反馈工作。

第四，做好“三篇大文章”，推动“老字号”由硬变软，实施基建赋能、科技赋能和产业赋能的“三步走”战略；“原字号”由短变长，打响强链补链延链的组合拳，提升产业的附加值；“新字号”由小变大，以创新机制、创新体系建设保障高新技术产业的发展壮大。辽宁的“老字号”产业主要集中在装备制造业，其产业增加值占工业总产值比重为25%左右，在国民经济分类中仅占据6个大类，产业结构分布较为集中。当前，辽宁已建成省级数字化车间、智能工厂152家，应继续针对“老字号”企业在数字化、信息化和产业化上的突出问题，推行由硬变软的“三步走”战略，即以基础设计建设赋能

5G和AI，以5G和AI的科技进步赋能产业的迭代，以产业赋能“老字号”产业的迭代升级。“原字号”是辽宁最大的工业板块，主要包括石化、冶金、建材等原材料及深加工行业，其产业营收占全省规模以上工业比重的52.4%，资源禀赋的效益不断凸显。当前，辽宁全省化工精细化率已达44.1%，延链、补链、强链成绩卓著，应持续推进产业链的高效协同，提升产业附加值。辽宁“新字号”主要包括战略性新兴产业、高技术制造业、高技术服务和未来产业，已有“远瑞洋”轮等核心成果交付。应大力支持“新字号”的发展，以创新机制、创新体系的建设保障高新技术产业的发展壮大。

第五，推动国家级数字化转型综合性服务平台建设，以数字产业化、产业数字化、数字化治理、数据价值化为抓手，推进全产业链数字化赋能。全球主要国家数字经济规模已达38.1万亿美元，同比增长15.6%，占GDP比重为45.0%。我国数字经济规模达到7.1亿美元，稳居世界第二位。这表明数字经济正在主导全球产业变革与经济增长。从数字化经济规模看，辽宁已经跨入数字经济的“万亿俱乐部”，全省规模以上工业企业关键工序数控化率达到56.2%，数字化研发设计工具普及率达到75.3%，超过全国平均水平。辽宁是工业大省、农业大省、海洋大省，实体企业特别是工业企业数字化、网络化、智能化发展需求迫切、空间广阔，将会提供越来越多的数字应用场景，这就是辽宁迎接数字浪潮的土壤所在。推动国家级数字化转型综合性服务平台建设，建立健全企业参与的服务机制和政策规范，支持数字技术开源社区等创新联合体发展，能够有效推动产业链的数字化赋能。具体来说，有以下四点：

数字产业化：在人工智能、新一代通信与智能网络、芯片、网络安全等领域加大核心关键技术攻关。安排数字辽宁智造强省专项资金，支持核心产业及新基建等领域项目建设。推动智慧园区、产业集聚区等建设，推动沈阳、大连创建中国软件名城、软件名园。

产业数字化：深入挖掘、拓展各领域应用场景，建立重点应用场景项目库，支持一批优秀示范项目建设。引导推动省级数字化转型促进中心对外提供普惠性创新服务。组织开展数字化转型对接活动，推动企业“上云用数赋智”。

数字化治理：以数字技术重塑数字政府和智慧城市的发展。数字技术可以推进数字政府的精准化一体化流程，提升服务效能，打造泛在可及、智慧便捷、公平普惠、安全可靠的数字化服务体系。在首批省级新型智慧城市建设试点工作中，辽宁省强化了规则规制的引领，确保智慧城市的规范化发展和因地制宜，这也是未来发展的正确方向。在国别竞争中，要注意开放与安全的关系，在数字化的初级阶段，应以数据安全为底线，防范数字风险；当数字化发展到一定程度时，应扩大开放来促进竞争和发展，做大做强数字化产业。

数据价值化：随着数字化赋能的不断演进，数据的价值也在不断提高。数据隐私是数据价值化的核心命题，应在现有法律法规的基础上，落实分层管理，即分离数据的使用权和所有权，以保护个人隐私。此外，政府应积极推进相关举措，实现个人防范、企业自律与政府监管的有机结合，强化社会监督效能，实现隐私保护与个人信息利用之间的平衡。

总之，坚持全产业链数字化赋能，是实施辽宁高质量发展、实现中国经济弯道超车的必由之路。这需要高度重视数字经济在全球产业体系中的战略地位，积极推进数字技术创新与应用，并加强国际合作与交流，这将有利于辽宁在新的历史条件下实现经济跨越式发展。

第六，拓宽政府项目融资渠道，以三个万亿级产业基地为指引，继续推动产业集聚，打造辽宁的“产业名牌”。《辽宁省深入推进结构调整“三篇大文章”三年行动方案（2022—2024年）》指出，辽宁省将加快建设三个万亿级产业基地，分别是具有国际影响力的先进装备制造业基地（10000亿元）、世界级石化和精细化工产业基地（13000亿元）、世界级冶金新材料产业基地（10000亿元）。产业集聚是规模经济和范围经济的原动力，对于资源流通和研发创新具有十分重要的意义。目前，辽宁与北京、上海构成了国内集成电路装备产业三大重点地区。除此之外，辽宁还布局了科技攻关项目267个，省科技重大专项75个，承担国家重点科研项目91项，突破关键核心技术340项、研发重大创新产品257个，源源不断地为研发创新注入活力。

一、4个万亿级产业基地

2023年，在习近平新时代中国特色社会主义思想指导下，在辽宁省委、省政府的坚强领导下，辽宁省四个万亿级产业基地实现高速建设，高端装备、精细化工、冶金新材料、现代优质特色消费品营收占比较2022年分别提高2、2.1、2和1.5个百分点。

（一）石化和精细化工

作为中沙两国全面战略合作项目的一项，精细化工及原料工程项目由习近平主席和沙特国王共同见证，并被纳入第二届“一带一路”国际合作高峰论坛成果清单的一项。2023年，精细化工及原料工程项目正式于盘锦开工，是中沙战略合作的标志性成果。

目前，辽宁省石化和精细化工产业在11大类45种精细化工产品中具备优势条件，产业基地以“一地两极”为轴、沿海与内陆两翼协同发展。以大连、盘锦石化产业基地为主体，营口、锦州、葫芦岛等沿海地区，承接大连、盘锦炼化资源下游产业，重点发展化工新材料和高端专用化学品，实现上下游产业链协同发展。拥有13条富有地方特色的石化产业链条，其中，石化行业以烯烃、芳烃、精细化工三条产业链为重点。大连市以芳烃、烯烃产业链为重点产业，盘锦市以石化及精细化工产业链为重点产业，阜新市以氟化工产业链为重点产业，辽阳市以芳烃、烯烃、日化三条产业链为重点产业。

截至2022年，辽宁省已于石化和精细化工行业累计实施30余个科技计划项目、构建20余个实质性产学研联盟，布局20余个省级科技创新基地，组建3个科技成果转化中试基地。以新科技、新材料、新产品助力石化及精细化工产业集群的高质量发展，实现石化行业的可持续发展。

（二）冶金新材料

2020年，辽宁省原油加工量1.03亿吨，原油产能1000万吨/年，其中，原油加工能力1.3亿吨/年，位居全国第二位；乙烯产量183.9万吨，其中，乙烯产能450万吨/年，位居全国第一位；PX产量633万吨，PX产能690万吨/年，位居全国第一位；PTA产量1624万吨，PTA产能1840万吨/年，位居全国第一位。粗钢产量7609万吨，钢材产量7578万吨，炼钢生产能力9300万吨/年，轧钢生产能力超过1亿吨/年，其中，粗钢生产能力位居全国第四位。

二、22个重点集群

根据《辽宁省深入推进结构调整“三篇大文章”三年行动方案（2022—2024年）》，辽宁省共有22个重点产业集群，其中包括12个千亿级产业集群和10个战略性新兴产业集群，见表7-4。

表7-4 辽宁省22个重点产业集群

12个千亿级产业集群		10个战略性新兴产业集群	
精细化工产业集群	菱镁精深加工产业集群	新能源汽车产业集群	集成电路装备产业集群
船舶与海工装备产业集群	粮油产业集群	软件产业集群	先进医疗装备产业集群
航空装备产业集群	畜禽产业集群	工业互联网产业集群	生物医药产业集群
轨道交通装备产业集群	先进有色金属材料产业集群	人工智能产业集群	节能环保产业集群
压缩机和制冷装备产业集群	电力装备产业集群	机器人及无人机产业集群	氢能产业集群
数控机床产业集群	高品质钢铁材料产业集群		

资料来源：《辽宁省深入推进结构调整“三篇大文章”三年行动方案（2022—2024年）》。

（一）船舶与海工装备产业集群

辽宁省在船舶与海工装备产业集群方面，具备优越的区位优势、扎实的产业基础和强劲的技术支撑。目前，辽宁省内船舶配套企业分布于沈阳、鞍山、营口、锦州、丹东等地，已形成大连湾、旅顺开发区、葫芦岛龙港等船舶与海工装备总装基地，具有极强的竞争力。

1. 优越的区位优势

辽宁省拥有沿海、沿江、沿边的“三沿”区位优势，作为东北地区唯一的海陆大通道，辽宁省是联结丝绸之路经济带和21世纪海上丝绸之路的纽带，是我国北部对外开放的重要门户。辽宁省大陆海岸线长2110公里，位居全国第五位。

2. 扎实的产业基础

辽宁省作为我国船舶与海工装备的重要研发生产基地，是我国第一艘万吨轮船、第一艘航母的诞生地。截至2022年初，辽宁省拥有规模以上船舶工业企业240余户，其中包含多家船舶行业国内龙头企业。2020年，辽宁省海洋船舶工业实现增加值91.5亿元，位居全国第三位；造船完工534.8万载重吨，占全国造船总量的13.9%，位居全国第三位；全省港口完成货物吞吐量8.2亿吨，承担东北地区70%以上的海运货物，其中集装箱吞吐量1310.8万标准箱，大连港位列全国十大沿海港口。

3. 强劲的技术支撑

辽宁省船舶与海工装备产学研融合良好，提供着强劲的技术支撑。全省拥有多家海洋领域国家重点实验室（工程研究中心）、省级重点实验室等创新平台。其中，2017年，中国科学院沈阳自动化研究所参加的“蛟龙号载人潜水器研发与应用”获得国家科技进步一等奖。2019年，大连理工大学“海洋天然气水合物分解演化理论与调控方法”荣获国家自然科学奖二等奖。

（二）航空装备产业集群

辽宁省航空装备产业拥有完整的产业链条和突出的产业优势。目前，辽宁省已形成沈阳、大连等航空产业基地。其中，沈阳是国内承担航空发动机研制、生产任务最多的地区，拥有20多家规模以上企业，形成了全产业链航空体系。沈阳民用航空产业国家高技术产业基地获国家发改委批准建设，沈阳法库通航基地获批全国首批无人驾驶航空器飞行试验基地。

截至2022年底，辽宁省有超过4万人从事航空产业，其中高级科技人员将近5000人。辽宁拥有超过170家航空装备产业的企业，包括

12个省级企业技术中心，18个省级重点实验室，5个省级专业技术创新中心。其中，多家企业研发的产品已达到世界领先水平。中航沈飞民用飞机有限责任公司是航空装备行业龙头企业，其民机大部件研制能力名列世界前茅，产品涉猎广泛，作为我国民用飞机机体结构大部件的研发与制造商，与世界多家知名航空制造企业建立了稳定的合作关系；中国航发燃气轮机作为国内唯一拥有自主知识产权的燃气轮机研发制造企业，其发明的燃气轮机广泛应用于舰船动力、工业发电、机械驱动及管线增压等领域；小熊飞机制造有限公司的越野飞机是国内生产制造项目唯一符合中美双边适航协定的项目；辽宁通航研究院是全球最早开展新能源电动飞机型号研制的科研机构之一，已研发出世界首款获得适航证的电动飞机，拥有全球仅四款取得电动飞机适航证中的三款。

（三）轨道交通装备产业集群

轨道交通装备产业是我国高端装备制造业的行业之一，辽宁作为我国轨道交通装备研制、生产的四个重要区域之一，初步形成了完整的产业体系，产品覆盖多个领域，产学研合作较为深入，持续推动着辽宁省轨道交通产业的高质量发展。

2021年，辽宁省共有273家轨道交通装备制造产业企业，全年营业收入达204.8亿元，利润总额6.5亿元。企业集中于沈阳、大连、锦州、鞍山、抚顺等地区，其中有156家企业分布于沈阳、大连，占据全省轨道交通装备企业的半壁江山，产业规模约占全省的98%。其中，4个轨道交通产品入选《辽宁省首台（套）重大技术装备推广应用指导目录》，11个轨道交通产品被评为辽宁省“专精特新”产品（技术），4家企业被评为辽宁省专精特新“小巨人”企业、“专精特新”中小企业。

截至2022年，辽宁省共组建29个轨道交通装备产业创新平台，包括2个国家级产业创新平台、2个教育部工程研究中心、10家省级重点实验室、14家省级专业技术创新中心以及1家省级产业共性技术创新中心。以大连市轨道交通产业创新发展联盟为例，该联盟由大连市旅顺开发区与大连地铁集团、中车大连机车和大连交通大学共同组建，联盟研发内容覆盖大连市轨道交通产业全产业链，是大连轨道交通产业高质量发展的中坚力量。

（四）压缩机和制冷装备产业集群

作为辽宁省先进制造业的代表性产业之一，压缩机和制冷装备产业是推动辽宁省科技创新和产业转型升级的关键所在。

辽宁省压缩机和制冷装备产业集群主要分布于沈阳、大连两个地区，具备显著的产业优势。沈阳市是国内压缩机和制冷装备产品线最全的研发生产制造基地，2023年年产大型压缩机600台、空调压缩机800万台，产值达130亿元，占沈阳机械装备制造业总产值的12.6%。产品种类共五大类数十种，在石化“三大油”市场占有率达90%，在煤化工市场占有率达70%。以沈鼓集团为例，沈鼓集团是我国装备制造业的战略型、领军型企业和制造业单项冠军企业，该集团研制的大型海上平台压缩机填补了海上油气平台用压缩机的国产化空白，保障了我国压缩机和制冷装备产业链供应链的自主性，保护了国家的产业安全。

（五）工业互联网产业集群

工业互联网是联结数字经济与实体经济的纽带。辽宁省在传统制造业数字化转型的过程中，工业互联网产业集群起着不可替代的核心作用。

2023年，辽宁省规模以上工业增加值同比增长5.0%，高于全国

0.4个百分点，获评全国首批制造业数字化转型贯标试点省份，沈阳、大连入选国家首批中小企业数字化转型试点城市。全省累计建设超过11万个5G基站，20个5G全连接工厂，15个“5G+工业互联网”融合应用先导区。其中，省级5G工厂达到40个，8个入选中国国家5G工厂；工业互联网标识解析二级节点达到39个，居全国第三位，接入企业超过1万家；省级工业互联网平台达到87个，服务工业企业超过6万户。新增“星火·链网”骨干节点2个，鞍钢“羽嘉”、航天新长征大道“长征云”入选国家“双跨”平台。累计建设337家省级数字化车间、智能工厂，其中7个工厂获评国家级智能工厂，10个项目入选新一代信息技术与制造业融合发展示范项目，40个场景获评国家级智能制造优秀场景。培育34个省级服务型制造示范单位，入围国家级12个，累计53个，居全国第四位，其中共享制造与广东并列全国第一。争创国家级工业设计中心4个，累计11个。

（六）人工智能产业集群

习近平总书记在中共中央政治局第九次集体学习时强调，“人工智能是引领这一轮科技革命和产业变革的战略性技术，具有溢出带动性很强的‘头雁’效应。”作为推动科技跨越发展、产业优化升级、生产力整体跃升的重要战略资源，人工智能产业是带动辽宁省产业转型升级的重要动力。

根据《中国新一代人工智能科技产业发展报告》，2021年，辽宁省人工智能产业规模超过110亿元，人工智能科技产业区域竞争力评价指数综合排名全国第8位，人工智能企业数量排名全国第13位。辽宁省具备人工智能发展所需的产业基础，科研实力雄厚，在人工智能的多个领域具有领先优势。辽宁省拥有机器人学国家重点实验室、流程工业综合自动化国家重点实验室、软件架构国家重点实验室等一批国家级重点科技创新平台。其中，中科院沈阳自动化研究所拥有751项人工智能相关专利，位于全国非大学科研机构第八位；大连理工、东北大学也在国内人工智能多个领域处于领先地位。

辽宁省具有多家人工智能领域的龙头企业，覆盖机器人、无人机、智能网联汽车、智能翻译、医疗影像辅助诊断以及智能家居等领域，拥有多家重点企业，在各领域市场内均具有影响力。其中，东软睿驰自动驾驶产品在国内智能网联汽车市场的占有率排名第一；东软集团的智慧医疗健康大数据分析平台、麦克奥迪荧光扫描图像分析系统在医疗领域内得到广泛应用。

（七）机器人及无人机产业集群

机器人被誉为"制造业皇冠顶端的明珠"，是先进制造业的关键支撑装备。辽宁省是中国机器人产业的发源地，对发展机器人及无人机产业集群而言，具有良好的产业基础，雄厚的科研实力。

近年来，辽宁省机器人产业发展迅速，已形成具有国际竞争力的机器人产业基地。辽宁省机器人及无人机产业集群主要分布于沈阳、大连等地区，拥有多所高校和科研院所，其中包括国家首个机器人质量监督检验中心等9个国家级、省部级重点实验室和工程中心。在机器人领域，辽宁省拥有60多家相关企业，其中机器人研制企业51家，包括15家规模以上企业。2020年，实现营业收入120亿元，占装备制造业营业收入的1.5%，其中沈阳市机器人产业实现营业收入110亿元，占全省机器人产业营业收入的91.7%。2021年，辽宁省工业机器人产量6957台。在无人机领域，拥有无距科技、辽宁壮龙等骨干企业。其中，沈阳无距科技单旋翼植保无人机飞控产品市场占有率全国第一。辽宁省多家机器人、无人机龙头企业的领军作用，带动了省内多家相关领域中小企业的发展。同时，机器人及无人机产业集群作为辽宁省的优势产业，于2022年入选国家先进制造业集群名单。

以沈阳市为例，2021年，沈阳市机器人及智能制造产业集群主导产业产值1213亿元，是东北地区智能制造的领军产业。其中，沈阳新松机器人自动化股份有限公司是我国规模最大的智能机器人企业，在国内自主研发智能机器人市场占有率达到20%，创造了中国智能机器人发展史上百余项“第一”。2020年，沈阳新松机器人产值高达31.5亿元，其研发的五大类近百种产品已在多个领域实现批量应用，其中移动机器人国内市场占有率达到90%、国际市场占有率达到15%，IC真空机械手及集束型设备填补国内多项空白。此外，中科院沈阳自动化研究所被誉为“中国机器人的摇篮”；中科院沈阳自动化研究所研发的极地可靠机器人、水下机器人在航天、海洋工程等领域取得开创性成果。

（八）集成电路装备产业集群

目前，辽宁省集成电路装备产业集群以沈阳为中心城市，散布于大连、营口、丹东等多个地区，拥有5个国家级工程技术研究中心工程实验室，3个国家级企业技术中心。37所高等院校开设集成电路相关专业，共有专业点92个，成立了国家第一个省级半导体装备产业创新联盟，建设了31个重点实验室技术创新中心，构建起14个产学研联盟；承担了33个国家重大专项项目，在薄膜沉积、涂胶显影、封装等领域拥有50余个自主可控核心技术，突破行业“卡脖子”技术55项。2022年全省集成电路装备和关键零部件产业实现营业收入72亿元，同比增长37%，与北京、上海共同形成集成电路装备制造领域三大重点地区，截至2023年8月底，实现营业收入约60亿元，同比增长超过30%。

以沈阳市为例，2020年，沈阳市集成电路装备产业产值30亿元，拥有IC装备企业19家，包括整机企业7家，配套企业12家。“十三五”期间，沈阳市的IC装备产业实现连续五年稳定快速增长，年均增长率达到10.1%。芯源微电子、富创精密、拓荆科技、沈阳科仪等4家企业2020年增速达50%左右，产值均达5亿元左右。拓荆科技、芯源微电子、富创精密等企业承担了一批国家重大科技专项和国家重大技术攻关项目，在薄膜沉积设备、陶瓷层喷涂和沉积技术、涂胶显影设备、真空干泵设备等领域进入国际赛道争夺技术制高点。芯源微电子已于2019年在科创板上市，富创精密、拓荆科技、沈阳科仪正积极准备在科创板上市。同时，沈阳市早在2004年率先成立了全国第一个IC装备制造业产业基地，2010年被国家科技部认定为“国家集成电路装备国信技术产业化基地”，建成5个IC装备领域的国家工程（技术）研究中心、工程实验室，与北京、上海构成我国IC装备产业发展三大重点地区。

（九）生物医药产业集群

1. 生物医药行业企业丰富，实力雄厚

辽宁省拥有多家生物医药领军企业、龙头企业。大连辉瑞为生物医药行业领军企业，东北制药、沈阳三生、成大生物、锦州奥鸿、东软医疗、辽宁好护士等为子行业龙头企业。沈大内窥镜等6户企业被认定为第三批国家级专精特新“小巨人”企业，大连万福制药等3户企业为第五批省级服务型制造示范平台，沈阳兴齐眼药等12户企业为辽宁省专精特新“小巨人”企业，宏达制药等3户企业为辽宁省专精特新中小企业。2020年，沈阳市生物医药及医疗装备产业产值为223.7亿元。全市现有东药集团、三生制药、成大生物、东软医疗等龙头企业，拜澳泰克、兴齐眼药、沈大内窥镜、新松医疗等一大批科技型企业。三生制药研制的重组人血小板生成素注射液（商品名为特比澳），2006年全球独家上市以来仍保持独家生产优势，市场占有率100%。东软医疗生产的CT设备2019年国内市场保有量超过10%，位居国产品牌第一。德生生物的生物药国际CDMO基地项目获得中央资金支持，在国内率先开发具有自主知识产权的抗体药物产业化技术。

2. 生物医药创新平台多元，产学研合作深入

辽宁省拥有多家生物医药创新平台，产学研合作较为深入。沈阳药科大学、中国医科大学、辽宁中医药大学组建生物医药产业共性技术创新平台，解决生物医药产业发展的重大技术需求。依托东软集团、东北制药、沈阳三生等行业骨干企业组建了数字化医学影像设备、化学制药、基因工程制药共15个产业专业技术创新平台。

（十）节能环保产业集群

2020年9月，习近平总书记在第七十五届联合国大会上宣布："中国将提高国家自主贡献力度，采取更加有力的政策和措施，二氧化碳排放力争于2030年前达到峰值，努力争取2060年前实现碳中和。"近年来，辽宁省积极响应党中央实现碳达峰、碳中和的目标，为在结合辽宁自身比较优势的同时实现辽宁的永续发展，大力发展节能环保产业集群和氢能产业集群成为辽宁省的必然选择。节能环保产业集群是践行习近平总书记生态文明思想建设的具体行动，更是辽宁省加快推进清洁能源强省建设的有力保障。

2023年，辽宁省沈阳市、大连市获批国家首批碳达峰试点城市。全省大力推进风电光伏、核电机组建设、抽水蓄能电站机组运行等多个重点项目，积极开展煤炭清洁高效利用工作，完成煤电机组"三改联动"476万千瓦。持续完善"双碳"政策体系，推动散煤治理和煤炭清洁高效利用。推动建设沈阳市、大连市国家废旧物资循环利用体系示范城市以及本溪、铁岭、抚顺、阜新、朝阳等5市国家大宗固体

废弃物综合利用示范基地。

根据《辽宁省环保产业发展报告（2022年度）》，2022年，辽宁省纳入环保产业统计范围内企业共计1540家，其中，1400家企业涉及环境服务，232家企业涉及环境保护产品生产，92家企业兼营环境保护产品生产及环境服务。营业收入总额达453.55亿元，营业利润总额达44.67亿元。环保企业专利授权总数为2587项。全省共有26家高校及科研院所、25个环保类重点实验室、21个专业技术创新中心、18个工程研究中心，其中包括1个国家级重点实验室、1个国家级创新中心、2个国家级工程研究中心。

（十一）氢能产业集群

辽宁省氢能产业集群空间发展格局为“一核、一城、五区”，其中，“一核”为大连氢能产业核心区，“一城”为沈抚示范区氢能产业新城，“五区”为鞍山燃料电池关键材料产业集聚区、朝阳燃料电池商用车产业集聚区、阜新燃料电池动力系统及配套产业集聚区、葫芦岛低压合金储氢装备及材料产业集聚区和盘锦氢气储运装备产业集聚区。

1. 丰富的氢能资源禀赋

辽宁省是我国重要的原材料工业基地，具备丰富的副产氢能源和可再生能源发电制氢资源。副产氢能源方面，截至2021年底，辽宁省副产氢气年产量50万吨左右，可以为超过10万辆燃料电池汽车提供燃料。可再生能源发电制氢资源方面，截至2022年底，辽宁省风电装机容量达到1172万千瓦，光伏发电装机容量600.5万千瓦，其中华电集团年产绿氢约1230吨。

2. 雄厚的氢能产业研发能力

辽宁省氢能产业的研发能力雄厚、研发水平前沿，技术创新成果领先。中科院大连化物所作为国内最早从事燃料电池研究的机构，在规模化电解水制氢效率方面已达到国际先进水平。大连海事大学牵头研制出了国内首艘具有实用功能的燃料电池动力船。新源动力作为国内最早致力于燃料电池产业化的股份制企业，是燃料电池及氢源技术国家工程研究中心承建单位和国家级知识产权优势企业，其研制的产品创造了我国燃料电池汽车正式运行的里程记录，被授予“2019全球新能源汽车前沿技术”之一。葫芦岛市车载低压固态储氢系统已获“国家重大研发计划项目”，纳入“科技助力经济2020”重点专项。

3. 完整的氢能产业链

目前，辽宁省具有100多家氢能相关企业和研究机构，已形成较为完整的产业链。截至2022年，辽宁省共有33个氢能产业重点项目，其中包括12个制氢项目、3个储运项目、16个氢能装备项目、2个产业园区项目。覆盖燃料电池电堆及其核心部件和基础材料，系统集成、控制和辅助系统关键部件燃料电池智能生产线生产，燃料电池整车生产、燃料电池船舶、氢气制取、氢气储运及氢气加注等全产业链。其中，燃料电池电堆及其核心部件和基础材料企业和氢气加注企业均代表国内领先水平。

（十二）菱镁精深加工产业集群

辽宁省菱镁精深加工产业集群以鞍山为核心地区，分布于鞍山、营口、辽阳等地区。其中，鞍山是全球最重要的菱镁资源生产基地，具备优越的菱镁资源禀赋和产业优势。

辽宁省矿产资源丰富，菱镁矿储量分别占全国和世界的85.6%和25%左右，硼矿、铁矿、金刚石居全国首位，滑石、玉石居全国第二位，石油居全国第四位。矿产地集中，便于规模开发。2020年，辽宁省镁质耐火材料覆盖90%国内市场和60%国际市场。以鞍山市为例，鞍山具有矿石开采、镁质耐火材料、镁质建筑材料、镁质化工材料、镁质新材料、滑石产业、菱镁装备七大产业，2022年，全市共推动实现签约项目23个，其中，投资合作项目16个，总投资额143.19亿元；产品供销合作项目3个，总金额1.7亿元；技术合作项目4个。

第八章 区位优势独特

对于辽宁省而言，能够成为“聚宝盆”，独特的区位优势功不可没。正如习近平总书记2023年9月7日在新时代推动东北全面振兴座谈会上所指出的，“东北资源条件较好，产业基础比较雄厚，区位优势独特，发展潜力巨大”。同时，习近平总书记也为东北地区凭借区位优势振兴东北指明了发展方向，那就是“发展冰雪经济和海洋经济”。其中，“冰雪经济”是东北地区所共有的区位优势，本书将在第十章的第五节中阐释辽宁省“高品质文体旅融合发展示范地”的建设。那么在本章，我们主要讨论辽宁省所独有的“海洋经济”是如何在独特的区位优势下进行“聚宝”的。

“海洋经济”对应的是党的二十大报告中所明确指出的“坚定不移扩大开放”和“坚持高水平对外开放”。打造辽宁省对外开放新前沿是发挥辽宁省独特区位优势的重要抓手。更好地发挥辽宁“聚宝盆”的沿海区位优势，就是要全面贯彻习近平总书记赋予东北全面振兴的“五项重要任务”中的第三项任务，即“要加快建设现代化基础设施体系，提升对内对外开放合作水平”。在“现代化基础设施体系”方面，本章主要对辽宁省在能源，铁路网、高铁网，公路网，航空线路网络，新一代移动通信和数据网等五个基础设施方面的战略布局展开分析论证；在“对内对外开放合作水平”方面，本章则主要聚焦“东北海陆大通道”的论证。

第一节　基础设施基础良好

与京津冀地区、长三角地区和粤港澳等地区相比，辽宁省的地理位置更为靠近日、韩、蒙、俄等国家，贸易成本、跨境人员流动成本相对更低，也更有利于发挥交通、物流、信息等方面的枢纽作用，具备成为对外开放新前沿的区位优势。辽宁省的发展关键在于凭借良好的基础设施实现国内国外“硬联通”，推进辽宁省深度融入共建“一带一路”，参与国家重大战略衔接，主动谋求新时代全面振兴新突破，推动辽宁走向世界。辽宁省是我国东北地区唯一的沿海省份。东北三省的城市发展得益于“双核心驱动”模式的成功运用。该模式通过核心城市与副核心城市的协同发展，充分利用完善的基础设施体系，促进双核心城市与次级城市之间的协作共赢，为城市发展提供了适宜的典范。（余淼杰，杨伯烨，2024）结合习近平总书记关于东北建设现代化基础设施体系的战略布局，本节内容从能源，铁路网、高铁网，公路网，航空线路网络，新一代移动通信和数据网等五个基础设施方面展开分析。

一、能源基础设施

在“一带一路”倡议的框架下，中蒙俄经济走廊成为我国向东开放的重要战略支点，其中，国际能源合作成为关键的重点领域。东北地区凭借其天然的区位优势，在中蒙俄能源合作中发挥着关键作用，成为重要平台。辽宁省则因其地理位置衔接京津冀等国内关键城市群，担负起国际国内能源合作畅通的“枢纽”职责。作为我国重要的制造业基地，辽宁省产业结构优化、产能先进性高于俄罗斯和蒙古国。在能源基础设施合作中，辽宁应积极发挥自身优势，担当主动推进的角色。通过深入分析合作方的实际需求，辽宁应以直接投资等方式，推动具有比较优势的优质产能向对方转移。通过与合作方的产能短板相结合，共同构建新型产业链，进一步促进相关地区的经济协同发展。在此过程中，辽宁应注重提升自身产业的竞争力和可持续性，形成新的生产网络和消费市场，推动经济的高质量发展（张弛等，2018）。在当前时期，我国向东开放的国际能源基础设施合作主要涵盖两大方面：一是石油与天然气领域的能源基础设施共建，二是电力能源领域的基础设施互联互通。

聚焦石油和天然气领域，东北地区主要通过“大项目”形式参与国际基础设施建设。正如《辽宁省人民政府关于加快推进东北亚经贸合作打造对外开放新前沿的意见》所指出，“加强与俄罗斯能源资源合作；支持在俄罗斯投资建设天然气田、有色金属矿山等境外资源基地；做好中俄天然气东线管道辽宁段建设和中俄原油管线运营服务保障工作，提高跨境油气资源利用水平。推进在辽大型石油化工企业进口俄罗斯原油项目”。目前，辽宁省主要承载三项建设：中俄原油管道项目、亚马尔液化天然气项目、中俄东线天然气管道项目。

中俄原油管道项目。该管道项目目前下设一线工程和二线工程，一线工程于2010年建成投产，二线工程于2018年建成投产。按照双方协定，俄罗斯将在未来的20年内通过中俄原油管道向中国提供3000万吨原油。在全球地缘政治经济风险逐步攀升的趋势下，多渠道、多运输方式的石油进口对于中国的产业链、供应链安全至关重要。东北地区凭借其毗邻俄罗斯远东的区位优势，基于领先的基础设施项目合作，为“五大安全”任务的践行提供了关键保障。

亚马尔液化天然气项目。该项目是中俄两国在北极圈合作的首个全产业链合作项目，将北极地区的航道资源和能源资源有机结合，为中俄新时代合作方式开辟了新航道。该项目通过北极东北航道、白令海峡运输，与原本通过苏伊士运河的传统航道相比，运输时间缩短了近20天，物流成本大幅降低。此外，还有中俄西线天然气管道以及目前正在推进的中俄远东供气项目、中俄蒙管道项目和阿穆尔天然气化工综合体项目等，也被有机纳入该项目的整体布局当中。

中俄东线天然气管道项目。该项目是中国石油与俄气公司的联合项目，包括俄罗斯境内的西伯利亚力量管道和中方境内的中俄东线天然气管道。中俄东线天然气管道从俄罗斯东西伯利亚开启，经由布拉戈维申斯克进入中国黑龙江省黑河市。在该项目中，辽宁省作为中俄东线天然气管道的中转站，担负着承接俄罗斯境外输入和向国内转送的重要任务。中俄东线天然气管道项目不仅为我国提供了稳定、可靠、清洁的能源，还有助于填补我国东北地区油气资源供应的缺口。中国一直致力于推动东北亚地区整体的电力基础设施合作，积极寻求与东北亚地区各经济体的电网互通互联。在此领域，东北地区也同样起着关键的枢纽作用，通过提供稳定、清洁、可靠的能源，推动中国实现“人与自然和谐共生的现代化”目标，东北地区也坚持以实际行动践行可持续发展观，为人类命运共同体的绿色发展作出表率。在此领域，东北地区一方面向东合作承载中蒙俄输电网络项目，如“中蒙输电线路项目”和“中俄直流联网工程”；另一方面，坚持向东、向北发展，积极与俄罗斯、蒙古国、朝鲜、韩国、日本等邻国展开清洁能源基础设施合作，签署《东北亚电力联网合作备忘录》。

中蒙输电线路项目。该线路由中蒙两国合作建设，分为多个子项目，包括甘其毛都口岸220千伏通道、口岸110千伏变电站至蒙古国查干哈达35千伏输变电工程等。此外，还有蒙西电网对蒙古国南戈壁省跨国供电合作项目和巴彦淖尔市口岸110千伏变电站至蒙古国查干哈达35千伏输变电工程。中蒙输电线路项目不仅是中国与蒙古国在电力领域深度合作的高度体现，也是地区经济发展拥有新的活力的直接体现，这一项目不仅为蒙古国提供了可靠的电力供应，也为中蒙两国的贸易往来、投资合作、互联互通、农牧业、产能、能源等领域的合作提供了有力保障，同时利用内蒙古的清洁能源外送蒙古国，可以促进绿色发展和环境保护，可谓一举多得、互惠互利。依托此项目，中国内蒙古自治区的电力网络工程得到了极大的发展。在此过程中，辽宁省提供了大量的技术支持，中国能建辽宁院中标蒙东通辽5个可研、设计一体化项目和蒙东赤峰广场66千伏输变电工程勘察设计项目。5个可研、设计一体化项目包括科左后旗阿古拉66千伏变电站改造工程、科尔沁区东富66千伏变电站改造工程、科尔沁区金家窑—东富66千伏线路工程、科尔沁区水库—东富66千伏线路工程、开鲁县沙日花66千伏V1号主变扩建工程等。

中俄直流联网工程。该工程是国家电网公司首个跨国能源合作项目，并且是目前我国规划建设的从境外购电电压等级最高、容量最大的输变电工程，是中俄两国开展能源领域合作取得的一项重大成果。作为国家电网公司首个跨国能源合作项目，中俄直流联网工程阿黑线通过引进俄罗斯的水电，为黑河当地以及吉林、辽宁等地提供更多便宜的清洁电，在减少二氧化碳排放的同时，也促进了两国的经济发展和能源优势互补。500千伏中俄直流联网工程不仅是全球能源互联北拓的基础，还有利于深化中俄基础设施和口岸通道的互联互通，对提高远东地区能源利用率，以及深入加强与拓展中俄能源项目合作，提供了更加广阔的空间和更加坚强的能源保障。2022年，中俄电力贸易量同比增加了三分之一，双方在电力能源领域的合作更加广泛和深入。中国国家电网与俄罗斯电网公司已共同签署了关于数字化电网合作的意向协议。“一带一路”也为我国对俄电力合作构建了新途径。对俄购电项目，对于中国引进境外二次清洁能源、减少国内一次能源消耗、助推节能减排等具有重要意义。中俄直流联网工程的成功推进，为辽宁省的绿色发展提供了宝贵的机遇，为“三年振兴新突破”提供了一条绿色赛道。

2016年3月，中国国家电网公司、韩国电力公社、日本软银集团及俄罗斯电网公司在北京签署了《东北亚电力联网合作备忘录》，此举象征着东北亚地区能源互联网建设进程的加速推进。中韩两国也就关于储能合作进行进一步的探讨，中国储能行业将与韩方储能同行一道，加强交流、分享经验、务实合作、互利共赢，共同探索能源转型发展新路径，加快构建清洁低碳、安全高效的能源体系，为全球能源电力行业可持续发展贡献力量。我国与朝鲜在电力领域的合作主要依托于输电线路建设和电力援助项目的实施。这一合作模式不仅体现了双方在能源领域的紧密联系，更是推动了两国友好合作关系的重要步骤。未来，双方将继续深化在能源领域的合作，以实现共同发展的目标。两国在电力领域的合作最早可以追溯到1959年两国共建的云峰水电站项目，此外还有水丰大坝等项目。当前，我国已经与朝鲜建立了多条跨境输电线路，由此来进行两国间的电力贸易。我国还与朝鲜签署了《中朝能源合作规划纲要》，并提出了在朝鲜建设水电站，通过跨国输电通道向我国输送清洁电力的设想。同时，我国同日本在电力领域的合作也在紧密开展。在面向东北亚地区进行电力基础设施的合作上，辽宁省具有得天独厚的区位优势，凭借完备的制造业产业链，能够有效支撑大基建、大项目的合作，同时以清洁能源的提供支撑辽宁省的绿色发展、可持续发展。（韩君，张慧楠，2019；昕蕾，刘小娜，2023）

二、铁路网、高铁网基础设施

高铁网络能够强化沿线城市间的相互联系，同时影响着经济要素的区域配置，并且城市间相互联系和经济要素区域配置之间存在相互影响。（王雨飞，倪鹏飞，2016；Yao et al.，2020；房景等，2023）通过铁路、高铁连接而连接在一起的城市在多大程度上转变为一个扩展的功能区域，或者换句话说，铁路网络正是一个综合走廊经济。（Blum et al.，1997）辽宁省作为我国东北地区唯一的沿海省份，拥有发达的铁路网络和高铁线路，能够充分发挥其沿海大省的独特区位优势，为区域经济发展注入强大动力。

近年来，辽宁省铁路、高铁网络呈现出持续拓展的趋势。2022年末，辽宁省铁路营运里程达到6302.1公里，其中高速铁路2213.8公里，总里程排全国第六位，货运量、客运量持续稳步增加。在铁路、高铁网络布局方面，京沈高铁、新通客专、喀赤客专已建成通车，“市市通高铁”在辽宁省内已成为现实，以此为依托的一体化城市群交通网建设正稳步推进，“沈阳放射式+沿海轴线式”高速铁路网也正加速形成，通过沈阳、大连、锦州等铁路枢纽多方位融入全国铁路、高铁网络。在货物运输集散方面，苏家屯站作为东北最大的集装箱货运铁路编组站联合沈阳、大连两个铁路集装箱中心站，承担东北地区面向东北亚地区对外开放的平台作用和枢纽作用。辽宁地处环渤海大湾区，接壤京津冀，国内对口合作关系广泛，有利于延伸放大辽宁东北亚开放大门户功能，内承国内开放需求，外联东北亚合作要素，推动“一带一路”向东北亚拓展，打造国内各地区参与东北亚国际合作的前沿支撑点和高品质服务平台，与国内各地区、东北亚国家实现互利共赢。（禹颖子，2022）

“十四五”阶段，辽宁省将加速推进沈阳至白河高铁、沈丹铁路凤凰城至金山湾段扩能改造、营口自贸区至鲅鱼圈疏港铁路、沈丹线扩能改造和锦承线叶柏寿至凌源段、新建沈阳枢纽京沈至哈大高铁直通线、溪田铁路扩能改造六项工程，从而进一步完善“沈阳放射式+沿海轴线式”网络布局，为辽宁省打造对外开放新前沿提供关键支撑。辽宁省全面推动“一圈一带两区”开放发展，推进沈阳都市圈高水平协同开放。一是提升沈抚改革创新示范区创新能级。二是推进以大连市为龙头的辽宁省沿海经济带扩大开放，做大做强海洋经济、临港经济，依托大连带动辽宁省沿海经济带形成对外开放新前沿。例如，大连市具有突出的区位优势，作为东北的海陆空交通枢纽，是哈大铁路和沈大高速公路的终端，优越的地理位置使大连市能够承担引领辽宁省开放发展的重要责任。（路风，2019）

表 8–1　辽宁省铁路、高铁基本发展情况

相关指标	2018年	2019年	2020年	2021年	2022年
铁路营运里程（公里）	6154	6132.4	6196.1	6302.1	6302.1
高速铁路（公里）	2035	2036.6	2105.8	2213.8	2213.8
铁路货运量（万吨）	19685.5	21184	23956.7	23000	22000
铁路货运量占比（%）	8.81%	9.39%	14.32%	12.85%	13.25%
铁路客运量（万人）	14422	15137	7062.7	8000	4000
客运量占比（%）	19.76%	21.03%	20.51%	28.57%	22.22%

数据来源：EPS数据平台。

在铁路网、高铁网的联通模式上，辽宁省多式联运“硬联通”不断加强，跨境综合交通体系建设进展迅速。辽宁省高度重视多式联运发展，运输结构持续优化，多种联运模式竞相发展。2022年，辽宁省印发《辽宁省推进多式联运高质量发展优化调整运输结构行动方案（2022—2025年）》进一步部署多式联运新发展。

海铁联运优化运输网络，加强国内外合作。截至目前，海铁联运服务网络覆盖俄罗斯、德国、波兰等主要欧洲国家和中国27个城市。2022年，辽宁省集装箱海铁联运量达到141.19万标箱，约占港口集装箱吞吐量的12%，占比全国第一。辽宁省充分利用沿海优势，依托大连港、营口港、锦州港以及自身铁路、高铁网络，不断优化运输结构，推动海铁联运持续发展，有效缓解北部、西部地区国际运输困难，并借此扩大自身“朋友圈”，不断拓宽国际合作。

中欧班列助力辽宁打造对外开放新高地。辽宁省将主要发运点设在沈阳和大连，同时以满洲里、绥芬河、同江北、二连浩特、阿拉山口、霍尔果斯6个出境方向为主要运输通道，打造“双驱动、三通道、六线路”的中欧班列物流网络体系。发运货物由最初的机械设备逐步拓展到电子设备、汽车零部件、木材等十大门类5000多种品类。辽宁省中欧班列可直达汉堡、杜伊斯堡、法兰克福等11个境外终到站，辐射全球近20个国家50余座城市，这极大畅通了国际物流通道，助力辽宁打造开放新高地。中欧班列依托港口资源，从大连出发，经满洲里、绥芬河、二连浩特、阿拉山口、霍尔果斯等5个主要口岸的中欧班列全部开通，形成了东、中、西“三通道”多线路，多口岸发运和往返双向开行模式。

“辽满欧”“辽蒙欧”综合运输通道相继开通运营。其中“辽满欧”中欧班列实现双向开行，总量呈稳步增长态势，已成为经境外

5个国家9个城市的公铁海联运大通道。跨境综合交通体系的不断发展，为辽宁省服务“中蒙俄”经济走廊，高质量共建“一带一路”，全力打造对外开放新前沿提供了重要支撑。近年来，俄罗斯提出“冰上丝绸之路”建设规划以及远东和贝加尔地区发展规划，辽宁省制造业应以此为重要契机，结合国家东北老工业基地振兴战略，推动建材、冶金、基础设施等优势产业到俄罗斯远东地区进行投资合作，积极承揽俄罗斯公路、港口、机场和电力工程等基础设施项目。（常虹，2020）

在国内外联通格局上，辽宁省强化国内外铁路网络联通，积极融入双循环格局。近年来，辽宁省致力于深化“区域交通协作”，推进跨省份及跨国界的协同合作。辽宁港口在东北地区已开行常态化班列线路100余条，每周260班次，覆盖东北全域100余个铁路站点，通过海铁联运推动东北地区交通一体化、协同化发展。辽宁港口资源丰富、基础雄厚，拥有大连港、营口港、锦州港、丹东港、盘锦港和葫芦岛港6座港口。大连港是国内大型多功能港口，在辽宁沿海港口中发挥着枢纽和主导作用，拥有集装箱、原油、成品油、粮食、煤炭、散矿、化工产品和客货滚装等专业泊位，万吨以上的泊位达70多个。营口港是东北地区重要的货物运输港，拥有集装箱、汽车、煤炭、粮食、矿石、钢材、大件设备、成品油、原油和液体化工品等专用码头，其中矿石码头、原油码头为30万吨级。锦州港是北方的区域性港口，主营业务包括集装箱运输、杂货运输和油品化工运输等，最大泊位为25万吨级油泊位。丹东港、盘锦港和葫芦岛港在粮食、矿石、油品等运输中发挥着重要作用。（孙琳，2010）2023年3月，辽宁省领衔推进辽宁、吉林、黑龙江、内蒙古三省一区交通运输厅签订《“三省一区”综合交通运输战略合作框架协议》，进一步加强跨省跨区多部门全方位协调合作。此外，辽宁已经与32个国家缔结友好城市91对，与62个国家的232个城市、友好商协会等缔结友好伙伴关系，合作投资海外铁路站点建设。例如，辽宁与俄罗斯共同投资建设别雷拉斯特物流中心，以深化中俄合作，增加辽宁与俄罗斯的经贸往来。

三、公路网基础设施

东北地区已形成以海港、陆港、空港为龙头带动，以高速铁路、高速公路为骨架支撑，以干线铁路、普通公路、客货枢纽为多类补充的立体化综合交通布局，初步构建了高效畅通的综合运输服务体系，多项运输指标在全国名列前茅。除此之外，中欧班列已构建起西、中、东三条出境通道并步入高质量发展轨道，为东北海陆大通道建设奠定了坚实基础。辽宁省公路网密度较大，具备完善的以高速公路为骨架、国省干道为支撑、农村公路为基础的公路网体系。特别是省会城市沈阳，已经实现全市行政村、自然村油路全覆盖，形成了以沈阳为中心的都市圈高速公路网布局，是全国高速公路最密集的地区之一。

以沈阳都市圈为例。近年来，沈阳市深入贯彻落实省、市关于加快沈阳都市圈交通一体化部署，不断优化和完善区域综合交通网络。沈阳作为都市圈建设中心城市，其公路网密度较大，具备完善的以高速公路为骨架、国省干道为支撑、农村公路为基础的公路网体系。2022年，沈阳市公路总里程达13328公里，比上一年提高1.1个百分点。其中，高速公路里程671.6公里，与上一年保持一致。按各行政等级划分公路里程分别为国道567.6公里、省道896.3公里、县道1347.0公里、乡道3258.5公里、专用公路147.4公里。

同时，沈阳市加快推进重点公路项目建设，持续提升都市圈公路通达能力，形成了以沈阳为中心“两环七射一连线”的都市圈高速公路网布局。从数据来看，2017年至2021年，以沈阳市为中心的都市圈城市年末实有城市道路面积均保持稳步增长。2021年，沈阳市、鞍山市、本溪市、抚顺市、阜新市、辽阳市的年末实有城市道路面积分别为10446万平方米、3151万平方米、2038万平方米、1863万平方米、1733万平方米和1560万平方米，同比分别增长17.89%、0.06%、87.14%、26.22%、83.19%和9.01%，如图8-1。

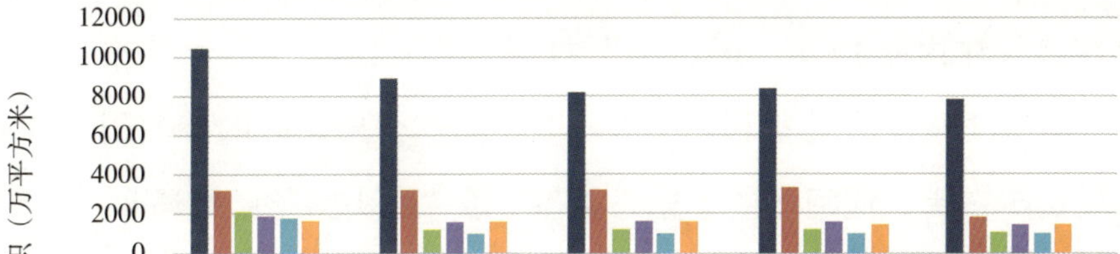

	2021年	2020年	2019年	2018年	2017年
沈阳市	10446	8861	8152	8295	7731
鞍山市	3151	3149	3144	3211	1723
本溪市	2038	1089	1091	1088	1057
抚顺市	1863	1476	1466	1433	1416
阜新市	1733	946	946	943	910
辽阳市	1560	1431	1423	1401	1394

图8-1　沈阳都市圈城市年末实有城市道路面积（万平方米）（2017—2021）

数据来源：沈阳都市圈内各市《城市统计年鉴》。

截至2023年，沈阳市与都市圈的其他城市间至少有1条一级公路保持连通，实现了沈阳市都市圈城市间的互联互通。都市圈环线高速线位基本稳定，沈康高速调兵山连接线实现通车，四环快速路智能化、沈彰开发大道以及东部旅游大道等公路基础设施工程建设正在稳步推进，政府正在着力打通沈抚二号线、通江口特大桥等项目，构建互联互通互惠互利综合立体交通网。目前，有多条公交线路开通至沈抚示范区。

作为中国东北地区的中心城市，沈阳正锚定东北亚国际化中心城市的定位砥砺前行。扎实推进路政改造工程，公路客运网络逐渐完善，逐步优化沈阳都市圈内的畅通、联通。根据2021年沈阳市发布的《沈阳市“断头路”打通三年实施方案（2021—2023）》，沈阳市政府计划利用三年时间，完成建成区范围内的35条“断头路”打通工程，进一步完善城市路网结构，着力打造覆盖全市的互联互通公路客运网络，方便百姓出行。2021年，沈阳已经启动19条“断头路”打通工程，通车7条。2022年，启动建设包括东建街、江山花园路、蒲南路等在内的17条“断头路”打通工程。2023年，沈阳市“断头路”贯通工程建设总里程达到6公里。同年，皇姑区的凌河街、浑南区的沈本二街、沈河区的丰乐三街等7条“断头路”已经通车。

2022年12月，沈阳四环快速路棋盘山段新建工程建成通车，132公里长的沈阳四环快速路全线贯通。同年，沈阳优化调整公交线路20条，进一步优化公路客运线路。截至2023年，沈阳都市圈公共交通一体化建设已实现公交“一卡通”互联互通，持本地公交卡可以异地刷卡乘车；已建成沈抚“雷锋号”线路3条、日均发班130个、车辆123台，年客运量139.5万人次；沈本城际公交1条线路、日发班次24个、6台车，年客运量14.4万人次；沈阳市385路公交线路延伸至抚顺皇家海洋馆，抚顺市3条公交线路延伸至有轨电车5号线，实现沈阳、抚顺公交线路、城市轨道交通的无缝衔接和零距离换乘。

四、航空线路网络基础设施

在过去的五年里，辽宁省全面贯彻落实中央重大战略决策，在交通运输行业实现新的突破。“十三五”期间，辽宁省取得了多项航空领域的瞩目成就，航空固定资产投资达25亿元，民用运输机场达到

8个、通用航空机场13个，年旅客吞吐量达到4202万人次、货邮吞吐量36.8万吨，见表8–2。

表8–2 “十三五”期间辽宁省航空领域建设成效

航空总值（亿元）	25
民用运输机场（个）	8
通用航空机场（个）	13
年旅客吞吐量（万人次）	4202
货邮吞吐量（万吨）	36.8

数据来源：作者搜集整理。

辽宁省目前有8大民用机场，包括沈阳桃仙国际机场（SHE）、大连周水子国际机场（DLC）、营口兰旗机场（YKH）、锦州锦州湾机场（JNZ）、丹东浪头机场（DDG）、鞍山腾鳌机场（AOG）、朝阳朝阳机场（CHG）和长海大长山岛机场（CNI），另外，大连金州湾国际机场、阜新民用机场和桓仁民用机场正在筹建中。

通用机场在辽宁省也并不稀缺，辽宁省9个城市设有13个通用机场，包括沈阳法库、盘锦陈家、锦州黑山、鞍山新开河和沈阳于洪5个拥有通用机场许可证的机场和8个农林生产通用机场。根据2019年发布的《辽宁省通用机场布局规划（2018—2025）》，到2025年，辽宁省新规划布局28个通用机场，通用机场总数达到41个，实现每个城市至少有一个通用机场的目标。

聚焦省内双国际机场，疫情后国际通航能力迅速恢复。中国民用航空局数据显示，沈阳桃仙国际机场预计执行国内航线158条，通航93个国内城市；预计执行国际及地区航线8条，通航8个国际及地区城市，覆盖东京（每周7班）、大阪（每周6班）、首尔（每周28班）、济州（每周7班）、釜山（每周2班）等东北亚区域中心城市。大连周水子国际机场现共有48家航空公司在连开通275条国内外航线，与8个国家2个地区的121座城市通航，国内（不含港澳台）通航城市102个，国际通航城市17个，港澳台地区通航城市2个。在国际和地区航线方面，与日本东京、大阪、名古屋、福冈、广岛、富山、札幌、北九州和仙台9个城市通航，每周共93班；与韩国首尔、济州和清州3个城市通航，每周47班；与东南亚新加坡、吉隆坡、曼谷、雅加达、芽庄和暹粒通航，每周26班；通往中国香港和中国台北的航班稳定在每日各1班。

以沈阳桃仙机场为例。沈阳桃仙机场借助航空枢纽融入国际国内大循环，已开通往返洛杉矶、阿姆斯特丹、乌法、阿克托别、首尔等国家的国际货运航线。2021年，沈阳桃仙机场共有237条航线，其中国内航线224条，国际航线13条，通航城市111个，其中有13个国际城市和98个国内城市，国内通航城市覆盖率达到40%。沈阳桃仙机场的货邮发运量和到达量分别为86293吨和87579吨，见表8–3。“口岸体系”助力外贸枢纽优势增长。当前，沈阳市已构建“2+2+10”口岸体系，该体系依赖于航空和铁路两个一类口岸，以及保税制造区和保税综合区两个综保区，此外还涵盖水果、药品、药材等10个功能性口岸，从总体上扩展了口岸的产业链，促进了口岸经济的持续发展。

表8–3　沈阳机场民航相关运输情况

相关指标	2016年	2017年	2018年	2019年	2020年	2021年
民用航空航线条数（条）	189	220	226	242	273	237
其中：国内航线（条）	155	188	197	218	242	224

续表

相关指标	2016年	2017年	2018年	2019年	2020年	2021年
国际航线（条）	34	32	29	24	31	13
通航国家（个）	13	13	14	13	12	13
通航城市（个）	105	115	118	121	127	111
其中：国内城市（个）	79	88	93	96	102	98
国际城市（个）	26	27	25	25	25	13
货邮发运量（吨）	64909	66770	69460	88076	80708	86293
其中：邮件（吨）	3196	4922	3508	2863	2623	2846
货物（吨）	61713	61848	65952	85213	78085	83447
货邮到达量（吨）	90861	92347	99098	104402	91278	87579

数据来源：沈阳市历年《城市统计年鉴》。

五、新一代移动通信和数据网基础设施

加快建设新一代移动通信和数据网、有序推进基础设施智能升级是利用数字基础设施赋能对外开放的关键环节。近年来，党中央陆续提出“数字中国”战略、“网络强国”战略。为实现新质生产力驱动对外开放，辽宁省深入研究国家战略，先后出台《辽宁省“十四五”对外开放规划》《辽宁省“十四五”信息通信业发展规划》《辽宁省加快发展数字经济核心产业的若干措施》《辽宁省工业互联网创新发展三年行动计划（2021—2023年）》等政策文件，引领企业加快“智改数转”步伐。

现阶段，全省14个市及沈抚示范区均围绕工业互联网、5G、数字化建设制定了一系列政策。其中，沈阳、丹东、锦州、盘锦等市还

分别就软件产业、智慧矿山、大数据、智慧园区等采取了加强措施，见表8–4。

表8–4 重点园区新一代信息基础设施建设工程

沈阳国际软件园	重点引进和培育具有行业特色的数字化服务商，引导各类要素在园区聚集，加强园区企业间的协同合作，构建数字经济创新生态圈。赋能园区企业数字化转型，推动工业互联网应用场景落地与实施，为工业互联网产业高质量发展积蓄新动能。对国家鼓励开展的5G、工业互联网等新一代网络信息基础设施建设、创新类平台等重大项目和国家级工业互联网领域赛事活动予以支持。
丹东智慧矿山	以矿山行业转型升级为主线，以智能化深度融合为方向，推进新一代信息技术和智能装备在矿山行业的应用，全面提升矿山行业规模化、智能化水平，实现矿山安全、高效、智能开采，促进矿山行业数字化、智能化、绿色化发展。
锦州数字城	以5G智慧园区建设为基础的“数字城”在全力壮大推进数字服务外包产业，提升数字资源保障能力和数字技术服务能力，高质量建设辽西区域性数字中心城市，立足锦州作为东北陆海新通道的重要节点地位，构筑陆海新通道信息走廊。加快培育软件和信息技术服务业、数字商务、电商直播等新业态，全面开启锦州高质量发展。
盘锦智慧园区	全面推进园区基础设施信息化，实现园区企业光网覆盖升级，重点区域5G深度覆盖，提高光纤宽带接入能力，提升互联网出口带宽，满足园区及企业“5G+工业互联网”的建设及应用需求。推动园区内外网改造升级，加快IPv6、5G等商用部署。通过大数据中心，有效整合分散异构系统的信息资源。

大连、铁岭、朝阳等市安排专项资金支持数字经济、工业互联网、数字化改造等建设。截至目前，沈阳市、大连市成功入选国家第一批中小企业数字化转型试点城市，大连市成功进入全国“千兆城

市”行列。沈阳市连续两年获评国家建设信息基础设施和推进产业数字化成效明显市（州）；成功获评国家“千兆城市”，中国工业互联网研究院辽宁分院、国家工业互联网大数据中心辽宁分中心在沈落户建设；工业互联网标识解析二级节点达13个，其中10个已与国家顶级节点连接成功，数量居东北第一；获批工业互联网国家新型工业化产业示范基地，作为全球工业互联网大会永久会址，成功举办第四届全球工业互联网大会。

辽宁省开展解读《辽宁省加快数字经济核心产业的若干举措》有关情况新闻发布会，会议指出：出台20条支持措施的目的之一是加强新型基础设施建设。包括推进信息基础设施建设、支持融合基础设施建设、支持创新基础设施建设等3项措施。重点鼓励免费开放公共资源支持5G建设，发展通信产业；支持各领域数字技术标杆示范、典型应用项目；推动数字经济领域重点实验室、工程研究中心、企业技术中心等平台载体建设。

近年来，辽宁省除加强多方位新基建建设外，还以智能园区的形式积极进行重点部署，虚拟产业集聚成效初显。目前，辽宁省工业互联网标识解析二级节点已上线运营36个，数量居全国第三位；接入企业超过9000家，居全国第七位，全省14个城市及沈抚改革创新示范区实现全覆盖。

现阶段，辽宁省已重点培育省级工业互联网平台87个，服务工业企业近5万户，连接工业设备近60万台（套）。“工业互联网·沈阳中德装备园、和平区、沈北新区”入选工业互联网国家新型工业化产业示范基地，成为东北地区唯一一个入选的基地。大连金普新区园区工业互联网平台正在加快建设，将提供政府支撑、企业赋能与社会服务三大公共服务，推动石化、生物医药等行业深化工业互联网融合应用，助力企业数字化转型升级。盘锦高新区获批“中国智慧化工园区试点示范（创建）单位”。

与此同时，120余家数字经济企业成功入驻沈抚示范区，腾讯云（辽宁）工业互联网平台等项目相继落地建设，工业互联网创新发展势头持续向好。鞍钢“羽嘉”、航天新长征大道“长征云”成功入选国家级跨行业跨领域工业互联网平台，实现东北地区零的突破。沈阳“安新云控”工业互联网平台等15个平台获评国家级专业型、特色型工业互联网平台。辽宁省开展了5G全连接工厂、“5G+工业互联网”融合应用先导区试点示范工作，确定了20个5G全连接工厂、15个“5G+工业互联网”融合应用先导区试点，推进“5G+工业互联网”与制造业融合发展。辽宁电力、辽宁移动携手助力“数字辽宁”建设，全面开启电网和移动通信间的资源共享，力争在2年至3年内，推进全省3万公里电力杆塔挂塔5G基站和通信光缆的服务合作，争取以更高速的数据传输、更低的时延、更多的设备连接，支持对外开放多样化的应用场景，推动对外开放与经济发展进程。

新基建是发展、应用新一代信息技术的重要保障。辽宁省围绕“上云、用数、赋智”加力推进5G、工业互联网等新型基础设施建设，夯实数字底座。截至目前，全省已建成开通5G基站9万个（如图8-2），截至2023年8月底，辽宁省新建5G基站同比增长71%，全国排名第二位，全省行政村5G通达率超过95%。中国移动辽宁公司移动网络IPv6流量占比达56.38%，固定网络IPv6流量占比达19.09%，提前半年完成2023年IPv6流量提升任务，越来越多的网络流量使用IPv6通道承载。此外，辽宁省深化重点区域国际合作，重点强化与日、韩等东北亚国家的合作，着力提升开放合作水平。推动中德（沈阳）产业园高水平制度型开放，推进中日（大连）地方发展合作示范区建设，推进沈阳中日产业园、中韩科技园建设，打造对接日、韩优势产业和重点企业的标杆示范园区。其中，中德（沈阳）高端装备制造产业园编制《中德园5G标杆示范区建设实施方案》，推进中国工业互联网研究院辽宁分院、大数据服务中心、中德国际科技合作基地等项目建设。辽宁要充分发挥东北地区的区位优势，促进高质量融入"一带一路"建设，推动更高水平对外开放。当前，应紧紧抓住辽宁所处的历史发展最好机遇期，充分发挥辽宁资源、教育、交通等方面优势，依托新一代移动通信和数据网基础设施，大力发展以数字技术为核心的新质生产力，力求将沈阳打造成为"东北的深圳"。（余淼杰，2023）

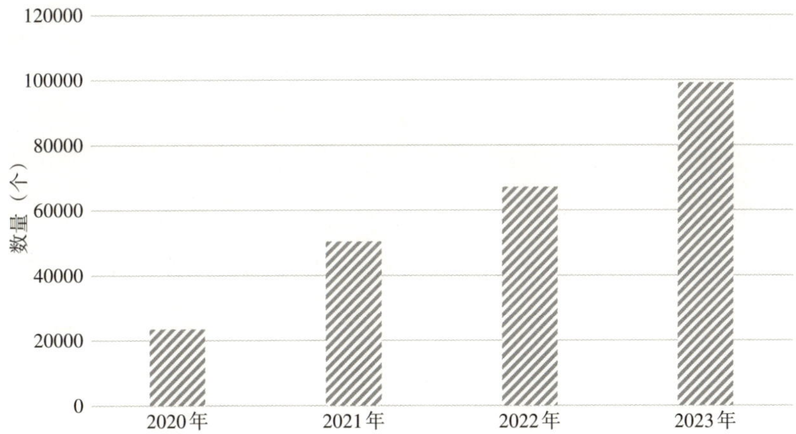

图8–2　辽宁省5G基站建设情况

资料来源：作者搜集整理。

下一阶段，辽宁将进一步积极融入"数字丝绸之路"建设，构筑"数字丝路"合作新格局。进一步完善"数字丝路"相关规则制度，共建数字领域规则标准联通，携手打造开放、公平、公正、非歧视的数字发展环境。进一步推进数字基础设施互联互通，建设辽宁数字服务出口基地，持续打造以智能制造协同发展、创新发展为特色的跨境电子商务等数字贸易新业态，推动辽宁数字经济贸易高质量发展。

参与东北亚经济合作，利用外部力量破解辽宁振兴发展中面临的经济结构、机制体制等问题。一是面向东北亚扩大开放，有利于推动辽宁形成全面开放合作的大格局，加快补齐“开放短板”。二是吸收日韩等发达国家的直接投资，承接、转化先进技术，助推辽宁产业升级换代，提高企业的技术水平，并为供给侧结构性改革提供资金积累，为振兴发展带来新动力。三是通过扩大开放，倒逼体制机制改革，加快政府职能转变，打造适应国际经济合作的一流营商环境。（于玲玲等，2022）

第二节　东北海陆大通道建设

自2013年“一带一路”倡议提出以来，愿景逐渐成为现实，“一带一路”倡议取得了显著的成效和重要的进展。据统计，2022年，中国与“一带一路”沿线国家和地区的进出口总额占全部外贸总额的比重高达32.9%。从2023年起，甚至在“十四五”相当长的时间内，中国与“一带一路”国家的贸易占比将会稳定在三分之一左右，“一带一路”倡议无疑能够成为中国外贸政策的增长亮点。党的二十大报告指出，东北要进一步推进全面开放新格局，实现东北的全面振兴。综合考虑“一带一路”倡议的发展方向和东北振兴的现实需要，结合东北地区的区位优势，当前积极推进东北海陆大通道大有可为。

对于东北海陆大通道的建设，关键着力点在于“一核两翼”。“一核”是指以沈阳和大连为核心，打造辽中南城市群，利用东北高效便利的交通网络推进建设，在短期内将沈阳打造为国家中心城市，中长期助力沈阳发展为东北亚国际中心城市，以沈阳、大连的经济增长辐射临近城市，打造东北地区对外开放重要门户枢纽。“两翼”则分别指强化东北与蒙俄和日韩的经贸往来联系，加强中蒙俄边境贸易和加快推进中日韩自贸区建设，以形成更大范围、更宽领域、更深层次的对外开放新格局。如果能够打通东北海陆大通道，东北将成为陆上、海上丝绸之路的连接点，在促进“一带一路”倡议深入发展的同时，也将带动东北成为对外开放的新高地，促进东北的全面振兴。

厘清“一带一路”倡议当前面临的重要挑战是推动“一带一路”高质量发展、加快建设贸易强国的重要前提。近年来，“一带一路”高质量发展面临的关键挑战可以概括为“两增大一受限”。具体而言，其一为“风险增大”。在“一带一路”倡议实施后，中国与丝绸之路经济带沿线国家的贸易往来密切，贸易额持续增长，贸易潜力挖掘比较充分，需要在对外投资、签订双边货币互换协议等议题上深入合作。但是，丝绸之路经济带部分沿线国家或地区如中亚、东欧地区、阿富汗、乌克兰等地缘政治冲突频繁，若继续向西深化投资合作，中国面临的不确定性风险将逐年攀升。其二为“难度增大”。2020年11月，《区域全面经济伙伴关系协定》（RCEP）正式签署，由于自由贸易规则的差异，中国加入《全面与进步跨太平洋伙伴关系协定》（CPTPP）面临着较多的困难，海上丝绸之路向南实现深化发展的难度进一步增大。其三为“发展受限”。近年来，以美国为首的西方国家看到了亚非地区基础设施建设的经济效益和政治意义，宣扬“债务陷阱论”，推出“蓝点网络”计划、“重返更好世界”倡议和“全球联通欧洲”计划。上述计划的主要目的国选择及具体合作内容与我国“一带一路”倡议存在一定程度的重合，可能存在的挤占行为使得我国“一带一路”倡议的深入发展受到限制。

在上述多重挑战的背景下，打造国家海陆双向开放的东北海陆大通道或成为破题关键。一方面，东北海陆大通道可以联通陆上丝绸之路沿线的蒙古国、俄罗斯和海上丝绸之路沿线的日本、韩国，实现“一带一路”倡议的海陆连接，从而挖掘与西方“蓝点网络”计划、“全球联通欧洲”计划的差异化发展路径，推动“一带一路”倡议实现新时代的新发展。另一方面，党的十八大以来，以习近平同志为核心的党中央高度重视解决区域发展不平衡不充分的问题，如何振兴东北老工业基地是其中的一个重要议题。打造通道畅通、物流高效、贸易便利的东北海陆大通道，是辽宁同东北亚各国加强区域经贸往来的重要手段，进而实现构建具有东北特色优势的现代化实践路径，夯实东北地区发展根基（余淼杰，2024），推进东北的全面振兴。

基于上述分析，本节内容将进一步从“一核两翼”展开分析，即从辽中南城市群与沈阳东北亚中心城市、中蒙俄经济走廊和中日韩经贸合作切入，深入探讨东北海陆大通道的构建思路与实现路径。

一、辽中南城市群与东北亚中心城市

辽中南城市群的建设关键在于沈阳市的枢纽带动作用，短期内沈阳市要砥砺前行争取成为国家中心城市，从长远来看，沈阳市要锚定东北亚国际化中心城市的目标。2023年10月27日中共中央政治局会议上，习近平总书记指出，推动东北振兴是党中央作出的重大战略决策，沈阳市作为东北区域经济中心要主动对接国家总体战略，尽快加入“一带一路”下“六廊六路多国多港”格局。

建设沈阳东北亚国际化中心城市是顺应全球和合共生新秩序的历史大趋势，是参与世界经济规则重新制定的重大战略举措。一是海上丝绸之路向北推动发展中日韩自贸区，陆上丝绸之路向东推进加强与俄罗斯及蒙古国的合作，建设中蒙俄经济走廊，构建“一带一路”立体互联互通网络的必然选择。二是沈阳抓住推进东北海陆大通道的战略机遇，建设东北亚区域合作中心枢纽，推进沈阳内陆枢纽经济崛起、创新沈阳陆港建设运营模式和推进“港—产—城”融合发展（李燕，刘雨佳，2019），打造国际陆海贸易新通道第三枢纽的客观需要。三是哈萨克斯坦、蒙古国通过与沈阳的连接使“陆锁国”变“陆联国”的现实需要。

沈阳市是东北亚区域经济合作的关键节点，是“一带一路”向北向东开放的核心枢纽，是东北地区及东北亚经济圈的中心城市。作为有效联动京津冀、环渤海地区和辽中南地区的关键举措，将沈阳市建设成东北亚国际化中心城市意义重大。2018年6月29日，沈阳市委十三届七次全会审议通过了《沈阳市建设东北亚国际化中心城市规划》，规划指出，到2030年，沈阳要建成东北亚国际化中心城市，综合实力进入东北亚先进城市行列。2022年，国家发改委印发《关于推动东北地区中心城市及城市群高质量发展的实施方案》，明确支持沈阳东北亚国际化中心城市建设，优化提升中心城市功能。把握“一带一路”向北向东开放契机，将沈阳市建设成东北亚国际化中心城市，夯实经济发展基础，是履行党中央赋予辽宁打造对外开放新前沿新使命的题中之义，是维护国家“五大安全”政治使命，助力辽宁全面振兴新突破三年行动的战略需要。

关于辽中南城市群的协同发展，多元化的产业体系目前已经形成，沈阳市为中国重要的装备制造业基地，其他周边城市也发展出了各自的特色产业和优势。此外，辽中南城市群的现代服务设施和基础设施也较为完备，如铁路、机场、高速公路等，各类产业的发展在便捷的交通网络和物流系统的支撑下不断深化。在经济全球化的大背景下，推动都市圈一体化发展，对于提升区域竞争力、优化资源配置和促进经济发展具有重大现实意义。辽中南城市群内的城市经济关联紧密，人口、物资、信息等资源交流频繁，具备较强的区域协同发展优势。

沈阳市国际化中心城市的建设主要呈现如下三个方面的竞争优势：其一，沈阳平台作用明显，在交通、物流、信息等方面扮演重要枢纽角色；其二，沈阳工业基础雄厚、产业结构相对完整；其三，沈阳科技、教育联动发展，高级人力资本集聚优势日益形成。其中，第一点主要是围绕基础设施建设的，本章第一节已有论证，此处不再赘述。第二点和第三点，将分别在本书的第七章和第十章进行详细阐述。

二、中蒙俄经济走廊

中蒙俄经济走廊建设是丝绸之路经济带建设的重要组成部分，是中国东北地区发展与稳定的重要战略支点。（安锦等，2021）它一方面是一个多层面、多领域的合作项目，另一方面是三国在新的经济环境和复杂地缘政治下寻求合作与共赢的象征。2023年的政治互动，特别是中俄领导人在莫斯科的会晤和中蒙关系的深化，为走廊建设提供了新的动力和方向。中国国家主席习近平强调了中方愿意拓展中蒙俄三方合作，稳步推进三国经济走廊的建设，这一声明反映了中国对于三国合作的重视和支持。同时，中俄两国领导人在天然气和互联网等领域展开深入探讨并签署相关协议，不断推进两国战略全面合作关系向更高水平发展（Reeves，2010）展现了中俄关系的深化及其对区域稳定的影响。

这些政治互动事件为中蒙俄经济走廊的建设和发展提供了宏观背景。通过建设中蒙俄经济走廊，三国加强经济联系，提升区域一体化水平，积极应对全球化带来的挑战。这不仅涉及农业、能源和跨境物流等领域的合作，还需要在政策协调、市场准入等方面作出努力。同时，走廊建设也面临着复杂地缘政治和不平衡经济发展所带来的挑战。这些挑战需要三国在合作机制、政策制定和区域安全等方面进行共同努力并构建创新思路。中蒙俄经济走廊的建设不仅是一项重要的区域经济合作项目，也是三国共同参与全球治理、促进地区稳定与发展的一个重要平台。

经贸合作是中蒙俄经济走廊的核心。中蒙俄三国在经济领域的合作是多方面的，具有良好的战略合作基础，多个关键领域如贸易、基础设施建设、数字经济等的覆盖展现了三国经济合作的广度和深度。然而，合作进程也面临着诸如贸易壁垒、投资限制等挑战。

从贸易合作来看，三国将合作重点放在了贸易畅通方面，最大程度地促进沿线国家中流通领域各要素无障碍地流动（张秀杰，2021），通过采取贸易便利化措施，不断促进贸易规模的稳步增长。中国已成为俄罗斯和蒙古国的最大贸易伙伴国。中蒙俄经济贸易合作持续深化，三国在矿产、能源、机电产品等领域表现出显著的互补性。例如，蒙古国主要向中国出口矿产产品。2014至2019年间，蒙古国对中国的出口额累计达到311.6亿美元。中国则主要从俄罗斯进口能源资源和原料。（刘国斌，杨薇臻，2021）这样的合作模式促进了区域经济的互联互通和共同发展。

从能源领域合作来看。中蒙俄在能源领域的合作是多层次、多方面的，涉及能源贸易、基础设施建设以及绿色能源等领域。中国作为全球第一大能源消费国，与俄罗斯在能源领域的合作日益紧密。中国的能源储量富煤贫油少气，为确保自身能源稳定供应，俄罗斯的油气资源进口成为能源结构重要的组成部分。近年来，中俄之间的能源贸易规模不断扩大，特别是在原油和天然气运输方面。2014年至2020年间，俄罗斯对华原油出口连续上升，并在2016年至2018年间连续三年成为中国第一大石油供应国。2014年，俄罗斯天然气工业股份公司与中国石油天然气集团有限公司签署了为期30年、总额达4000亿美元的天然气购销合同。2019年12月，中俄东线天然气管道投入运营，俄罗斯开始通过管道向中国输送天然气。在2021年的前九个月，中俄能源行业的双边贸易达到了349亿美元，占两国总贸易的34.3%。天然气和煤炭贸易同比增长超过60%，电力交易量同比增长1.4%，达到23.8亿千瓦时。

此外，中俄能源合作已经从传统的能源贸易扩展到更广泛的领域。两国在可再生能源、氢能、能源储存和碳市场等新兴领域的合作也在加强。而蒙古国正在积极引入外资扩大煤炭领域的开发，并努力扩大铁路运力，同时中蒙之间在能源领域也有一定的合作。总体来讲，中蒙俄三国在能源领域的合作不仅涵盖了传统的能源贸易和基础设施建设，还包括了新能源和绿色能源等新兴领域，这对确保能源供应、促进区域经济发展和应对气候变化都具有重要意义。

从数字经济合作来看，中蒙俄三国在数字经济领域的合作不断取得积极进展。其中一个重点项目是位于赤峰市松山区的赤峰·中关村信息谷科技创新基地。该基地旨在构建具有赤峰特色的类中关村创新生态系统，加速赤峰市信息科技产业的发展。基地规划面积为17.76平方公里，已建成区域占地158亩，建筑面积达10.5万平方米。基地集中了新一代信息技术、智能制造、生命大健康等产业，旨在全面构建从研发创新到高端生产的全产业链。在中蒙俄经济走廊建设的三方工作组会议中，三国一致表示要深化共建“一带一路”倡议与蒙古国的“发展之路”倡议、俄罗斯参加的欧亚经济联盟的对接，推动各领域务实合作。数字经济领域的合作也包含其中，核心在于推动合作项目的实际落地。三国共同回顾了中蒙俄经济走廊建设在设施联通、贸易畅通、人文交流、生态环保等方面取得的阶段性成果。这些合作不仅促进了三国间的经贸发展，还有助于应对全球性挑战，推动区域经济一体化，实现共同发展。中蒙俄三国在这些合作的连接下，不断推动更加紧密、互利的经济合作关系的构建，特别是在数字经济这一新兴领域的合作，将为三国带来更多发展机遇。

从跨境物流通道和供应链服务来看，中蒙俄三国在跨境物流通道和供应链服务方面的合作体现在多个项目和举措中，特别是为促进中蒙俄贸易发展，由锦州港与俄铁合作建设的中蒙俄物流示范园区。此项目旨在提供端到端的综合物流和供应链服务，覆盖企业的生产、制造、销售、售后等多个环节。锦州港作为中国最北端的港口，地理位置优越，是中蒙俄经济走廊的核心节点。港口不仅提供运输仓储、分拣配送、码头装卸等基本物流服务，还包括销量预测、生产规划、增值加工、存货管理、期现管理、营销渠道等增值服务。此外，锦州港与俄罗斯出口中心共同打造的中蒙俄电商直播基地正式运营，利用新媒体打通线上渠道，拓宽影响范围，旨在为蒙俄企业提供国际贸易的新销路。此外，2023年中蒙俄地方经贸洽谈会在锦州举行，期间签订了中蒙俄物流园合作协议等多个项目，涉及近20家企业，总投资额超过20亿元。这些合作项目不仅包括基础设施建设和大宗商品，还包括交通运输等多个领域，展现了中蒙俄在物流和供应链服务方面的深入合作。总体来看，中蒙俄在跨境物流通道和供应链服务方面的合作正日益加深，这些合作项目和举措对三国经贸关系的发展和区域经济的繁荣有着重要意义。

从中蒙俄三国会展活动来看，中俄、中蒙博览会和经贸合作论坛多次成功举办，成为促进三国间贸易、投资等领域合作的有效平台。中蒙经贸合作论坛、中蒙俄商品展销会、中蒙俄科技展等活动也实现常态化举行，这些活动促进了三国间的贸易和投资，资金融通和民心相通不断加深。

从文化旅游合作来看，中蒙俄三国建立了旅游联席会议机制，从2016年起每年举行中俄蒙三国旅游部长会议，共同成立中俄蒙“万里茶道”国际旅游联盟，举办“万里茶道”“和平之旅”等文旅活动，还开通了“万里茶道号”中蒙俄跨境旅游专列。2022年7月，由内蒙古文化和旅游厅主办的中俄蒙“万里茶道”国际旅游联盟工作会议以线上线下结合的方式举行。会议就进一步完善合作机制、拓展合作领域、探索发展新路径、制定出台扶持政策等议题进行了充分研讨，并同意来自俄蒙的4家新单位加入联盟。会议还发布了6条“万里茶道”国际旅游精品线路。中俄互办多次“文化节”“旅游年”“国家年”等活动，增强双方民间交流和人文合作，使得中俄双方交流进入新阶段，人文交流不断深化。（刘国斌，杨薇臻，2021）

从教育交流合作来看，辽宁省充分发挥区位优势，以留学教育、高水平国际会议等项目为基础，深化与俄蒙的教育合作。为鼓励俄蒙等国学生留学深造，辽宁省设立了一系列奖学金资助项目，如各高校招收辽宁省政府外国留学生奖学金生，并鼓励辽宁省各高校加强与俄蒙高校的交流互访。以辽宁大学为例，校内设有海外校长大讲堂，邀请多所俄蒙高校如俄罗斯联邦财政金融大学校长来访，并作科研报告。学校与俄罗斯远东联邦大学等多所高校签署战略合作协议，与俄罗斯伊尔库茨克国立大学等共建孔子学院。2023年，辽宁大学代表团对俄罗斯三所友好学校进行访问，同年访问蒙古科技大学，展现了辽宁大学与俄蒙各高校之间的友好交流，助力科研合作不断深化。

从文化、影视领域交流合作来看，中国影视剧题材新颖，内容翔实，剧情贴近现实生活，蕴含丰富的生活哲理，深受蒙古国观众喜爱。2014年以来，影视剧已成为中蒙两国文化交流与合作的重点领域，为拉近两国民众距离，加深人文交流奠定坚实基础。2021年，位于乌兰巴托的中国影视剧喀尔喀蒙古语译制中心译制的中国抗疫题材电视剧《在一起》，在蒙古国国家公共广播电视台、TV5电视台等主流媒体播放，深受蒙古国民众欢迎。此前，《大丈夫》《冰与火的青春》《父母爱情》等中国译制电视剧在蒙古国的收看人数均超过10万人次，其中《大丈夫》收看人数达55万人次，刷新了外国影视剧在蒙古国的收视纪录。据统计，中国影视剧在蒙古国的市场份额已从2014年的不到7%提高到目前的20%以上。

2010年至今，中国连续12年成为俄罗斯、蒙古国第一大贸易伙伴国。中俄蒙三国地理距离相邻、经济结构互补，具备坚实的合作基础和广阔的合作前景，经济效应具有较大的潜力和提升空间。（于洪洋，2015）中俄关系已提升至“新时代中俄全面战略协作伙伴关系”，俄罗斯作为领土横跨欧亚大陆、具有全球影响力的大国，近年来强调“向东转”战略，积极参与东亚峰会、亚太经合组织等机制，与亚洲国家保持密切合作。中国应抓住这个历史机遇，积极建设中蒙俄经济走廊。具体可在以下三个方面做出努力：一是加强次区域合作框架下的基础设施合作机制，促进经济走廊多式联运平台建设，完善其监管模式，促进物流联通；二是搭建次区域合作框架下的通关便利化合作机制，加快经济走廊边境口岸的协同化管理进程，促进贸易畅通；三是打造次区域合作框架下的全面友好营商环境，促进保障合作运行的制度支撑和法律支持，促进资本流通。

三、中日韩经贸合作

辽宁省与日本、韩国毗海相邻。2022年，日本、韩国对辽进出口总额分别为914.1亿元和585.6亿元，占辽宁省进出口额的11.56%和7.40%，是辽宁省第一和第四大贸易伙伴。中日韩自贸区不输当前世界上任何一个区域经济合作体。中日韩三国不仅是亚洲的经济主导力量，也是全球重要的贸易投资大国。（许创颖，2021）日韩在辽对外开放关系中占据重要地位，推动辽宁省与日韩两国经贸合作进一步深化，是推进国家向东开放战略的重要支撑，是实现东北亚区域合作，让辽宁重新迈进沿海开放强省的核心环节，通过这种深入的国际化沟通融合，辽宁经济发展的提高就会水到渠成。（余淼杰，2023）

其一，中日韩之间国际合作持续深化，对外贸易稳中向好。一方面，中国与日韩具备良好的国际合作基础与共识。2015年6月，中韩自由贸易协定签署，2022年7月，中韩开启自贸协定第二阶段谈判，采用负面清单模式开展高水平服务贸易和投资领域自由化磋商，中韩高水平开放合作基本形成；2020年11月，中国与日、韩等15国正式签署了《区域全面经济伙伴关系协定》（RCEP），2022年1月，RCEP对中日正式生效，次月对韩国生效。至此，中日韩三国间自贸协定首次达成，填补了东北亚多边自贸区的空白，在电子通信和制造业等货物贸易领域，金融和电信等服务贸易领域，以及知识产权、电子商务等规则领域开启了新的合作引擎。（张雪妍等，2023）RCEP的签署大幅降低了中日韩三国间的关税壁垒，有效提升了辽宁省与日韩的经贸规模。截至2023年10月，辽宁省对日进出口总额763.06亿元，同比上升0.54%；对韩进出口总额536.34亿元，同比上升9.73%。另一方面，多元化国际市场基本形成。为深度融入“一带一路”建设，辽宁省举办了泛黄海中日韩经济技术交流会、辽宁出口商品（日本大阪）展览会、中日（大连）博览会、辽宁国际投资贸易洽谈会等专项国际交流平台，加强与日韩间交流，深化经贸合作。第四届辽宁出口商品（日本大阪）博览会组织146家辽宁企业与8000余家日本采购商进行对接，意向成交13.8亿元。2021年，辽宁省实际利用日、韩外商投资额分别为1.65亿美元和7.91亿美元，分别列辽宁省实际外资利用的第3和第2位，招商引资实现稳步增长。

其二，机制体制逐步健全，开放平台能级提升。一方面，辽宁省已基本形成对外开放顶层设计。为贯彻习近平总书记关于东北、辽宁振兴发展的重要讲话和指示精神，辽宁省政府先后出台了《辽宁省“十四五”对外开放规划》、《关于在辽宁全面振兴新突破三年行动中进一步提升对外开放水平的实施意见》（辽政办发〔2023〕7号）、《辽宁省人民政府办公厅关于推动外贸优结构稳增长的实施意见》（辽政办发〔2023〕14号）等一系列纲领性政策文件。从核心原则、发展目标、具体举措和组织协调等诸多领域对辽宁省进一步对外开放工作进行了缜密部署。另一方面，持续加强开放平台建设。当前，辽宁省拥有中国（辽宁）自由贸易试验区、沈抚改革创新示范区、大连金普新区、沈大国家自主创新示范区、中日（大连）地方发展合作示范区、跨境电商综试区等一系列高能级开放平台，为促进对日韩贸易开放奠定了坚实基础，不断提高自身在贸易网络中的中介能力，凸显“桥梁作用”。（李清如，王冰雪，2023）辽宁省为提升开放平台的作用水平，各平台狠抓服务力度、大力降本增效，一系列改革创新措施初见成效，不断推动区域经贸规模增长和经济红利释放。2023年6月，出口货物检验检疫证单“云签发”平台、水路运输危险货物

“谎报匿报四步稽查法”等2条辽宁经验在全国复制推广，辽宁自贸试验区在全国复制推广的改革创新经验和实践案例达15项。为吸引外贸企业在辽落户，辽宁省开创性地建立了外贸要素保障班，“一对一”包保服务百户重点企业，并会同辽宁出口信用保险公司为4157家外贸企业落实保障资金64.7亿美元。

其三，海陆通道建设提速，通道经济取得新进展。《关于加快推进东北海陆大通道实施方案》的出台，推动了辽宁省港口建设和海铁联运的快速发展，借助得天独厚的地理环境优势基本形成了以大连港和营口港为外港、内贸航运枢纽的错位发展格局。截至2023年9月，辽宁省港口货物吞吐量达5.4亿吨，其中外贸货物吞吐量1.8亿吨，同比增长8.6%；集装箱吞吐量933万标箱，同比增长17.2%，远高于全国5.2%的增长水平。其中，大连港、营口港、锦州港国际多式联运通道获批国家示范工程。依托海路通道建设成果，2023年1–7月，韩国商品车国际中转业务实现落地，日本商品车过境运输超1.1万辆。大连以日本商品车过境通道为试点，推进日韩货物在辽宁口岸登陆集结，通过跨境班列运抵俄罗斯、中亚等国家和地区，构建陆海联运通道。截至2023年8月底，“日本—大连—哈萨克斯坦”商品车过境发运30列，发运量5620辆，同比增幅121%，远超去年全年完成总量。

值得注意的是，在RCEP成功缔结后，辽宁省将进一步凭借区位优势，高效利用好中国制度性开放的新机遇，进一步向北开放，构筑中日韩经贸合作的另一翼。2020年11月15日，东盟10国和澳大利亚、中国、日本、韩国、新西兰共同签署RCEP，这标志着全球规模最大的自由贸易协定正式达成。（余淼杰，蒋海威，2021）2022年1月1日，在组织成员共同推动下，协定正式生效。RCEP的实施为我国稳外贸稳外资发挥了重要作用。RCEP实施的两年来，大幅降低了区域间贸易成本，稳定产业链供应链发展，推动各成员间更为密切的贸易往来。

RCEP叠加我国和其他成员国已经生效的双边及多边自贸协定，为企业享惠创造了良好条件。2023年，RCEP项下享惠进口905.2亿元，减让税款23.6亿元，主要的享惠进口商品为塑料及其制品、机械器具及其零件、有机化学品等；享惠出口2700.7亿元，可享受成员国关税减让40.5亿元，主要签证出口商品有无机化学品、服装及衣着附件、塑料及其制品等。全国有723家经核准出口商自主出具RCEP原产地声明1.2万份，货值101.8亿元。随着RCEP实施的进一步走深走实，对激发外贸新动能、优化出口结构的带动作用将进一步提升。

RCEP正式生效以来，辽宁省积极抓住机遇，充分利用关税优惠、贸易便利化等政策红利，放大比较优势，推动经济双循环发展（余淼杰和蒋海威，2021），不断与RCEP区域内深化合作，推进深度对接，为市场主体创造良好的发展环境，不断提高自身经济影响力。通过立足自身禀赋优势及条件，以战略发展方向为出发点和落脚点，辽宁省将对接RCEP列入当地重要工作事项，并出台一系列专题行动计划和工作方案。利用自身先进的生产技术以及完整的工业体系，推动实现与“一带一路”沿线国家在技术、产业和市场等方面的互补和合作。（赵乙丞等，2023）目前，辽宁省已成为在对外经贸合作中RCEP区域规模最大、吸引外资增长最快、对外投资占比最高的地区之一。

如图8-3所示，2023年，辽宁省对RCEP成员国的进出口总额达到2484.1亿元，占全省进出口总额的32.4%，同比下降4.3%，其中出口额为1480.3亿元，进口额为1003.8亿元。2022年，辽宁省对RCEP成员国的进出口总额达到2598.3亿元，占全省进出口总额的32.9%，同比上升2.7%；其中出口额为1507.8亿元，同比上升8.4%；进口额为1090.5亿元，同比下降4.3%。近两年的贸易数据表明，RCEP成员国在辽宁省对外贸易中占据持续且重要的一部分。

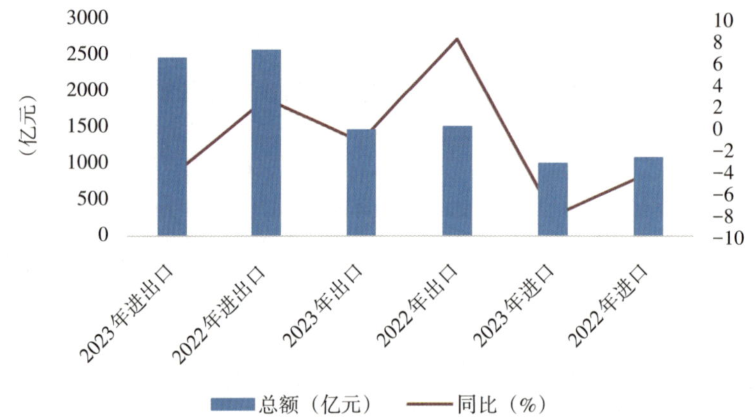

图8-3　2022年、2023年辽宁省对RCEP其他成员国进出口贸易总额

数据来源：中国海关数据库。

图8-4统计了2023年辽宁省对RCEP其他成员国进出口贸易额，其中日本、韩国进出口额位于前列，成为辽宁省RCEP框架下重要贸易国。此外，辽宁省还累计签发了RCEP协定项下原产地证书3.5万份，位列全国前列，享受的优惠货值达到120.6亿元，获得协定税款减让2.8亿元。2022年，RCEP成员国在辽宁省实际投资额为13.6亿美元，同比增长了28.8%，占全省总投资量的22.1%。

辽宁省开展了一系列交流活动，包括举办第九届中国—中亚合作论坛、2022中国（辽宁）—中亚教育合作分论坛和中国辽宁—韩国京畿道经贸洽谈会。同时，辽宁省还组织了包括政府和企业家代表在内的150余人代表团前往韩国和日本进行为期8天的经贸洽谈活动，积极把握RCEP下辽宁与组织成员开展经贸合作的机遇，并成功推介了一批投资项目，现场签约的贸易成交金额达到9.2亿元。交流和调

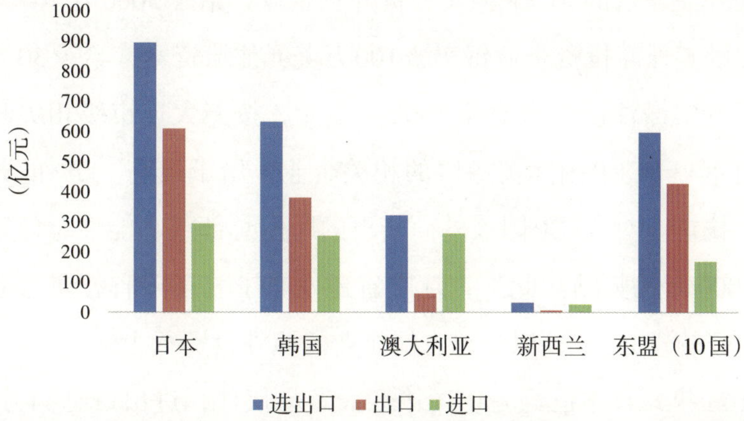

图8-4　2023年辽宁省对RCEP其他成员国（分国别）进出口贸易额

数据来源：中国海关数据库。

研活动充分展现了辽宁积极开展对外开放合作的态度，为扩展辽宁区域影响力添砖加瓦，分享辽宁高质量发展的新机遇，吸引更多外资企业落户辽宁，为辽宁经济发展增添新活力。

2022年5月，辽宁省印发了《中国（辽宁）自由贸易试验区大连片区高质量实施RCEP三年行动方案（2022—2024年）》及《中国（辽宁）自由贸易试验区大连片区关于全面对接RCEP加快推动外向型经济高质量发展的若干政策措施》。方案围绕“搭建高水平合作平台”“深化高质量产业合作”“推动外贸高速度发展”“促进要素高效率流动聚集”“打造超一流营商环境”等五个方面制定了20项重点工作任务。高质量实施区域自由贸易区战略能够降低出口企业面临的贸易政策不确定风险（余淼杰，佘可欣，2023），为充分发挥自贸试验区示范引领作用，抢抓开放型经济新机遇，培育高水平开放和高质量发展新动能提供指引和政策保障。为鼓励RCEP相关企业集聚、支持企业扩大与RCEP区域贸易往来、与RCEP国家扩大产业合作，辽宁省给予企业多项奖励、补助或贷款贴息、租金补贴等扶持政策。对新设立并开展经营的RCEP相关外资外贸企业，给予5000万至5万元的设立奖励。外商投资企业每实缴100万美元注册资本，给予30万元奖励，累计实缴注册外资高于1000万美元，按照大连市级相关政策执行。对落户RCEP国际商务区的相关企业，给予最高100%的办公用房租金扶持。对RCEP国家外商新设的跨国总部或功能性总部，最高给予1000万元奖励。此外，辽宁省还发布了《辽宁省省属企业境外投资监督管理办法》，以规范省属企业的境外投资行为。

2021年，日本已经是中国第四大贸易伙伴，进出口总额为2.4万亿元，但中国和日本在RCEP之前尚未建立自贸联系，且RCEP的自由化水平仅为86%，低于国际平均水平。中国积极推动CPTPP主要是为了和日本建立多边贸易协定，推动相关合作进一步加深。在“一带一路”倡议深入发展受阻、CPTPP的签署难度较高的情况下，我们应当抓住RCEP正式生效的历史机遇，绕过其他国家，推进中日韩自贸区建设，推进中日韩经贸合作。具体可在以下三个方面做出努力：一是积极推动RCEP关税减免进程，同时促进中日韩自贸协定的谈判，推进中日韩贸易自由化进一步发展；二是以沈阳和大连为核心，将辽宁作为中日韩自贸区建设的桥头堡，提升辽宁营商环境的市场化、法治化、国际化水平，深化中日韩产业合作和项目落地；三是畅通中日韩各国之间的海运往来，实现海铁联运协同发展，打造稳定安全绿色的中日韩供应链。

孔雀东北飞

优化营商环境是市场经济健康发展的需要，也是我国深化体制改革的必然趋势。党的十八大以来，习近平总书记高度重视优化营商环境，作出一系列重要指示，强调『营商环境只有更好，没有最好』。在党的二十大报告中，习近平总书记更是提出了『完善产权保护、市场准入、公平竞争、社会信用等市场经济基础制度，优化营商环境』的明确要求。2023年，国务院总理李强主持召开国务院常务会议，强调『要把打造市场化、法治化、国际化营商环境摆在重要位置，进一步稳定社会预期，提振发展信心，激发市场活力，推动经济运行持续回升向好』。

第九章
新时代“辽沈战役”

第一节　优化营商环境、公权阳光化

优化营商环境是市场经济健康发展的需要，也是我国深化体制改革的必然趋势。党的十八大以来，习近平总书记高度重视优化营商环境，作出一系列重要指示，强调“营商环境只有更好，没有最好”。在党的二十大报告中，习近平总书记更是提出了“完善产权保护、市场准入、公平竞争、社会信用等市场经济基础制度，优化营商环境”的明确要求。2023年，国务院总理李强主持召开国务院常务会议，强调“要把打造市场化、法治化、国际化营商环境摆在重要位置，进一步稳定社会预期，提振发展信心，激发市场活力，推动经济运行持续回升向好”。

曾经的东三省，土地肥沃，农业发达，还蕴藏着丰富的矿产资源，是中国最重要的工业基地。但是20世纪90年代末以来，东北地区开始出现经济下滑、人口外流的现象，也经历了国企改革的阵痛，成了老工业基地需要振兴的地区，甚至出现了“投资不过山海关”的段子，这在很大程度上是源于当时的营商环境。习近平总书记在2018年考察辽宁的时候指出，辽宁经济乃至整个东北经济，都存在着四大短板。第一是体制机制的短板，第二是思想观念的短板，第三是经济结构的短板，第四是开放合作的短板。因此，东北经济还没有充分发挥它应有的潜力，总书记指出的四大短板中最重要的就是体制机制短板，以及思想观念的短板。

近年来，东北地区，特别是辽宁省委、省政府以时不我待的历史责任感提出“大干三年、奋斗三年，打一场新时代的辽沈战役”，全方位设计谋划新时代辽宁的全面振兴。辽宁营商环境的改善大家有目共睹，2023年初召开的辽宁全省4.7万人的优化营商环境大会也体现在对政策的高度重视上，辽宁省纪委更是号召各级机关要全力打造“用权不图好处、办事不用求人”的“亲、清”政商环境。当前，辽宁聚焦解决经营主体关切的突出问题，加快打造营商环境“升级版”，着力营造一流营商环境，进一步提升了经营主体获得感。

结合辽宁近年来在优化营商环境各个领域的改革实践，尤其是在推进思想观念转变、推进体制机制改革、推进数字化转型、推进公权阳光化四个方面进行了大量探索，取得了一批可操作、可复制、可推广的改革案例，成功带动辽宁改善了营商环境，笔者将从辽宁在四个方面的改革举措和改革成效进行具体阐述。

一、转变思想观念

东北地区要突破计划经济时代形成的桎梏，首先要加强市场观念，增强契约精神，优化营商环境。东北地区民营经济要快速发展，首要任务是打破“投资不过山海关”的刻板印象，扭转外界对东北地区营商环境的固有印象，吸引更多资金向东北地区流入。“投资不过山海关”这种主观评价对整个东北经济的伤害是不可估量的，比如说一个普通老百姓，他说我要不要去东北投资？因为有这句话谁敢去？正如习近平总书记所说的，辽宁经济乃至整个东北经济存在的短板，最重要的就是思想观念的短板。因此，从根本上引导企业从思想上转变“投资不过山海关”的错误观念，不断激发市场主体活力动力，是推动东北地区经济高质量发展的必然要求。辽宁正处于振兴发展的关键时期，优化营商环境是实施全面振兴新突破三年行动必须下好的先手棋，是打好新时代“辽沈战役”必须拿下的关键仗。

近年来，辽宁省从思想认识上变革，高度重视、大力推进营商环境建设，为了改善营商环境，辽宁做了大量工作。2017年，成立了营商环境建设监督局。2022年1月，辽宁省正式发布《辽宁省营商环境建设行动方案（2021—2025年）》。2023年3月，辽宁省先后召开全省优化营商环境建设大会，提出“加快打造营商环境‘升级版’助力保障辽宁实现全面振兴新突破”的口号。2023年4月，又召开全省民营企业家座谈会，进一步深化“人人都是营商环境，事事关系营商环境”的理念，全力打好优化营商环境攻坚战。作为辽宁的省会城市和改革的试点，沈阳市近年来先后发布了《沈阳市打造办事方便、法治良好、成本竞争力强、生态宜居营商环境行动方案》《沈阳市“十四五”优化营商环境发展规划》《沈阳市生态环境局打造高质量营商环境工作方案》，通过对标国内、省内一流先进城市，强化改革动能，着力解决群众关心和影响高质量发展的营商环境问题。一系列“组合拳”之下，辽宁省的营商环境建设取得明显成效，2023年1月至2月，辽宁有973个内资项目实际到位资金1332亿元，同比增长27.8%。

二、改革体制机制

加快完善一体化发展体制机制，是一项关系全局、关系长远的重大任务，是实现都市圈治理体系和治理能力现代化的先手棋，更是优化营商环境的重要举措。近年来，辽宁坚持以市场主体获得感为评价标准，以政府职能转变为核心，深化体制机制改革，营造办事方便、法治良好、成本竞争力强、生态宜居的营商环境。

沈阳作为辽宁的改革示范，率先推进探索推进体制机制改革。近年来，辽宁深化“放管服”改革，下放市级权限12项，向49个省级以上开发区赋权479项，形成向自贸区赋权意见，加强权责清单动态管理，进一步精简审批事项，简化优化审批流程，不断降低制度性交易成本。深化工程建设审批改革，被国务院、住建部确定为工程建设项目审批制度改革试点城市和“清单制+告知承诺制”改革试点城市，沈阳市工程建设项目总体审批时限压缩至38个工作日内。加强事中事后监管，创新以信用监管为基础的新型监管机制，对新产业新业态实行包容审慎监管，完善企业全生命周期的服务体系，加强服务型政府建设。深入推进证照分离改革，开办企业实施“一照多址”、“一址多照”、住宅商用、集群注册等模式；强化事中事后监管，2022年累计发布1725项全领域包容免罚清单，“双随机、一公开”部门联合监管覆盖率达100%。深入开展“万人进万企”等特色载体活动，完善营商环境评价体系，定期开展营商环境评价，以评促改、对比提升，推动营商环境建设向抓好“绝大多数”延伸、向优化社会环境拓展、向建立长效机制深化，城市吸引力不断增强。实施公平竞争审查制度，清理废除25573份妨碍公平竞争规定，新制定文件的公平竞争审查率达到100%。推出《沈阳市支持中小企业和个体工商户稳增长若干政策措施》，解决受疫情影响的中小企业生存问题，涉及资金超过50亿元；实施小规模纳税人免减税、研发费用加计扣除等政策，预计全年减税30余亿元。加强诚信沈阳和营商文化建设，建立健全覆盖全社会的诚信体系，营造“办事不求人”“人人都是营商环境”的社会氛围。通过一系列体制机制改革探索，打造阳光便利的审批环境、文明规范的执法环境、中立诚信的中介环境，切实让广大老百姓感受到了营商环境的改善。

三、数字化转型

党的二十大报告将数字化作为经济发展的重要风向标，并前瞻性地将教育数字化、文化数字化等放在突出位置。数字经济的高速发展为相对落后地区实现弯道超车提供了可能，从新基建到科技赋能，再到产业赋能，数字化的发展加快了营商环境一体化的横向演进，大幅优化了管理效率和信息成本，在地区合作和部门沟通中有助于分清权责，打通合作中的“最后一堵墙”。此外，数字化有助于推动营商环境一体化的纵向演进，即在营商环境发展的新旧交替进程中，数字要素、数字技术和数字意识推动了演进过程的扁平化，更为高效地推行变革，聚力突破。

辽宁省政府搭建的12345政务服务便民热线平台，打造了统一的政务服务便民热线平台，实现“一号对外、各方联动、接诉即办、一键直达”，构建全天候、全媒体、全覆盖的集咨询、投诉、求助、建议、举报、评价等功能于一体的12345政务服务便民热线体系。该平台目前处于全国领先地位，成功实现了辽宁省12345服务品牌效应。围绕四大参与主体与八大方面，联通云基于AI+、大数据+、区块链+等信息技术，采用“五横三纵”总体架构，建成AI引擎、政务热线大数据治理平台、12345区块链三大能力基座，夯实12345热线平台建设根基，赋能12345热线平台全面升级，不断满足企业和群众多层次多样化服务需求。通过对企业、群众诉求问题进行颗粒化分类和精细化管理，“12345热线+网格”平台成为基层社会治理的受理中枢、调度中心、处置中心和体征监测中心，为舆情分析、应急处置、区域治理提供决策参考和科学研判，成为社会治理中极为高效的“小切口”。12345热线平台的建设，是真正以顺民意、解民忧为核心的“民心工程”，不仅促使政务服务便民热线接得更快、分得更准、办得更实，也顺应了时代潮流和信息技术发展方向，打造更宜居的生活环境和更好的营商环境。

辽宁省政府数据中心的建设成为打破数据堡垒、消除信息孤岛、设施集约建设、资源统一管理、实现信息共享和资金节约的“关键一环”。截至2023年3月，辽宁省政府数据中心已承载79个直属委办厅局的各类政务信息系统603个，在全国处于领先水平；四大班子单位系统全部实现集约上云，在全国尚属首例。基于数据中心，辽宁省政务数据实现了全部上云，强化了数据资源管理，推进了政务信息机构改革。伴随辽宁政务云平台规模不断扩大，丰富的业务数据在政务云上汇聚。依托政务云数据治理能力，辽宁省各级政府部门强化数据共享和业务协同，持续推进“放管服”改革，深化“互联网+政务服务”平台建设，“清单网上晒”“最多跑一次”“不见面审批”“‘办不成事’窗口”等各具特色的优政、利企、便民改革举措，有效破解了政府内部大大小小的信息化重复建设问题，解决了阻碍企业发展的各种难题，全省营商环境市场化、法治化、国际化水平显著提升。

在网络强省、智慧沈阳等政策下，辽宁省构建了具有鲜明特点的电子政府应用体系，并为其提供了大量的信息服务。目前，沈阳市已初步打通了国家、省、市之间数据共享的主干通道，推进“一网通办”改革，深入实施“只提交一次材料”改革，全面提升“一网通办”服务效能。2021年，沈阳市一体化政务服务平台接入2666项政务服务事项。其中，全程网办事项占比100%，实际网办率90.2%，分别较上年提升8.6和3.9个百分点。2270项申请事项实现“只提交一次”或免于提交，占比86.9%。“一件事一次办”服务场景突破1000个。一体化政务服务平台用户总量达到720万，日均访问量达32万人次，政务服务“好差评”好评率99.9%。沈阳都市圈“一圈通办”政务服务事项不断增多，基本涵盖民生高频重点事项。2022年，营商环境5.0版改革全面推开，“只提交一次材料”改革进一步深入实施，“一网通办”全省领跑，“一件事一次办”场景突破1000个，“惠帮企@链上沈阳”解决企业诉求1.8万件，工程建设项目审批时限压缩至35个工作日以内。体制机制改革效应持续释放，牢牢把握了经济发展主动权，沈阳市经济发展的活力与韧性进一步增强，营商环境不断优化，2020年、2021年国家营商环境评价中，连续两年获评东北地区唯一的标杆城市。

当前，我国数字政府发展水平呈现逐年上升态势，各省区市纷纷借助云计算、数据中台等实施政务数字化转型战略。辽宁政务云树立了数字政府“东北标杆”，进一步提高信息透明度，优化行政流程，增强政府与企业之间的互信度，提高政府管理和服务的精准性和有效性，企业办事成本持续降低，提升了企业的获得感和满意度。辽宁省通过建设统一的电子政务平台，整合政府部门的信息系统和数据资源，实现信息共享和互联互通，实现企业事务线上申请、线上审批、线上办结，让企业和市场主体能够在一个平台上完成多项业务办理，减少重复办事和跑腿，减少企业和市场主体的办事成本和时间成本，提高了办事效率，提升地区营商环境的透明度和便利性。同一组数据可以看出，数字化转型对营商环境的促进作用，辽宁省近五年实物商品网上零售额呈现逐年增加趋势，由2018年的858亿元逐年增加到2022年的1818亿元，利用五年时间实现了翻番。

图9-1　辽宁省近五年实物商品网上零售额及同比变化

四、公权阳光化

想快速办成事，就要托熟人找关系，这曾是企业和群众诟病已久的老大难问题。“求人办事”的思维惯性和处事方式之所以根深蒂固，究其根本，是个别领导干部和公职人员把“公权力”变成了个人或少数人牟取私利的工具，不给好处不作为，给了好处乱作为。在基层，“小鬼难缠”、吃拿卡要、久拖不办、推诿扯皮的现象更是让人深恶痛绝，对营商环境造成极大伤害。推行公权阳光化，实现“办事不找关系、用权不图好处”，就是用优质服务树良好“窗口”形象，把群众利益、公共利益放在首位，让群众办事顺心舒心，加快营造稳定、公平、透明、可预期的营商环境。这是提升政府公信力的必然要求。

为了规范权力边界、重构办事流程、优化营商环境，解决群众

“不会办”“该咋办”“如何办”的难题，消除“门难进、脸难看、事难办”的现象，2023年，辽宁省深入开展“办事不找关系”改革，高标准出台了《办事不找关系指南》，并依托一体化政务服务平台和“辽事通”建设“办事不找关系”专区，推进《办事不找关系指南》“网上办、掌上办”，以大数据技术赋能持续优化政务服务环境。各地政务服务大厅增加了“一站式”综合窗口、“办不成事”反映窗口，不清楚办事流程，到服务台拿一本《办事不找关系指南》，或扫一下微信二维码，办事流程便一目了然。良好的营商环境为振兴发展注入强劲动能，只有让“找关系”没有市场，让“滥用权”付出代价，才能扫清优化营商环境路上的“绊脚石”，以用权之正、服务之优帮助企业轻装上阵，助力辽宁经济行稳致远，助力打好打赢新时代东北振兴、辽宁振兴的“辽沈战役”。

为了优化提升政务服务便民热线的服务效率，不断提升企业和群众满意度。2021年，辽宁省统筹推动政务服务便民热线整合归并工作，建设了全省统一的12345政务服务便民热线。2023年，进一步加强了对政务服务便民热线的体制改革和规范管理，在全国率先颁布了第一部省级12345热线《管理与服务规范》，为国家制定统一的管理服务规范树立了典型样本。2023年上半年，辽宁全省12345热线平台受理各类诉求问题609.7万件，较2019年同期增长2.05倍；办结量由2019年同期的195.3万件，增加至目前的606.8万件，增长2.11倍；便民热线受理投诉事项平均办结时限，由2019年的20天/项，缩短至目前的9天/项；诉求办理满意率从2019年的84%，提升至目前的92%。辽宁省12345热线，被人民网评为“2021年度人民网网上群众工作民心汇聚单位”；在全国政务热线服务质量评估中，被评为A+等级单位；举办2023年数字营商环境改革创新发展峰会暨中国政务服务热线40周年发布大会，辽宁获评2023年政务热线省域发展借鉴样本。辽宁通过建立网上政务服务平台，加强对企业和公众的沟通和反馈机制，逐步走出了一条具有时代特征、彰显辽宁特色、突出政务服务特点的发展之路，在全国各省区中走在了前列，为打好打赢新时代“辽沈战役”夯基垒台。

为了提升政府的透明度和可预期性，让政府与市场主体互利互信，将权力的内部监督转化为群众监督，让权力在阳光下运行，减少权力寻租的空间和行政干预的可能性，畅通营商环境一体化的建设与发展，2022年，辽宁省建成全国首个覆盖省、市、县、乡、村五级应用的“辽宁阳光三务”监督治理系统，成为基层群众了解基层村（社）“三务”信息、“小微权力”运行，参与事前、事中、事后群众监督的重要渠道。在巩固深化“辽宁阳光三务”监督治理系统成果的基础上，2023年，辽宁省又先后推进辽宁“阳光校园”、辽宁“阳光国企”平台建设，推动省管高校、省管企业内部管理、“三重一大”、招标采购、选人用人、考评激励等信息全部公开，以信息公开倒逼高校和企业在治理理念、管理方式、制度设计、发展环境等方面变革，推动权力更加公开、管理更加规范、发展更加有力。截至2023年年底，“辽宁阳光三务”监督治理系统覆盖16233个村和社区，注册群众863万人，发布信息546万余条，跟踪解决群众反映问题5万余个、网上预警问题30万余个，平均月度浏览量179万人次，总浏览量2540万人次，群众满意率99.9%以上，15人主动投案。这组数据有力反映了“辽宁阳光三务”监督治理系统的工作成效。“辽宁阳光三务”，被北京大学评为中国城市治理创新全国二十个优秀案例之一。

综上，持续优化营商环境是一项系统工程，涉及宏观调控、市场监管、公共服务等多领域、多层次的制度安排，必须整体谋划、系统治理，既要着力解决短板弱项、疏通堵点难点，又要注重建立长效机制、夯实制度基础，确保营商环境持续优化。辽宁以推进思想观念转变、推进体制机制改革、推进数字化转型、推进公权阳光化四个方面为切入点，深入推进“阳光辽宁”品牌建设，打造“阳光辽宁”品牌，引导市场从根本上转变以往刻板的观念，打造阳光便利的审批环境、文明规范的执法环境、中立诚信的中介环境，提供接得更快、分得更准、办得更实的政务服务，营造稳定、公平、透明、可预期的营商环境，向建立讲诚信、守纪律、懂规矩的有为政府不断迈进。用一组数据展示辽宁营商环境的可喜变化：2020—2022年，辽宁省内贸易方面，全年社会消费品零售总额由2020年的8960.9亿元，增长到2022年的9526.2亿元；全年商品零售额由2020年的8270.9亿元，增长到2022年的8837.1亿元。辽宁省内投资方面，全年建设项目由2020年的9874个，增长到2022年的13000个；亿元以上建设项目由2020年的2925个，增长到2022年的3839个；全年新开工建设项目由2020年的5049个，增长到2022年的5877个；亿元以上新开工建设项目由2020年的969个，增长到2022年的1106个。

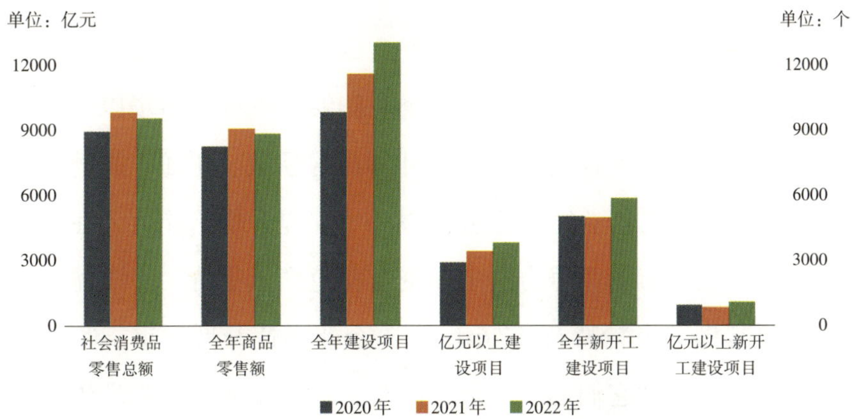

图9-2　辽宁省经营环境主要指标变化趋势

正如习近平总书记所强调的，“营商环境只有更好，没有最好”，优化营商环境始终是进行时，永远在路上。下一步，辽宁如何进一步优化营商环境、打赢新时代的“辽沈战役”，为全国提供更多可复制可推广的经验样本？笔者认为可抓住以下几个重点：

第一，实现不同市场主体的公平准入。2022年4月，中共中央、国务院发布《关于加快建设全国统一大市场的意见》，提出要实行统一的市场准入制度、维护统一的公平竞争制度。辽宁是民营经济大省，且新产业、新业态、新模式蓬勃发展，为了进一步促进民营经济健康发展、高质量发展，真正把民营企业和民营企业家当成自己人，保证市场公平准入极为重要。

辽宁要打造稳定公平透明可预期的发展环境，持续破除市场准入“壁垒”，确保所有市场经营主体权利平等、机会平等、规则平等、待遇平等。一方面，在企业准入上，应维护好市场准入负面清单制度的统一性、严肃性、权威性，逐步减少负面清单的种类和数量。探索推进外商投资准入前国民待遇加负面清单管理制度，持续提升利用外资水平，促进内外资企业公平竞争。另一方面，应树立全生命周期服务理念，针对企业在设立、取得、扩大等阶段的需求，如获得经营场所、公共服务、信息服务等，帮助企业尽可能地降本增效。

需要特别指出的是，除了保证企业能够公平进入市场以外，建议辽宁进一步创新拓展各类市场主体可参与的领域。比如，鼓励和引导民营企业深度参与产业链供应链核心环节，提升供给能力，在辽宁范围内培育一批有市场竞争力的中小企业特色产业集群。在具体落实过程中，要帮助“专精特新”“小巨人”企业迅速开展预审、实现快速确权和维权，帮助它们迅速成长，同时，促进企业质量管理体系认证升级，增强企业的技术创新能力。

第二，进一步优化要素支持。辽宁应进一步破除妨碍各种生产要素市场化配置和商品服务流通的体制机制障碍，降低企业制度性交易成本。一是进一步做大做强数字经济。在数字时代，数据已经成为继土地、劳动力、资本、技术之后的第五大生产要素。二是全方位优化招才引才育才环境，做到聚天下英才而用之。三是加快完善金融服务，特别是保证民营企业以相同的条件获得与国有企业一样的信贷支持，并享受金融机构的其他优质服务。四是对标高标准国际经贸规则，以制度性开放更好利用国内国际两个市场、两种资源。比如，对标世界银行刚发布的营商环境评价指标，在落实合同的执行力度、办理破产的速度及规范程度等方面作进一步的探索。

第三，进一步加强法治保障。法治是最好的营商环境，建议辽宁进一步把营商环境优化纳入法治化轨道，作为一种“硬指标”“硬条件”“硬要求”，提振企业信心、稳定企业预期。出台更多固化改革成果的特色性立法，聚焦新兴领域的前瞻性立法，加强对民营经济发展的支持以及保护，做到有法可依、有法必依、执法必严、违法必究。切实推进对各类行政机构，如市场监管局、生态环境局、应急管理局等行政法规和部门规章中罚款事项的专项清理，有效有序优化非税收入占总收入的比重。

第四，构建亲清政商关系，优化涉企服务。所谓“亲”，就是坦荡真诚地与民营企业接触交往，特别是在民营企业遇到困难和问题的情况下积极作为、靠前服务，对非公有制经济人士多关注、多谈心、多引导，帮助他们解决实际困难。所谓“清”，就是同民营企业和民营企业家的关系要清白。在涉企服务上，做到有呼必应、无事不扰，更好服务企业发展，推进政务服务规范化、便捷化和增值化。特别是在增值化方面，通过举一反三、以点带面，实现从优化政策到优化服务、赋能服务的迭代升级，保证企业轻装上阵、安心创业、放手发展。打造全链条、全天候、全过程的政务服务新生态，为企业提供更广范围、更深层次的政策、人才、金融、科创、法律、税收等集成服务。同时，出台更多激励政策和扶持机制，引导企业在创造就业、拓展消费市场中大显身手，实现经济效益和社会效益的双赢。

辽宁已经在营商环境建设上取得了长足的进展，成为全国的改革示范。相信通过进一步发挥优势特长、补足短板弱项，一定能够构建起全球一流的营商环境，助力谱写中国式现代化辽宁新篇章。

第二节　两个“毫不动摇”

一、政策背景

2018年，习近平总书记在辽宁考察时强调，“我国实行的是公有制为主体、多种所有制经济共同发展的基本经济制度”。要求毫不动摇地巩固和发展公有制经济，毫不动摇地鼓励、支持、引导非公有制经济发展。“两个毫不动摇”说出了中国特色社会主义经济发展路线的真谛。回首改革开放四十多年，正是因为坚持“两个毫不动摇”，才能激发各类市场主体活力，取得了中国社会经济的飞速发展。

如今，东北振兴蓄势待发，新时代“辽沈战役”号角业已吹响，辽宁秉承两个“毫不动摇”的正确指引，让各类所有制主体心往一起想、劲向一处使，创出辽宁全面振兴新格局。辽宁省委书记郝鹏指出：“辽宁振兴，首先要企业振兴。我们要坚持‘两个毫不动摇’，进一步营造尊重企业家、尊重创业者的浓厚氛围，让国企敢干、民企敢闯、外企敢投，形成大企业顶天立地、中小企业铺天盖地的发展态势。”

二、国企敢干

国有企业是辽宁振兴的龙头，也是辽宁老工业基地的支柱。深化国资国企改革，做大做强国有企业是打赢新时代“辽沈战役”的重中之重。辽宁省抓住国家新一轮深化国有企业改革的契机，发挥在地央企国企数量多的优势，以国企为核心加强产业链配套，凝聚力量打造一批具有核心竞争力的国有大型企业，以点带面围绕国有企业打造产业集聚地。

新时代“辽沈战役”打响后，国有企业第一时间响应号召。2023年3月，辽宁省与央企深化合作座谈会在北京举行，现场签约25个项目，项目计划投资总额3732亿元。6月，国资央企助力东北全面振兴座谈会举行。中央企业与东北三省一区进行合作项目签约，共签约111个项目，总投资超过5000亿元。8月，辽宁省与中央金融机构战略合作协议签约暨银企对接会在北京举行。辽宁省政府分别与17家中央金融机构签署战略合作协议；相关驻辽金融机构与省内36家重点项目企业签署合作协议，涉及项目38个，融资意向金额达1460亿元。预计到2025年末，辽宁省地方国有企业资产总额将突破3.5万亿元，营业收入将突破3700亿元，利润总额将突破100亿元，将打造一批具有产业控制力、科技创新力、安全支撑力的国有大型企业，推进中央企业总投资超1.5万亿元的200个以上项目在辽落地。

回顾经济发展的历程，国有企业一直是辽宁发展的核心。新中国成立后，东北地区承担了围绕国有企业打造全国重工业基地的重任。从这里走出了中国“海军舰艇的摇篮”、中国第一艘航空母舰“辽宁舰”的建造者——大连造船厂，“中国歼击机摇篮”——沈阳飞机工业集团，“新中国钢铁工业的摇篮”——鞍钢。一直以来，辽宁省国有经济比重相对较高，经济发展对国有经济依赖性较强。统计数据显示，辽宁国有企业资产占规模以上工业企业总资产比重约为45%，远高于全国30%左右的平均水平。[①]在国有经济中，以能源和重化工业为主的传统产业比重较高；在发展方式上，主要依靠投资驱动。

治军要抓思想、鼓士气，打赢新时代“辽沈战役”也一样。国有企业不仅在经济振兴路上挑大梁，也为新中国建设留下了许多值得弘扬的时代精神。辽宁鞍钢的“争气钢”代表了中国自主研发突破卡脖子技术的顽强精神。1956年，我国计划修建南京长江大桥，贯通京沪铁路运输，为新中国大规模工业建设扫平障碍。然而，长江大桥开工建设之际，进口桥梁钢出现了严重质量问题。经过交涉，外方提出必须放弃钢材可焊要求，或将长板改为“杂尺料”交货。但是，前者对大桥养护不利，后者则使得大桥打满补丁，这无疑是推卸责任和故意刁难的行为。对此我方断然拒绝，并决定不再进口桥梁钢，而采用同等性能的国产钢材替代。可当时国内尚无能力生产桥梁钢，没有桥梁钢，大桥就得停工。1961年，国务院决定把研制桥梁钢、生产建设大桥所需钢材的重任交给鞍山钢铁公司。在当时的技术装备条件下，鞍钢人硬是凭借艰苦奋斗的精神，研制生产出了6.6万吨16锰低合金优质钢材，用于建设举世瞩目的南京长江大桥，鞍钢生产的这批

① 常修泽. 东北振兴应瞄准国企攻坚［N］. 经济日报，2017-01-31（03）.

钢材也因此被称为“争气钢”。

三、民企敢闯①

民营经济是市场经济发展的重要力量，大力鼓励和支持民营经济发展壮大，是东北地区推动经济增长、激发创新活力、促进对外开放、实现全面振兴新突破的必要举措。东北地区民营经济发展破局，要从补齐体制机制、经济结构、对外开放、思想观念四个方面入手。一是改革体制机制，按照公开公平公正的原则推进市场经济体制建设，在要素获得和市场准入方面对各类市场主体一视同仁；二是优化产业结构，承接东部地区产业转移，形成国企经济和民营经济集群式协同发展模式；三是扩大对外开放，加快打造东北海陆大通道，推动建设中俄蒙经济走廊和中日韩自贸区；四是转变思想观念，以数字化、阳光化推进营商环境一体化建设。

新时代“辽沈战役”提出后，辽宁为激发民营企业市场活力连出新招。一是扎扎实实为企业降成本。辽宁省国资委积极推动国有企业减免房租，2003年前三个季度共为3905户小微企业和个体工商户减免租金1.1亿元。辽宁省税务局精准落实税费政策，减轻民营企业税费负担。辽宁省共实现减税降费及退税缓费235.5亿元。二是主动行动为企业引入金融活水。2023年，辽宁省金融监管局组织银企对接会11场，银行机构推介“白名单”企业融资需求1100个，促进融资对接超400亿元，推广“辽科贷”“辽知贷”“辽股贷”系列产品，累计投放300亿元，余额110亿元。中国人民银行沈阳分行通过发放支

---

① 本节基于下文修订：余淼杰，曹健. 东北地区民营经济发展问题探析[J]. 国家现代化建设研究，2023，2（04）：75-85.

农支小再贷款、再贴现提供低成本资金449.2亿元；落实普惠小微贷款阶段性减息政策，135家地方法人金融机构为54.5万笔普惠小微贷款减息2.1亿元，惠及经营主体23.2万户，对5536户企业的323亿元贷款本息给予延期。辽宁省财政厅落实融资担保保费补贴政策，累计拨付保费补贴资金2208.44万元，担保金额31.85亿元。三是政府牵头将合作引进来。2023年8月，辽宁举办全国知名民企助力辽宁全面振兴新突破高端峰会，近900位知名民营企业家参加峰会，147个项目签约，总投资1435亿元；9月，举办第四届辽洽会，5800余亿元的“集中大单”郑重落笔，首届全球辽商大会在沈阳召开，来自海内外的600余位辽商代表参会为家乡助力；10月，举办2023全球工业互联网大会，164个项目落户辽宁。这些项目中的大多数与民企相关。

近年来，随着鼓励和支持民营经济发展政策的不断出台，辽宁地区民营经济发展速度明显加快，规模不断扩大。统计数据显示，2023年1月至9月，全省实有民营经济经营主体481.6万户，同比增长8.2%，占经营主体总量的96%；规上工业中小企业8826户，同比增长4.6%，占规上工业企业的97.8%。2023年6月，位于沈阳的十月稻田集团股份有限公司成为辽宁第一家独角兽企业。10月12日，该公司在港交所敲钟上市，市值达188亿港元；11月28日，港股股价上涨近七成，总市值增至276.7亿港元。

展望未来，创新是东北经济高质量发展的第一动力，民营经济是推动创新的重要力量。国家知识产权局知识产权发展研究中心发布的《中国民营企业发明专利授权量报告（2021）》显示，2021年，我国发明专利授权量达69.6万件，排名前十位的国内企业中，民营企业占据7席。[①]过去东北经济发展主要依靠国有企业投资驱动，自主创新动力不强。激发东北社会创新活力，需要充分发挥民营经济在创新中的突出作用，不断推动新技术应用和全要素生产率提升。辽宁省将开展优质企业梯度培育，落实《优质中小企业梯度培育管理暂行办法》，健全完善辽宁省创新型中小企业—“专精特新”中小企业—“专精特新”“小巨人”企业—制造业单项冠军企业梯度培育体系，强化政策支持，优化服务能力，分级分类挖掘和培育“专精特新”企业，引导企业与重点行业头部企业协同创新，将更多优质企业纳入国家队行列。

四、外企敢投

辽宁是东北对外开放的门户，东北海路大通道的枢纽。积极引进外资企业，扩大外资企业合作的“朋友圈”，强化重点领域对外开放，吸引留住高质量外资，是辽宁振兴的不二法门。到2025年，辽宁省当年新设外商投资企业要达到1200家，制造业实际使用外资比重超过全省外资规模的50%，实际使用外资规模总量在全国排名前10位。2023年，辽宁省新设外商投资企业达到800家，实际使用外资完成62亿美元，规模总量排名全国前10位。

深厚的工业体系积累、优质的技术人才储备吸引优质外企深耕辽宁。2003年成立的华晨宝马是宝马集团和华晨集团共同设立的合资企业，拥有本土供应商超430家，连续16年成为沈阳最大纳税企业。2021年，华晨宝马生产了超过70万辆汽车，在中国首次成为豪华汽

---

① 谷业凯．民企创新活力不断迸发（经济聚焦）[N]．人民日报，2022-12-28（10）．

车产量最大的汽车制造企业。华晨宝马沈阳生产基地是宝马集团全球规模最大的生产基地，拥有大东、铁西两座整车厂，一座动力总成工厂，以及一个研发中心。目前，华晨宝马铁西新厂及大东工厂改扩建项目正在进行，竣工投产后整个生产基地年产能将逐步增至65万辆。华晨宝马动力电池中心二期也即将开业，这里将率先量产宝马集团最新第五代BMW eDrive动力电池。

政府筑巢引凤促使重磅项目落户辽宁。2023年3月，在中沙两国元首共同见证并推动的中沙全面战略合作项目——投资837亿元的华锦阿美精细化工及原料工程项目顺利开工。辽宁省委、省政府高度重视项目的实施，采取有力措施保障项目加快推进，在不到7个月的时间里，项目总体进展很快。10月，省委书记、省人大常委会主任郝鹏率团访问沙特阿拉伯王国，亲身到访沙特阿美公司，推动项目加快落实。

辽宁全力打造外企敢投的营商环境，为新时代“辽沈战役”保驾护航。一是强化外商投资服务，营造更有吸引力的外商投资环境，强化重点外资项目服务保障，完善工作机制，建立问题台账，为在辽外资企业要素保障、生产经营等方面提供全流程、全天候服务；二是着力提升国际人才服务水平，鼓励和支持沈阳、大连、沈抚示范区和自贸试验区先行先试建立境外职业资格单向认可清单，为具有境外职业资格的金融、建筑、设计、医疗等领域符合条件的专业人才提供相应服务，便捷提供相关社保服务；三是瞄准“世界500强”及全球行业头部企业，实施“招大引强”工程，扩大外资规模。

积力之所举，则无不胜也；众智之所为，则无不成也。2023年，辽宁地区生产总值同比增长5.3%，超过全国水平0.1个百分点。省委书记郝鹏指出：2023年辽宁夺取了三年行动首战告捷。长期坚持两个“毫不动摇”，汇聚公有制与非公有制主体力量，企业振兴定能助力辽宁振兴早日实现。

第三节 孔雀又北飞

一、人才引进来，孔雀又北飞

打好打赢新“辽沈战役”，“人”是关键。近年来，辽宁省高度重视人才的培养与引进，有效缓解了持续多年的人口流出趋势。2022年辽宁人口净流入8.6万人，扭转了2012年以来我省连续11年的人口净流出局面。2023年辽宁省引进高层次人才4387人，比2022年增加1909人，高层次人次流失数量同比下降6.6%。为了持续吸引人才扎根落户辽宁，全省持续重点深入实施“兴辽英才计划”和“百万学子留辽来辽”专项行动。其中“兴辽英才计划”突出“高精尖缺”导向，每年遴选科技创新人才200名，产业高端技术人才150名、优秀工程师和高技能人才200名、创新团队150个和重点领域专门人才400名，并通过高额经费奖励全方位支持与成就人才。在2023年揭晓的全国两院院士增选结果中，全省新晋6位院士中5位出自“兴辽英才计划”，彰显了该人才创新行动的强大人才孵化能力。自“兴辽英才计划”实施以来，共产生2318名高层次人才和190个创新团队，其中9人当选两院院士，百余人成长为国家级人才，近千名专家承担国家重大项目、担纲关键核心技术攻关。

“百万学子留辽来辽”行动则通过持续开展知名高校“辽宁人才周”等活动，每年深度挖掘和提供高质量岗位7万个，力争到2025年吸引集聚120万名高校毕业生留辽来辽创新创业。2023年3月，辽宁省分别在辽宁科技大学、沈阳化工大学、大连医科大学、辽宁工程技术大学、西北大学等高校举办10场招聘活动，累计组织1637家用人单位进校招聘，提供就业岗位6.24万个，省内外高校超过10万名毕业生参与。同时，沈阳市、鞍山市还与西北工业大学等高校建立了具体的合作意向。表9-1展示了辽宁省2020年以来人才计划的实施成果。

表9-1　2020—2023年辽宁省人才支持政策目标汇总表

年　份	人才支持政策目标
2023	优化实施“兴辽英才计划”，遴选高水平人才和团队1047个；投入4.8亿元给予人才支持奖励和服务保障；新增两院院士6人，总数达61人；2个团队和3名个人获评国家卓越工程师奖；创新实施“百万学子留辽来辽”行动，引进海内外优秀博士和高级职称人才4387名，同比增长77%，引进高校毕业生40.1万名，同比增长20.8%，扭转了多年人才外流的不利局面，“孔雀向北飞”呈现良好态势。
2022	深入实施“兴辽英才计划”，“带土移植”高水平人才团队238个。成功举办辽宁省第一届职业技能大赛。万人有效发明专利达到15.2件。制定实施提高头部企业本地配套率、科技成果本地转化率、科技型企业增长率方案，科技型中小企业增长39%、高新技术企业增长19.7%。
2021	引进“带土移植”团队218个。25项科研成果获国家科学技术奖，“纳米限域催化”获国家自然科学奖一等奖。大力推进科技成果省内转化，新增科技型中小企业4000多家、高新技术企业1000多家，新增瞪羚企业215家、雏鹰企业798家，新增国家专精特新“小巨人”企业137家。

续表

年　份	人才支持政策目标
2020	大力实施“兴辽英才计划”，支持科技领军人才80名、创新创业团队36个。新增高新技术企业1508家，雏鹰瞪羚独角兽企业达到2163家。加快发展高端装备制造、新材料等战略性新兴产业，高技术制造业投资增长33.4%。

资料来源：2020—2024年辽宁省政府工作报告。

除了政策刺激，形成孔雀又北飞的人才吸引格局更重要的是从教育、创新创业等方面建设良好的社会氛围，形成内生的人才吸引动力。

在兴办教育方面，辽宁大学近年来在经济学科“双一流”建设上卓有成效，引进了以经济学家余淼杰教授为代表的多位高端人才，亮出了辽宁省广纳贤良的名片，为全省形成人才吸引动力作出了巨大贡献。

吸引人才首先要自己做强。为了整合资源，形成合力，辽宁大学将包括经济学院、金融与贸易学院、中国金融研究院、李安民经济研究院等11个实体学院和24个研究机构合并组建“经济学部”。资源整合有利于形成吸引人才的集聚力。截至2023年，辽宁大学通过经济学部专业招聘组，连续两年开展了“辽宁大学—美国经济学会年会招聘面试”活动。为学校在国际贸易、劳动、宏观等多学科领域吸纳了来自海内外一流经济类别院系的博士生及国内兄弟院校的优秀青年教师。目前，辽宁大学经济学部已经吸引海外一流院校经济类青年学者25人，来自北京大学、清华大学、复旦大学等国内优秀院校的优秀经济学者11人来校任教。这些学者为辽宁大学带来了重要而又丰富的研究成果，一篇篇精湛的论文先后发表在国际顶级刊物上，为辽宁大学的“双一流”学科建设贡献了重要的力量。

引进人才以后，重要的是要让人才拥有获取前沿科研成果的渠道，拥有平台让教师与学生能够充分展示才华，通过学术交流，不断碰撞新的思想火花，形成更高水平的教师和学生队伍，从而进一步吸引青年学者来辽兴辽。为此，辽宁大学打造了一系列涉邀国内外各领域专家的高端学术会议，包括宋则行名家大讲堂、校长论坛、海外校长大讲堂、博雅学术讲座等，通过高端学术论坛的深入交流形式，为本校师生及省内外优秀学子提供了宝贵的学术资源。同时，辽宁大学斥资建设全面的“双一流”学科数据平台，采购了Wind、CSMAR、JSTOR、CEIC等多款经济学数据库，为本校师生的学术科研提供了重要的保障，也进一步提升了辽宁在人才培养与引进方面的全国影响力。

表9-2 辽宁大学“双一流”内涵建设举措（部分）

举 措	简 介
组建经济学部	包括经济学院、金融与贸易学院、国际经济政治学院、商学院等11个实体学院（中心、研究所），包括中国金融研究院、地方财政研究院、李安民经济研究院、数字经济研究院等24个研究机构。
打造高端学术会议平台	包括“宋则行名家大讲堂”、“宋则行海外名家大讲堂”、“唐铎格政讲座”、“校长论坛”、“海外校长大讲堂”、“博雅学术讲座”、“白钦先名家讲座”、“经济学部学术工作坊”和“经济学前沿高端讲座”。
建设“双一流”学科数据平台	采购万德Wind、国泰安CSMAR、JSTOR、CEIC、OECD、IHS全球贸易分析等6个经济学数据库。

资料来源：辽宁大学微信公众号。

二、人才留下来：此间乐，不思蜀

（一）沈阳市人才引进政策

除了人才吸引政策，辽宁省还采取了一系列制度改革，减少来辽人员的落户成本，保障来辽人员过得好。2023年辽宁省持续推进落实户籍制度改革，推行在线流动人口居住证的申领改革，同时人员的省内跨市流动无需更换居住证，其中，大连市取消积分落户制，调整为稳定就业或缴纳社保即可落户。与此同时，辽宁省委组织部联合多部门出台了《关于做好取消普通高等学校毕业生就业报到证有关衔接工作的通知》，该通知通过明确简化求职就业手续、落实去向登记制度、做好户口迁移办理、优化档案审核管理、稳妥推进档案转递、做好报到入职衔接、畅通信息查询渠道和认真做好宣传引导等8个方面的具体细则，进一步为高校毕业生求职就业和留辽来辽提供了更加便利的政策支持。

在保障人才生活工作方面，沈阳与大连两地尤其值得关注。

沈阳市近日发布了2024版“兴沈英才计划”，在人才引进措施方面，继续推出并优化多项人才支持奖励政策，通过对各类人才提供创业、购房、安家等方面的补贴服务，充分发挥沈阳在振兴发展中对各类人才的政策支持力度，留住人才守住人才。沈阳市出台的人才补贴服务政策在保证分配公平的基础之上，还具有一定的激励效应。最新版计划将人才分为高层次人才、外国专家及团队、产业人才、高校毕业生、青年后备人才、高技能人才、“带土移植”团队、各领域专门人才等八类，根据个人或团队的成果大小进行了不同程度的政策资助，其中，沈阳市将高层次人才分为顶尖人才（A类）、杰出人才（B类）、领军人才（C类）、拔尖人才（D类）。从大专学历到博士学历，从技术工人到科研专家，从灵活就业到创业创新，各类人才都能够享受到沈阳市的人才资助。这些补贴从生活补贴、住房补贴到科研经费、创业经费，再到配偶安置、子女入学，覆盖了各类人才来到辽宁以后的生活工作各个方面，有力地保障了来沈人员的生活品质。

表9-3　2024沈阳市“兴沈英才计划”人才补贴及生活服务政策分类表

<table>
<tr><th></th><th>高层次人才</th><th>外国专家及团队</th><th>产业人才</th><th>高校毕业生</th></tr>
<tr><td rowspan="2">补贴政策</td><td>奖励
A类100万元奖励、500万元科研经费；
B类100万元奖励、260万元科研经费；
C类50万元奖励、70万元科研经费。</td><td rowspan="2">对纳入外国专家项目的外籍人才，给予最高60万元奖励；
每年引进25个左右与沈阳企业开展合作的外国专家团队，基于团队最高20万元奖励。</td><td rowspan="2">根据《产业急需紧缺人才需求目录》引进的人才，分3年给予最高30万元奖励；
科创型企业家，分三年给予每人总计15万元奖励；
70名左右高水平创新人才，每人最高50万元奖励；
50名左右优秀工程师，每人最高30万元奖励。</td><td rowspan="2">生活补贴
博士：3万元
硕士：1.44万元
本科：0.72万元
首次购房补贴
博士：7万元
硕士：4万元
本科：2万元
其他补贴
毕业生创办企业最高6万元补贴；
给予录用企业，每人1000元一次性补贴；
求职外地毕业生提供15天免费入住。</td></tr>
<tr><td>住房补贴
A类“一人一议”；
B类150万元首套；
C类100万元首套；
提供三年免租人才公寓。</td></tr>
</table>

续表

	青年后备人才	高技能人才	“带土移植”团队	各领域专门人才
补贴政策	选拔100名40周岁以下青年给予最高50万元科研奖励，10万元奖励； 入站博士后给予每人每年10万元补贴；对引进或出站的给予20万元补贴。	每年评选10名左右“兴沈大工匠”，给予10万元奖励； 对年度内为企业输送50人以上职业院校，按每人1000元给予奖励。	每年支持25个左右在沈转化成果、创办科技型企业团队，给予每年5万元~50万元补贴； 在启动阶段给予最高1000万元启动资金、在发展阶段给予最高2000万元奖励。	文化名家等“四个一批”人才(团队)、数学名家、医学名家给予每人（团队）最高15万元科研经费、5万元奖励； 体育人才、农业名家、金融人才给予每人10万元奖励。
	配偶安置	子女入学	就医疗养	出行消费
优惠政策	新引进在我市企事业单位工作的A、B、C、D类人才，其配偶有来沈工作意愿的，原属行政机关、事业单位在职在编人员的，予以对应安置。	在幼儿园和义务教育阶段，高层次人才子女可在市内范围选择就读，其中A类人才可放宽至第三代子女。	向高层次人才发放“人才绿卡”，持卡可享受就医“绿色通道”，其父母、配偶、子女享受同等待遇。	高层次人才可享受免费游览国有景区、公共交通和体育场馆的优惠使用等服务，向在校大学生发放“新阳卡”，覆盖在沈吃住行领域优惠。

资料来源：根据资料整理。

案例：沈阳市皇姑区首批引进博士喜提“人才房”

沈阳市皇姑区从2022年9月开始，率先在全市开展“引博工程”，面向海内外公开引进百名博士人才，并开出了优渥条件：给予事业单位编制，发放期限三年、每月3000元的生活补贴；一次性给予最高不超过15万元的全额学费补贴；提供住房保障及随迁家属就业、子女入托入学等生活服务。皇姑区始终坚持“人才是第一资源”，落实“兴沈英才计划”，深入实施人才强区战略，通过建立集聚人才的体制机制，实现人才培养和经济发展的良性循环，推动人才资源聚集和区域经济发展同频共振，让人才与城市双向奔赴、共赢未来。

2023年6月30日上午，位于沈阳市皇姑区万山路22号的美的翰堂楼盘售楼处，喜迎32位特殊“选房客”——皇姑区面向社会招聘的首批博士人才。这处“人才楼”，也是皇姑区专门为区域引进人才而配建的人才住房项目之一。其所在小区毗邻二环，房屋均价在1万元以上。此次备选的32套人才房，面积在107—131平方米，全部为精装修，家电和家具齐全，带上个人用品即可入住。随着新招聘博士人才陆续到岗入职，皇姑区将持续开展人才住房选房工作，让人才安居皇姑、安心发展。与此同时，围绕人才“引育留用”的系统工程，也已全面铺开。

（二）大连市人才引进政策

作为辽宁省的发展双核之一，大连市于2023年出台了《加强新时代大连高技能人才队伍建设实施方案》，该方案明确了到2025年，全市技能人才占就业人员的比例达到40%以上、高技能人才总量占技能人才的比例达到三分之一的总体目标。同时，方案在加大高技能人才培养力度、完善技能导向的使用制度、健全高技能人才评价体系、建立完善高技能人才激励机制和加强高技能人才工作保障等方面均明确了具体的牵头单位和责任单位，以进一步健全完善技能人才培养、使用、评价、激励制度，加快培养高素质技能人才。

为了节约人才在大连安家落户、工作求职的成本，大连市委人才办会同大连市营商局共同创办了大连智慧人才服务平台，并于2022年10月正式上线运行。大连智慧人才服务平台是政府数字化管理的一项有效尝试。该平台汇聚学历学位、社保缴费、就业合同备案、经营主体登记、人口户籍、医保缴费和信用等7类关键信息，精准实现高层次人才安家费、津贴、健康体检，高校毕业生住房补贴等政策办理“一次不用跑”“即申即享”，为大连加快建设人才中心和创新高地提供重要支撑。在持续优化营商环境的过程中，大连市委人才办与大连市营商局通过构建智慧人才服务平台，在全省率先打通与中国高等教育学生信息网（学信网）的连接端口，接入教育部学历数据信息，系统自动校验学历信息，彻底改变了过去线下提交材料、工作人员人工校核的局面。大连智慧人才服务平台将人才的学历学位信息等7类信息，共计51类资源5.3亿条数据在‘后台跑’，人才填报时‘一次不用跑’，只需进行身份和资质的数据核实。该平台运用信息化数字化手段为人才减负松绑、为政策落实赋能增效，保障人才工作生活全链条需求。

第十章
打造辽宁“新六地”

为深入贯彻落实习近平总书记在新时代推动东北全面振兴座谈会上的重要讲话精神，中共辽宁省委十三届六次全会审议通过了《中共辽宁省委关于深入贯彻落实习近平总书记在新时代推动东北全面振兴座谈会上重要讲话精神奋力谱写中国式现代化辽宁新篇章的意见》，明确提出新时代“六地”目标定位，即通过全省上下不懈奋斗，努力将辽宁打造成为：国家重大战略支撑地、重大技术创新策源地、具有国际竞争力的先进制造业新高地、现代化大农业发展先行地、高品质文体旅融合发展示范地、东北亚开放合作枢纽地。

回望过去，辽宁为国家和社会作出了重要贡献，淬炼生成了抗日战争起始地、解放战争转折地、新中国国歌素材地、抗美援朝出征地、雷锋精神发祥地、共和国工业奠基地等红色“六地”。展望未来，全力打造新时代“六地”，标志着辽宁全面振兴按下了“快进键”，步入了“新赛道”。红色“六地”是历史选择了辽宁，新时代“六地”则是辽宁选择了未来。中共辽宁省委十三届六中全会公报指出，要紧扣打造新时代“六地”目标定位，加强统筹谋划，优化政策供给，强化项目支撑，以“辽宁之为”担当“国之重任”、服务“国之大者”。辽宁振兴其时已至、其势已成、其兴可待。

第一节　国家重大战略支撑地

习近平总书记于2018年9月28日在沈阳召开的深入推进东北振兴座谈会和2023年9月7日在哈尔滨召开的新时代推动东北全面振兴座谈会上，都赋予了东北、辽宁维护国家“五大安全”的重要使命，强调要形成对国家重大战略的坚强支撑。现任辽宁省委书记郝鹏指出，打造国家重大战略支撑地是贯彻落实习近平总书记重要讲话精神的重要部署和必然要求，是管总、管根本的，具有牵一发而动全身的重要意义。

打造国家重大战略支撑地，就是要坚决贯彻落实党中央重大战略部署，聚焦强国建设、服务国家战略，提高国防安全保障水平，夯实粮食安全根基，巩固产业安全基础，强化能源安全保障作用，筑牢生态安全屏障，切实担负起维护国家“五大安全”的职责和使命，加快建设数字辽宁、智造强省，加快推进质量强省、交通强省、清洁能源强省、海洋经济强省等建设，为国家构建新发展格局、推动区域协调发展等重大战略提供强有力支撑，在新时代东北振兴上展现更大担当和作为。

维护国家“五大安全”是习近平总书记赋予辽宁最重大的战略定位。辽宁省要不断提升维护国家“五大安全”的能力，筑牢国家安全的辽宁屏障。坚决维护国防安全，紧密对标党的二十大报告提出的“实现建军一百年奋斗目标，开创国防和军队现代化新局面”的战略要求，着力发展战略性产业，打造更多“国之重器”，加强国防基础设施建设，加快推进现代边海防建设。坚决维护粮食安全，紧密对标党的二十大报告提出的“全面落实粮食安全党政同责，牢牢守住十八亿亩耕地红线，逐步把永久基本农田全部建成高标准农田，深入实施种业振兴行动，强化农业科技和装备支撑，健全种粮农民收益保障机制和主产区利益补偿机制”的战略要求，聚焦耕地质量提升和粮食生产能力保障，发展现代化农业，实施好黑土地保护工程，加快推进农业科技创新，进一步巩固提升粮食主产省地位，当好国家粮食稳产保供“压舱石”。坚决维护生态安全，紧密对标党的二十大报告提出的“推动绿色发展，促进人与自然和谐共生”的战略要求，统筹山水林田湖草沙系统治理，提高生态承载能力，重点抓好海洋生态保护、辽河流域保护修复等工作，筑牢中国北方生态屏障。坚决维护能源安全，紧密对标党的二十大报告提出的“积极稳妥推进碳达峰碳中和”的战略要求，加快建设能源安全通道，调整优化能源结构，建设风光火核储一体化能源基地，推动清洁能源强省建设，确保能源供应和运行安全。坚决维护产业安全，紧密对标党的二十大报告提出的“建设现代化产业体系”的战略要求，大力发展实体经济，加快传统制造业改造升级，构建具有辽宁特色的现代化产业体系，持续开展核心技术攻关，着力解决一批“卡脖子”难题，建设“数字辽宁、智造强省”，增强产业链韧性和竞争力。

打造国家重大战略支撑地，履行维护国家“五大安全”政治使命，辽宁有充足的信心和底气，也有着良好的基础与优势。辽宁是新中国工业的摇篮，有着辉煌的发展历史、良好的区位优势、完备的工业体系，在国家发展大局中具有重要战略地位。辽宁区位优势独特，地处经济发展的黄金纬度带和东北亚经济圈的核心地带，正在积极打造对外开放新前沿，畅通海陆大通道。作为“共和国长子”，辽宁是中国重要的工业基地，工业门类齐全、体系完备，在国家发布的

41个工业大类中拥有40个、207个工业中类中拥有197个、666个工业小类中拥有500多个，装备制造、石油化工、冶金、航空航海等产业在国家产业布局中占有重要位置。在新中国工业史上，辽宁诞生了1000多个“第一”：如第一架舰载机、第一艘航母、第一台工业“母机”、第一个机器人乃至“第一根无缝钢管”。

新时代新征程，辽宁仍然是党和国家可以委以重任的坚实力量。辽宁在国家重大工程中发挥着重要作用，载人航天、深海探测、嫦娥探月、大飞机制造等领域辽宁均作出了突出贡献。辽宁拥有一批世界一流的技术力量，这是支撑国家重大战略的重要力量。国产首艘航母、“祝融号”火星车、“海斗一号”等一批大国重器在辽宁问世；钛合金载人舱、控制系统为“奋斗者”号深海探测提供了关键支持，铝基复合材料、全景相机转台、聚酰亚胺薄膜为中国航天项目如“探月”和“天问”贡献了力量；粮食产量连创新高，以占全国3.01%的播种面积，实现了占全国3.69%的产量，将饭碗牢牢端在中国人自己手里。只要辽宁省充分发挥现有优势，就一定能够实现打造国家重大战略支撑地的重要目标。

维护国家“五大安全”，高质量项目是重要支撑。为了提升维护国家“五大安全”能力，增进民生福祉，辽宁省围绕国防安全、粮食安全、生态安全、能源安全、产业安全“五大安全”，以及增进民生福祉实施15项重大工程。2023年，辽宁省进一步建立健全重大项目省级推进机制，不断优化项目服务，持续推动项目建设。全省建设项目达到1.4万个，数量增长11.3%。全年新开工建设项目达到6266个，数量增长6.6%，完成投资增长9.5%。全省亿元以上在建项目超6000个，其中建设项目4315个，数量增长12.4%，完成投资增长23.6%，占全省投资比重59.1%，拉动投资增长11.7个百分点。其中

10亿元以上建设项目503个，数量增长21.5%，完成投资增长39.3%。一批与“五大安全”相关的重大项目落地实施，华锦阿美精细化工及原料工程、徐大堡核电1号机组、华晨宝马全新动力电池、SK海力士等投资额超过百亿元的项目有序推进；阜奈高速、仙人岛疏港高速竣工通车，沈阳2号线南延线和地铁4号线、大连地铁5号线、大连北站综合交通枢纽投入运营，金州湾国际机场项目正式启动，太平湾综合港区二期项目用海获得国家批准，双台子储气库双向输气管道工程投产，辽河储气库群、中交营口LNG接收站建设加快推进。

新时代新征程，东北地区特别是辽宁省正面临全面振兴的重大机遇。中央关于进一步推动新时代东北全面振兴取得新突破，出台了一系列政策措施，为东北、辽宁全面振兴提供了有力的政策支持。辽宁省各级部门要强化舍我其谁的担当精神，用好用足中央提供的支持政策，坚决履行好维护国家“五大安全”重要使命，全力以赴实现辽宁全面振兴新突破。“要坚持着眼全局、重点突破，善于在维护国家‘五大安全’中谋项目、抓发展，在支撑国家重大战略中抓机遇、求突破。”要把握好国家实现高水平科技自立自强的重大机遇，将科教资源和产业优势转化为发展优势，为全面振兴提供新动能；把握好构建新发展格局的重大机遇，提高供给能力和供给质量以满足国内需求，加快高水平对外开放，突出辽宁的重要战略地位；把握好推进中国式现代化的重大机遇，进一步强化辽宁在国家战略中的支撑作用。要坚决履行好维护国家“五大安全”重要使命，全力实施好15项重大工程，持续加大项目谋划储备力度，提升储备项目落地转化率，加快建设华锦阿美精细化工及原料工程、西鞍山铁矿采选工程等重大产业项目，大连金州湾国际机场、沈白高铁等重大交通基础设施项目，徐大堡核电站、清原抽水蓄能电站（一期）等重大能源项目，辽河干流防洪提升工程等重大水利项目，城市更新、老旧小区改造、片区更新等重大城市建设项目以及辽河流域（浑太水系）山水林田湖草沙一体化保护和修复工程等重大生态环境保护治理项目。

第二节　重大技术创新策源地

一、辽宁省重大技术创新策源地的战略优势

当前，新一轮科技革命和产业变革迅猛发展，科技创新不仅推动了经济结构的深刻变化，也重新定义了国际竞争的格局。因此，突破重大技术创新已成为我国未来战略竞争的核心。创新是引领发展的第一动力。创新才能把握时代、引领时代。习近平总书记在党的二十大报告中强调，必须坚持科技是第一生产力、人才是第一资源、创新是第一动力，深入实施科教兴国战略、人才强国战略、创新驱动发展战略，开辟发展新领域新赛道，不断塑造发展新动能新优势。在此背景下，辽宁省提出打造重大技术创新策源地。《中共辽宁省委关于深入贯彻落实习近平总书记在新时代推动东北全面振兴座谈会上重要讲话精神奋力谱写中国式现代化辽宁新篇章的意见》中指出，打造重大技术创新策源地，就是要坚持创新在现代化建设全局中的核心地位，依托科教资源优势，深入实施科教兴省战略、人才强省战略、创新驱动发展战略，加快突破更多关键核心技术，以科技创新推动产业创新，大力发展战略性新兴产业，前瞻布局未来产业，推进颠覆性技术研发应用，培育更多新质生产力，为国家实现高水平科技自立自强贡献辽宁智慧。

辽宁是科教大省，科教资源丰富。高校和大院大所集中，金属材料、航空发动机、工业自动化等25个学科和专业研究在国内乃至国际举足轻重。拥有61名两院院士，高校院所、国家级创新平台数量居东北首位、全国前列，其中沈阳材料科学国家研究中心等平台代表了国际上相关领域的最高科研水平，科研成果屡获国家级科技奖励。辽宁省的创新载体较为完善，沈大国家高新区获批东北地区唯一的国家自主创新示范区，沈抚改革创新示范区是国家创新驱动发展的引领区。沈阳、大连、营口先后获批国家创新型试点城市，全省拥有8个国家级高新区，数量位居全国第六。综合来看，辽宁省具备打造重大技术创新策源地的科教实力和创新底蕴。

二、实施创新驱动发展战略，增强发展动力

近年来，辽宁省坚定不移地走创新路、吃创新饭，深入实施科教兴省战略、人才强省战略、创新驱动发展战略，实现了多项关键核心技术的重大突破，取得了国产首艘航母下水、航母舰载机成功起飞等标志性成绩，在打造具有全国影响力的区域科技创新中心方面取得积极进展，发展动力持续增强，显著提升了辽宁在国家科技自立自强进程中的贡献度。

（一）重大科技创新平台加快建设

辽宁省重大科技创新平台数量稳步提升，累计获批11个（新建6个、重组5个）全国重点实验室，新认定5家国家企业技术中心。4家辽宁实验室加快建设，启动实施科研项目56项，其中有37个与辽宁省重点产业相关。4家实验室共汇聚近600名科研人员，包括17名两院院士和2名外籍院士。4家实验室与鞍钢集团、沈阳黎明、中触媒等一批头部企业签订战略合作协议，共建产业技术创新中心、

联合实验室、联合研发中心等创新平台7个。沈阳浑南科技城加快建设中国航发燃气轮机产业基地、沈阳航空动力产业园，大连英歌石科学城加快建设辽宁滨海实验室、黄海实验室综合体等重点科技类项目。沈阳、大连人工智能计算中心获批建设国家新一代人工智能公共算力开放创新平台；全国第二家骨干科技特派员培训基地落户辽宁省。“大连先进光源”基础工程全部完成，“超大型深部工程灾害物理模拟设施”“海洋工程环境实验与模拟设施”预研项目全面启动，累计完成投资超10亿元。

（二）关键核心技术攻关取得新突破

近几年，辽宁省研究与试验发展（R&D）经费投入力度加大，2022年达到620.9亿元，R&D经费投入强度在2019—2022年维持在2%以上，R&D经费同比增速常年超过全国平均水平，如图10-1。2023年，辽宁省加强对省自然科学基金计划的投入，经费同比增长38.2%，平均支持强度提升87.7%，培养支持近3000名科技人才，首次设立杰出青年基金。设立国家自然科学基金联合基金，吸引带动了2.1亿元的研发投入，并成功争取国家各类经费14亿元。投入近亿元资金支持超过300个项目进行战略性、基础性以及前瞻性应用基础研究。不断优化“揭榜挂帅”攻关项目机制，2023年，实施“揭榜挂帅”科技攻关项目120个。辽宁省突破了一批关键核心技术，取得了国产首艘航母下水、航母舰载机成功起飞等重大成就。实施高端数控机床、工业机器人、储能与氢能、金属材料、石油化工、集成电路等创新联合体重大专项7项。辽宁成功发射了首颗卫星“大连1号”，“国和一号”屏蔽电机主泵、“太行110”重型燃气轮机、国内首台套150万吨级乙烯“三机”、医用电子直线加速器等大国重器在辽宁问世。辽宁省自主研发的绿色液体推进技术、全球最大级别动力定位穿梭油轮、高海拔环境科考站辅助值守机器人等重大创新成果在航空航天、远洋运输、青藏科考等重大工程实现应用。

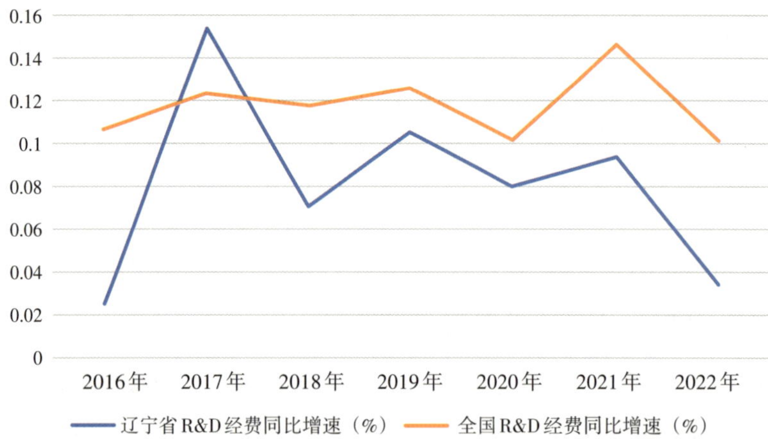

图10-1　2016—2022年辽宁省与全国R&D经费增速对比

数据来源：2015—2022年《全国科技经费投入统计公报》。

（三）成果转化提速增效

聚焦成果转化的中试环节，围绕新能源、精细化工、新材料等重点产业领域新培育省级中试基地14家，总数达到36家，实施中试验证项目171项，已有131项公共服务事项向省内开放共享，逐步形成重点产业领域全覆盖的中试公共服务网络。成立“三省一区”科技成果转移转化战略联盟，健全成果转化服务体系，累计布局东北科技大市场、分市场、分中心100余个，累计培养专业技术转移人才2000余人。高质量建设可转化科技成果库，发布先进适用科技成果3763项，对接企业技术需求1122项。通过撮合对接活动、科技服务机构等推广发布，提高科技成果转化质量与效率。2023年，全省认定登记技术合同成交额1308.3亿元，同比增长30.8%，省内转化科技成果超过4500项，科技成果本地转化率达到55.5%，其中“甲醇制烯烃第三代技术”以1.3亿元在省内落地转化，乙撑胺装置项目以8973万元在恒力石化（大连）新材料科技有限公司落地。2023年，全省知识产权事业迈上新台阶，全年新增专利授权67632件，有效专利总量351973件，同比增长16.15%，每万人口高价值发明专利拥有量7.05件，同比增长26.12%。

（四）创新企业群体引育壮大

辽宁省持续培育壮大科技型企业的群体和规模。2023年，辽宁省高新技术企业总数达到1.3万家，同比增长16%；新增注册科技型中小企业10341家，同比增长55.6%，总数增加到33484家；新增“雏鹰”“瞪羚”企业1029家，“专精特新”“小巨人”企业41家，十月稻田、微控新能源先后成为独角兽企业，实现辽宁省零的突破。梯度培育科技型企业，提供资金和政策支持，健全孵化体系。同时，辽宁省支持龙头企业牵头组建省级典型实质性产学研联盟400个，推进237家科技型企建立省级技术创新中心或企业技术中心；全面落实科技型企业“免申即享”后补助政策，向省内7000余家企业宣讲科技创新税收优惠政策；促进科技金融加速融合，省科技厅与中国银行等5家金融机构签订战略合作协议，设立14家科技支行，推出“辽科贷”“工银科创贷”等金融产品，累计向省内4715家科技企业投放贷款；开展企业创新积分制服务，东北首个“火炬积分贷”产品落地实施；成功举办省创新创业大赛、科技金融活动月、中国半导体零部件产业协同创新发展沈阳峰会等系列活动。

（五）人才培养力度不断加大

2023年，辽宁省深入实施“兴辽英才计划”，在该计划中特别增加了海外引才、集成电路人才和辽宁实验室人才专项，遴选高水平人才和团队1047个，新增技能人才27.4万人，其中高技能人才7.6万人。辽宁省投入4.8亿元用于人才支持奖励和服务保障。新增两院院士6人，总数达61人，2个团队和3名个人获评国家卓越工程师奖，这体现了辽宁作为科技大省的深厚底蕴和强大实力。为了更好地吸引和留住人才，辽宁省深化“百万学子留辽来辽”行动，深入34所全国知名高校进行推介，引进海内外优秀博士和高级职称人才4387名，同比增长77%，引进高校毕业生40.1万名，同比增长20.8%，其中省内应届毕业生20余万人，扭转了多年人才外流的不利局面，展现了“孔雀向北飞”的良好态势！

加快推进教育强省建设。辽宁省推动辽宁高校高质量发展，与教育部、清华大学、北京大学签署战略合作协议。积极完善基本公共教育服务体系，新增普惠性幼儿园学位7571个，普惠性幼儿园覆盖率提升至89.7%；新增公办义务教育学位5.4万个；优质特色普通高中占比达到56.7%。此外，辽宁省为促进产教深度融合做出了积极努力，组建了20个市域产教联合体和10个行业产教融合共同体，建立97个省级现代产业学院和20个创新创业学院。

三、开辟新领域新赛道，培育新动能

辽宁省已经具有良好的科教基础，近年来在科技创新方面取得了突出的成绩。“时不我待推进科技自立自强，只争朝夕解决卡脖子问题。”面对日趋复杂的国际环境，面对国家战略需求，打造重大技术创新策源地，还要从提升创新平台能级、提升创新基础能力、培育壮大创新主体和加快培育新质生产力等方面持续发力，牢牢扭住自主创新这个“牛鼻子”，建设具有全国影响力的区域科技创新中心，以科技创新引领产业振兴。只要我们紧盯创新前沿，深挖创新潜力，就一定能在创新发展之路上走在前、当先锋。

（一）提升创新平台能级

重大创新平台是建设科技创新中心、保持科技领先的重要基础，是吸引高水平人才的新高地。重大创新平台是推动国际原创性科技成果产生的重要支撑。辽宁省拥有丰富的科教资源，为提升创新平台能级提供了坚实的基础。为了使辽宁省建设成为具有全国影响力的区域科技创新中心，要根据国家的重大战略方向和辽宁的优势领域，继续加强重大科技基础设施建设，不断提升创新平台能级，打造重大技术创新的新引擎。

要建立健全以高水平实验室为引领的战略科技力量布局，积极推进国家实验室辽宁基地建设，加快建设辽宁实验室，争取更多全国重点实验室等国家级创新平台和配套项目落户辽宁；加快沈阳浑南科技城、大连英歌石科学城的建设进程，规划实施一批重大创新项目，提升沈大国家自主创新示范区的建设水平，建设沈大科技创新和产业孵化走廊，将沈抚示范区打造为区域创新高地；扎实推进“大连先进光源”“超大型深部工程灾害物理模拟设施”“海洋工程环境实验与模拟设施”等重大科技基础设施建设；健全平台、项目、人才、资金等资源一体化配置机制，支持龙头企业领衔建立创新联合体，通过“高校院所+科技园区”的合作模式共建创新园区。

（二）提升创新基础能力

习近平总书记在中共中央政治局第三次集体学习时的讲话中强调：“应对国际科技竞争、实现高水平自立自强，推动构建新发展格局、实现高质量发展，迫切需要我们加强基础研究，从源头和底层解决关键技术问题。”重大技术创新来源于雄厚的原始创新能力，提升创新基础能力可以加速关键技术的研发和应用。对于事关国家经济命脉的重点领域，应在全省内系统布局，推动多层次基础研究团队协同发力，创建能够持续稳定产出重大技术创新的科技环境。

要持续加强基础研究，为技术创新提供坚实的理论基础，夯实科技自立自强根基。2022年，中国基础研究经费占R&D经费比重为6.57%，这一比率应当进一步提升，到“十四五”结束时应提升到7%甚至接近10%的水平。要打好关键核心技术攻坚战，主动对接国家战略需求，支持科技领军企业实施科技重大专项，聚焦于新材料、精细化工、高端装备制造、集成电路和工业软件等关键领域，解决一批“卡脖子”难题，确保在关键技术和产品上实现自主可控。可以通过组建创新联合体、“揭榜挂帅”等方式，激发企业、高校、研究所等多方协同攻关的活力，围绕重点产业和未来产业实施一批科技攻关项目；同时，实施高价值专利培育、专利导航和专利转化运用专项行动，加速构建区域性知识产权服务业集聚区和高价值专利培育中心，加速科技成果的转化和产业化过程。

（三）培育壮大创新主体

创新主体，包括企业、高校和研究机构等，是科技创新活动的执行者和科技成果的直接产出者。

科技型企业是重要的创新主体，要实施科技型企业培育壮大工程，增加科技型企业规模，提升科技型企业的创新能力。要发挥好龙头企业在产业技术创新中的领军作用，培育壮大科技型中小企业群体；拓宽企业培育渠道，实施引育并举的策略，提升孵化载体的能力，支持各类人员进行创新创业活动，开展科技招商活动，吸引更多的域外人员和市场主体来辽创业兴业；培育更多的“雏鹰”“瞪羚”“独角兽”企业，对有潜力的科技企业给予挂牌上市的优先扶持。要引导企业加大研发投入，提高技术创新能力，依托创新联合体和产学研联盟建设联合实验室、联合创新中心等平台，鼓励国有企业牵头建设共性技术平台，组织开展协同攻关。

为了加快科研成果落地转化，要积极开展科技成果转化试点改革，努力建设科技成果转化中试基地。要加强高水平成果的供给，对高校和科研院所的先进适用科技成果进行精准梳理和推送；完善成果转化服务体系，积极组织科技成果对接活动，加强全省科技成果转化交易服务平台建设，培育建设技术转移机构；积极发挥高水平研究型大学在科技创新中的主导作用，发展“高校院所+科技园区”等转化模式，有效连接基础研究、技术攻关与产业化应用的整个链条；依托东北科技大市场等平台，吸引全国优质科研成果在辽宁落地转化；加强科技金融合作，建立科技金融综合服务平台，帮助科技型企业解决融资难题。

（四）加快培育新质生产力

新质生产力通常指的是以新兴技术为核心的产业和经济活动，包括人工智能、新能源、新材料、生物科技等高科技领域。传统的经济增长模式往往依赖资源消耗和低成本劳动力，而新质生产力的发展促使经济增长更多依靠技术创新和提高效率，从而实现从量的增长向质的提升转变，为我国经济高质量发展提供强大动力。

为加速新质生产力的形成，辽宁省要积极推进新材料、航空航天、机器人、生物医药与医疗装备、新能源汽车、集成电路装备等战略性新兴产业的融合集群发展。应积极布局新赛道和未来产业，在人工智能、元宇宙、深海深地探索、增材制造等领域，加快形成新产业新产品新优势，培育成为新的经济增长点；实施制造业数字化转型和中小企业数字化赋能行动，加强数字基础设施建设应用，推进20个以上5G工厂和10个以上“5G+工业互联网”融合应用先导区的建设，努力达成累计建成超过500个省级数字化车间和智能工厂，以及超过

100个省级工业互联网平台的目标；大力支持沈阳、大连开展国家中小企业数字化转型试点，打造沈阳北方算谷、大连数谷。面对国家重大需求，要布局推进一批颠覆性技术研发应用，充分利用下一代通信网络、大模型、区块链等数字技术，加快人工智能创新应用，构建支撑未来发展的动力体系。

（五）打造面向东北亚的国际化人才高地

近年来，在“兴辽英才计划”等政策的推动下，辽宁省引才育才工作取得了显著成效，成为辽宁省发展的重要动力，但是人才梯度建设仍然面临挑战。人才在现代社会中扮演着至关重要的角色，其创新思维、专业知识是推动科技创新和产业优化的关键因素。辽宁省人才资源雄厚，完全有能力将人才优势转化为振兴发展优势，实现由人才大省向人才强省的转变。

要坚持“引育用留”并举，深入实施“兴辽英才计划”，积极构建沈大国家级高水平人才集聚平台，筛选并支持一批重点领域急需的紧缺人才和产业链人才，力争到2025年，基本建成国家重要的人才中心和创新高地，培养和吸引优秀创新人才3000名、高水平人才团队300个。要深化“手拉手”以才引才、“百万学子留辽来辽”行动，鼓励海内外青年人才来辽宁创新创业，将辽宁省打造成为吸引人才的“强磁场”；深化与全国重点高校的合作，开展科教人才专项行动，促进科学家与企业家之间的紧密对接，充分发挥院士等领军专家的作用，为领军人才和创新团队提供创业支持平台，加快人才成长速度；创新人才管理、评价、使用和激励机制，在经费支持、住房安居、子女入学、医疗服务等方面提供保障，为各类人才创新创业创造提供更好条件、更优环境，使辽宁成为各类人才事业发展的首选之地，集聚天下英才、共襄振兴伟业！

第三节　具有国际竞争力的先进制造业新高地

一、辽宁省打造先进制造业新高地的战略优势

2020年11月14日，习近平总书记在全面推动长江经济带发展座谈会上的讲话中指出，要强化企业创新主体地位，打造有国际竞争力的先进制造业集群，打造自主可控、安全高效并为全国服务的产业链供应链。先进制造业集群是指在特定区域内，围绕先进制造领域密切联系的企业和机构合作共生的网络化产业组织形态，是制造业高质量发展的重要标志。为了深入贯彻落实习近平总书记的重要讲话精神，辽宁省委提出要打造具有国际竞争力的先进制造业新高地，充分发挥工业门类齐全优势，大力发展实体经济，加快传统制造业数字化、网络化、智能化改造，把制造业长板锻长做强，打造万亿级先进装备制造产业基地、石化和精细化工产业基地、冶金新材料产业基地、优质特色消费品工业基地，培育一批世界一流企业，再创辽宁工业辉煌，为维护国家产业链供应链安全稳定贡献辽宁力量。

辽宁省产业门类齐全、工业体系完备，在国家发布的41个工业大类中拥有40个、207个工业中类拥有197个、666个工业小类拥有近600个，拥有一批关系国家安全和经济发展的战略性产业，在石化、航空装备、核电设备、生物医药、机器人等关键产业领域展现出显著的竞争优势，锻造了一批“国之重器”。辽宁是靠实体经济起家的，制造业占全省规模以上工业的80%以上，制造业既是辽宁的传统优势，也是辽宁的鲜明标识。其中，装备制造业是辽宁省三大产业

之一，在规模以上工业增加值中占据显著比例，如图 10-2。辽宁拥有众多先进制造企业，如沈阳飞机工业集团、新松机器人自动化股份有限公司等。同时，辽宁也是多所领先高校和科研机构的所在地，如东北大学、大连理工大学、中科院金属研究所、中科院沈阳自动化研究所等，产业资源、科教资源丰富。辽宁全面振兴，工业必须率先振兴，特别是要发挥制造业的重要支撑力量。构建具有辽宁特色优势的现代化产业体系，传统制造业并非“负担”和“累赘”，不能被当成落后产能弃之不顾，而是要把这些规模庞大、基础扎实的传统行业改造好、升级好，形成较为完善的产业链和产业集群。推动传统制造业转型升级、大力发展先进制造业，这既是总书记对东北、辽宁提出的明确要求，也是实现辽宁全面振兴的必然选择。

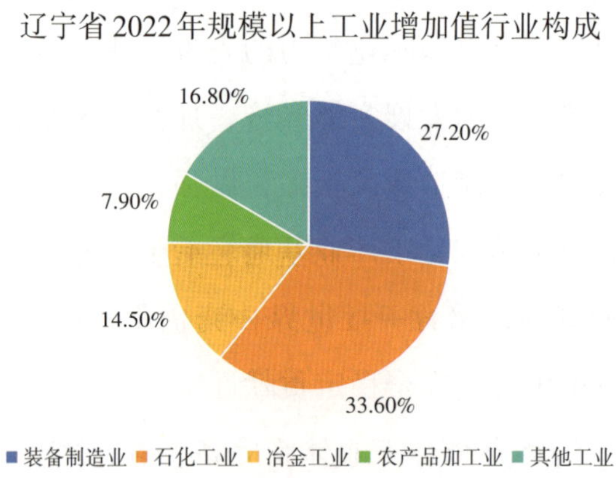

图 10-2　辽宁省 2022 年规模以上工业增加值行业构成

数据来源：《2022 年辽宁省国民经济和社会发展统计公报》。

二、做好结构调整“三篇大文章”，锻造制造业长板

近年来，辽宁省充分发挥自身优势，大力发展实体经济，努力做好“三篇大文章”，加快传统制造业转型升级，锻造制造业长板，扎

实推进数字辽宁、智造强省建设，有力推动了由制造向“智造”的转变，努力把辽宁先进制造业名片擦得更亮。

辽宁省持续做好结构调整“三篇大文章”，即改造升级“老字号”、深度开发“原字号”、培育壮大“新字号”，推动短板产业补链、优势产业延链、传统产业升链、新兴产业建链，增强产业发展的接续性和竞争力。

“原字号”是指冶金、石化等原材料行业，深度开发“原字号”是要拉长产业附加值，即在单一产业基础上补充扩展其他链条，比如从单一的石油炼制扩展到石油的深加工。辽宁持续推进石化、冶金等原材料及深加工行业补链、延链、强链，加快推进“减油增化”“减油增特”，大力发展化工新材料和精细化工。沈阳的一些石化企业已形成石油炼制、石油化工、石油化工新材料等一体化链条。沈阳化工园累计完成基础设施投资超过20亿元，重点发展精细化工、新材料、生物医药三大产业，促进园区化工企业向价值链高端提升。沈阳市成功举办了化工产业与绿色金融发展大会，通过“一园一基金多银行”的金融服务体系，有效引导资本聚集特色化工产业。千亿级精细化工及原料工程项目在盘锦全面开工。鞍山市大力发展高端镁制品材料，推动菱镁产业向高端化、智能化、绿色化方向发展。

做好“老字号”的文章，是指用人工智能、工业互联网等新一代信息技术为装备制造等产业赋能增效、升级升链。这是辽宁高质量发展的难点，也是新时代“辽沈战役”的着力点。辽宁积极推动工业互联网体系建设，成功举办2023全球工业互联网大会，培育20个5G全连接工厂、15个“5G+工业互联网”融合应用先导区，省级工业互联网平台累计达到87个，智能工厂和数字化车间累计达337个，工业互联网标识解析二级节点上线39个，接入企业超过1万户。累计建成省级数字化车间、智能工厂337个，获评国家级智能工厂7个、智能制造优秀场景40个。辽宁省获评全国首批制造业数字化转型贯标试点省份。沈阳、大连入选国家首批中小企业数字化转型试点城市。辽宁加快“两业融合”国家试点建设，推进现代服务业与先进制造业融合，鞍钢“羽嘉”、航天新长征大道“长征云”入选国家级跨行业跨领域工业互联网平台，实现东北地区零的突破。入围全国第五批服务型制造示范企业7家、示范平台5个，累计认定省级服务型制造示范企业160户、示范平台79个。推动本钢等传统工业企业进行绿色化、低碳化改造，完成重点钢铁企业超低排放改造项目523个。加强抚顺西露天矿生态修复，推进国家级煤矸石综合利用示范基地、金融小镇项目一期基础设施建设等一批项目实施。

培育壮大“新字号”，是要以创新驱动为牵引，推进战略性新兴产业和高技术制造业发展，前瞻性布局未来产业，培育国家级、省级专精特新“小巨人”企业、科技型中小企业和高新技术企业，大力发展数字经济。近年来，辽宁省结合自身产业优势，积极发展高端装备、集成电路等新兴产业，超前布局增材制造、柔性电子、储能材料等未来产业，培育新产业新业态新模式。辽宁省积极落实国家集成电路产业政策，累计减免相关企业所得税超过8.3亿元，自2021年《集成电路企业承担国家重大项目资金配套实施方案（试行）》实施以来，辽宁省已对16个集成电路项目提供了4.04亿元的资金支持，省内“数字辽宁智造强省”和“兴辽英才”专项资金2022年累计下达超过20亿元，其中集成电路产业是重点资助领域之一。投资总额达185亿元的12个新能源重点项目于2023年在沈阳市铁西区集中签约，采埃孚新能源电驱动系统及电机生产设备基地等数十个新能源项目正加快建设。累计建成工业母机、先进陶瓷材料和先进工业传感器等

11家省级制造业创新中心。辽宁产业创新能力不断增强，省级企业技术中心达到877家，印发工业企业创新产品目录，推广应用499户企业，639个创新产品。产业基础再造和重大技术装备攻关工程稳步实施，推进200个工业“六基”项目，沈阳铸造研究所等4家企业入选国家产业技术基础公共服务平台，“太行110”重型燃机等一批重大技术、产品取得突破。中科院沈阳自动化研究所发起成立的沈阳芯源微电子设备股份有限公司已在科创板上市，且成功入选工信部评选的首批“专精特新”“小巨人”企业。辽宁冷芯半导体科技有限公司的产品性能已达到国际同类芯片领先水平。2022年，辽宁省数字经济的规模超过1.14万亿元，同比增长10.4%，超过了全国平均水平；数字经济在工业领域的渗透率超过了24%，也高于全国平均水平。

近年来，辽宁省全力打造4个万亿级产业基地、加快培育先进制造业集群。辽宁省明确了发展先进制造业集群的战略方向，出台了《加快发展先进制造业集群的实施意见》。自2023年以来，由省领导牵头负责、6个省直部门组成专门的工作团队，通过产业集群主要事项定期调度等机制，累计协调解决240多个问题。在财政方面给予大力支持，安排数字辽宁、智造强省专项资金10.37亿元，用于支持850个重点产业集群项目和企业进行技术改造、重大攻关和数字转型。在辽宁省的精心培育下，数控机床等12个优势产业集群逐渐做强做大，机器人、集成电路装备等10个战略性新兴产业集群不断壮大。成功培育普兰店区互感器产业集群等5家省级特色产业集群，铁西区特高压电工装备产业集群入选了2023年度国家中小企业特色产业集群。辽宁省22个重点产业集群集聚了超过3500家规模以上工业企业，推进2000余个工业项目的建设、总投资额超过8000亿元。辽宁省全力打造先进装备制造、石化和精细化工、冶金新材料和优质特色消费品工业4个万亿元级产业基地。推动16家企业开展“整零共同体”建设示范，提升头部企业的本地配套率，引导产业链上下游紧密合作、协同发展；打造配套产业园，如恒力新材料产业园已经建成投产，葫芦岛扬农化工等项目正在加快建设。

辽宁省致力于推动质量、标准和品牌强省的一体建设。在质量管理方面，为加强顶层设计，制定了《辽宁省质量强省建设纲要》，明确了质量发展的总体目标、重点任务和保障措施。在全国范围内，辽宁省率先批准筹建了省级碳计量中心，并成功建成全国首家国家级加气机质量检测中心。在制造业和消费品领域，辽宁省的产品质量合格率均超过了全国平均水平，制造业产品质量合格率达到94.03%，消费品质量合格率达到91.36%，分别高于全国0.7个和0.08个百分点。沈鼓集团和兴齐眼药两家企业荣获了“全国质量奖”。在标准化方面，辽宁省高度重视国内和国际的标准制定和实施，新增国际标准4项、国家标准414项、辽宁省地方标准259项，筹建驻辽国家级标准化技术委员会1家，成立分技术委员会1家。在品牌建设方面，辽宁省8家园区获批筹建第2批省级质量品牌提升示范区。2023年，辽宁品牌价值暨“辽宁优品”发布会在沈阳成功举办，首批“辽宁优品”已有两类产品3家企业获得了认证授权，组建了“辽宁优品”国际认证联盟。

三、塑造制造业新优势，着力打造先进制造业新高地

面对百年未有之大变局，国际环境日益复杂，国内改革发展任务迫在眉睫，辽宁省经济发展的机遇与挑战并存。辽宁省正处于产业升级的转型关键期，仍存在传统产业转型升级步伐不快，部分行业产能过剩，战略性新兴产业和未来产业体量较小，科技创新引领带动作用

不强等挑战，需要持续推进新型工业化，塑造制造业新优势，加快构建具有辽宁特色优势的现代化产业体系。

进一步推动传统制造业改造提升。要加大制造业投资力度，推进中化扬农精细化工等关键项目的建设，启动华电丹东风电装备等项目；充分发挥重大项目的引领作用和政府投资的撬动作用，鼓励民间资本参与到重大工程项目的建设中，努力吸引更多优质项目落地辽宁；加快传统制造业数字化、网络化、智能化改造，推进“5G+工业互联网”融合应用，扩大标识解析和“星火·链网”应用规模，构建完善的工业互联网平台体系；规划布局算力中心、边缘计算中心等基础设施，加快工业大数据和工业大模型的发展。要支持传统制造业企业将数字技术和网络技术应用到产线、车间、工厂等生产环节，普及应用数字孪生、人工智能等新技术；加快传统制造业绿色化改造，创建绿色工厂和绿色园区，将节能降碳技术广泛应用于钢铁、石化等行业，推进原材料行业改进升级其工艺、技术、装备；实施制造业重点产业链高质量发展行动，深入实施产业基础再造工程，提升基础零部件、基础元器件、基础材料的制造能力，实施重大技术装备攻关工程，加大高端装备产品攻关力度，加快核心技术的推广应用。

全力塑造制造业新优势。要积极推进新型工业化，持续做好结构调整“三篇大文章”，在巩固现有产业基础的同时积极拓展新的增长点；实施工业企业技术改造升级导向计划，鼓励并支持企业进行新一轮的技术升级和设备更新；开展先进制造业集群培育专项行动，高质量建设22个重点产业集群，全力打造4个万亿级产业基地；培育壮大一批头部企业，支持头部企业和链主企业建立“整零共同体”，促进产业链上下游协同发展；大力推进产业园区的建设，包括专业化园区、配套园区、特色园区，推动上下游企业的紧密合作。装备制造业要向高新突破，推动数控机床、集成电路装备、机器人等重大产品迭代升级，将高端装备制造业规模占比提高到27.5%；石化和精细化工产业要向下游延伸，持续推进“减油增化”“减油增特”项目建设，将化工精细化率提高到48%；冶金新材料产业要向精深拓展，大力发展新一代汽车用钢、特种船舶用钢等先进钢铁材料，提高菱镁产业精深加工水平，将先进冶金新材料占比提高到28.5%；消费品工业要向优质特色发力，做大做强食品工业，培育壮大医药产业，培育轻工特色产业集群，推进纺织工业特色发展。要持续深化现代服务业与先进制造业融合发展，加快生产性服务业的发展和生活性服务业的提质升级。

培育壮大经营主体。要着力优化企业生存发展的营商环境，打造市场化、法治化、国际化营商环境，实现“办事不找关系、用权不图好处”的目标；不断实施和优化惠企政策，针对企业遇到的共性问题及时出台相应的政策措施，确保政策直达快享、免申即享；深化电力行业和物流行业的市场化改革，推行高速公路的差异化收费策略，减少企业的生产和交易成本；加强对企业收费的长效监管，预防和清理企业账款拖欠问题，加快构建涵盖企业全生命周期的服务体系；积极引入并培养各个行业的领军企业，支持“四上”企业和“专精特新”中小企业的发展，促进“名特优新”个体工商户的成长，加快形成大企业顶天立地、中小企业铺天盖地的良好局面。要着力提升企业的科技创新能力，促进创新资源向企业集聚，不断增强企业的创新动力、创新能力、创新活力；利用智能技术赋能企业，推进先进信息技术的推广和应用，通过信息化推动工业化和工业化促进信息化的相互促进，为大中小企业提供共享平台，加快数字技术在企业中的应用。

积极承接国家重大生产力布局和战略科技力量布局。要重点发展大型飞机制造、核能装备生产、军事工业及电子信息技术等关键产业，加快沈阳航空装备产业集群的发展，加速推进中核原子能院京外基地的建设，确保大连船舶、大连石化及沈飞集团的搬迁改造升级项目顺利实施，以期在这些关键领域实现重大突破。同时，应加快战略性物资储备基地的构建，有效执行新一轮的矿产资源探寻战略行动，推进高速铁路网络、新型电网、新一代移动通信技术等基础设施建设，全面提升辽宁在国家重大生产力布局中的战略地位。

第四节　现代化大农业发展先行地

习近平总书记强调，当好国家粮食稳产保供“压舱石”，是东北的首要担当。这一重要指示不仅为东北地区指明了方向，更为其维护国家粮食安全、推进农业农村现代化注入了强大的信心和动力。作为全国13个粮食主产省之一，辽宁肩负着重要的责任，对于维护国家粮食安全具有举足轻重的地位。为此，辽宁应始终将保障国家粮食安全作为首要任务，坚定不移地以发展现代化大农业为主攻方向，全力推进乡村振兴，不断提升农业农村的现代化水平，打造现代化大农业发展先行地。

一、农业农村现代化建设

（一）粮食综合生产能力不断提升

辽宁始终将保障国家粮食安全作为首要担当，在筑牢粮食安全底线的同时，严格坚守耕地和永久基本农田保护红线，致力于提升粮食综合生产能力，让“中国碗”装上更多“辽宁粮”。辽宁的粮食总产量由2014年的17539千吨上升至2023年的25634千吨（如图10-3），位居全国第十二位，创历史新高。这一优异成绩的取得脱离不开辽宁5367.6万亩的粮食播种面积以及单位面积土地955.1斤的农作物产出。亩均单产位居中国粮食主产省第二位，较2022年亩均增产25斤。

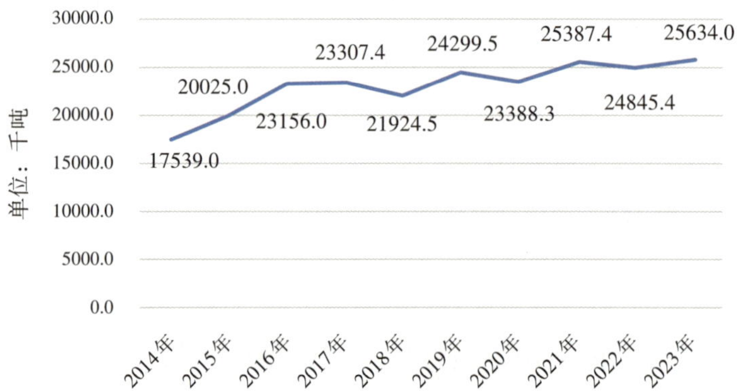

图10-3　2014—2023年辽宁省粮食总产量

数据来源：CEIC数据库。

在耕地质量方面，辽宁也取得了显著的提升。辽宁在全国率先出台了两个质量管控地方标准，为提高耕地质量提供了重要技术支撑。同时，辽宁还积极推进高标准农田核心样板示范区建设，首批建设了亩均投入5000元以上的高标准农田核心样板示范区4.9万亩。为了进一步提高粮食综合生产能力，辽宁全年新建和改造提升高标准农田296万亩，这为提高粮食产量和保障粮食安全奠定了坚实的基础。

此外，辽宁还积极探索分类实施黑土地保护工程1000万亩，完成黑土地保护性耕作面积1288万亩，并积极推进国家玉米单产提升工程，覆盖面积达到40.6万亩。随着这一举措的实施，一批“吨粮田”应运而生，展现出辽宁农业生产的强大实力和巨大潜力。同时，在3个县开展的以推广先进技术和提高单产为目标的大豆种植试点，成功刷新了全省区域单产纪录。这些成绩的取得，不仅表明辽宁农业技术的不断进步，也进一步证明了辽宁在保障粮食安全、提高农业生产效率方面的坚定决心和卓越能力。

在农村水利基础设施方面，辽宁也进行了持续的完善和升级。辽宁全面有序地推进了10座大中型灌区现代化改造工作和4座小型病险水库除险加固工作，以进一步提高农田灌溉效率和水利设施的运行稳定性。超前完成了国家“十四五”大型灌区现代化改造任务，为农业生产提供了有力的保障。

（二）现代农业发展步伐加快

食品工业大省建设取得显著进展。为加快推进食品工业大省建设，辽宁省食品工业大省发展规划出台，粮油、畜禽产业集群加工业得到进一步发展，分别实现产值6%和7%的增长。此外，农产品加工集聚区的主营业务收入也实现了8.1%的增长，为现代农业发展注入强劲动力。辽宁省还成功获批4个国家农业现代化示范区，为推动农业现代化进程提供有力支持。

在设施农业方面，生产能力也得到显著提升。辽宁新建和改造提升设施棚室10万亩，现代化的农业设施为农作物的生长提供了更有利的环境，使得全省蔬菜和水果的产量分别提升了4.1%和5.5%，为保障市场供应作出积极贡献。

辽宁省畜牧业发展迅速，畜禽养殖规模化率已经达到了71%，相比上年同期提高了2个百分点，这离不开政府对畜牧业的扶持和养殖户的辛勤努力。同时，肉、奶等畜产品产量也分别实现了6.2%和0.5%的增长，为全省的经济发展注入活力。

同时，辽宁省的渔业也呈现出稳步增长的态势。在大连和丹东等地，一系列大型深远海智能网箱、养殖围栏和养殖平台启动建设，进一步推动了全省水产品产量3.9%的增长，渔业发展势头良好。

为了进一步推动现代农业的发展，辽宁省还积极创建了多个国家优势特色产业集群和现代农业产业园等，其中包括辽育白牛国家优势特色产业集群、台安县和大石桥市国家现代农业产业园，以及灯塔市柳河子镇等5个国家农业产业强镇，为全省农业产业的升级和转型提供有力支持。

（三）美丽乡村建设扎实推进

辽宁积极学习并运用“千万工程”经验，显著改善乡村环境质量。通过推进农村环境净化整治专项行动，成功创建了1020个美丽宜居村，另有3个乡镇和30个村被纳入全国第三批乡村治理示范名单，成绩斐然。

为了方便农村居民用水，辽宁实施了一系列农村供水工程，共建成305处供水工程，受益人口达到85万人。农村自来水的普及率提升至86.1%，农村生活污水治理率达到33.9%，这进一步保障了农村居民的用水安全，为农村生态环境的改善作出了积极贡献。

在基础设施建设方面，辽宁积极推进农村公路建设和危房改造工作，共建设改造农村公路5643公里，改造农村危房6000户，有效改善了农村居民的出行和居住条件。同时，辽宁不忘注重中小河流、东北黑土区侵蚀沟和山洪沟的治理工作，共治理中小河流621公里、东北黑土区侵蚀沟269条、山洪沟8条，进一步提升了农村的防洪减灾能力。

为了深入推进乡村振兴战略，辽宁启动建设了23条乡村振兴示范带，其中，于洪区、凌海市和庄河市成功获批国家乡村振兴示范县，长海县获得国务院督查激励县的殊荣。美丽乡村建设和乡村振兴战略的实施，使得农村的生产生活条件持续得到改善，脱贫攻坚成果得以有效巩固拓展，“三农”基本盘更加坚实，为农村的可持续发展奠定了坚实的基础。

（四）农村改革持续深化

在农村改革方面，辽宁顺利完成了振安区第二轮土地承包到期后再延长30年的试点工作，为农民提供了更长远的土地承包保障。同时，普兰店区和铁岭县也获批了国家整乡镇延包的试点资格，为农村改革建设添砖加瓦。

在宅基地制度改革方面，于洪区、沈北新区和旅顺口区的试点工作正在稳步推进，为优化农村土地资源配置、提高土地利用效率贡献了力量。此外，辽宁还完成了1948个家庭农场赋码工作，新增了338个县级农民合作社示范社和568个示范家庭农场，农村集体产权交易量和交易金额分别实现了64.9%和65.4%的增长。可以看出，辽宁农村集体产权交易市场正在逐步成熟，农村经济发展充满活力。

二、乡村振兴战略助力农业强省

持续深入推进农业强省建设，要始终坚定不移地将保障国家粮食安全作为首要担当，把乡村全面振兴作为“三农”工作总抓手，以发展现代化大农业为主攻方向，坚持农业农村优先发展，推进农业农村现代化进程，提升保障国家粮食安全能力，构建多元化食物供给体系，加快建设食品工业大省，推进美丽乡村建设，打造现代化大农业发展先行地。

（一）筑牢粮食安全保障根基

建设农业强省，首先要筑牢粮食安全保障根基，要将现代化大农业的发展作为主攻方向，坚定不移地把保障国家粮食安全摆在首位。

辽宁是全国13个粮食主产省之一，各类农产品供给在国内具有举足轻重的地位，承担着保障国家粮食安全的重要职责。为确保全省粮食播种面积稳定在5303万亩以上，需严格执行耕地保护和粮食安全保障责任制。要实施一系列工程专门针对黑土地保护问题，包括治理黑土区的侵蚀沟、加强治理重点涝区，并启动“率先将永久基本农田全部建成高标准农田”行动。努力达成建设300万亩高标准农田、保护1000万亩黑土地、实施1350万亩保护性耕作面积的目标，将辽宁省打造成国家高标准农田高水平建设示范省。同时，要坚决遏制耕地非农化和非粮化倾向，扎实推进节粮减损工作，新增12万吨省级储备粮布局。要加快落实大中型灌区续建配套与现代化节水改造，积极推进辽阳灌区深化农业水价综合改革和现代化建设国家试点，为农业用水提供强有力的保障。

要坚定地推进种业振兴，在全省范围内精心挑选和推广一批玉米、水稻等优质农作物品种，只有掌握了农业的“芯片”，确保了种子的安全，才能保障粮食生产的稳定。

持续推进设施农业生产设施设备迭代升级，进一步强化农产品加工集聚区的各类配套功能，包括仓储、物流、金融、科技和检验检测等，提升产业集聚能力，扩大农产品加工业规模，推动现代化大农业的深入发展，提高粮食综合生产能力，稳定和保障粮食供应。辽宁要全力以赴地推进农业强省建设，加速农业和农村的现代化进程，锚定打造现代化大农业发展先行地目标，筑牢筑好黑土地上的“辽宁粮仓”，当好国家粮食稳产保供的“压舱石”。

（二）构建多元化食物供给体系

构建多元化食物供给体系也是保障粮食安全的重要一环。作为全国粮食主产省之一，辽宁在这方面具有得天独厚的优势和巨大的潜力。践行大农业观、大食物观，不仅有助于全方位夯实粮食安全根基，更是对国家粮食安全的重要保障。

为了更好地实现这一目标，要持续推进设施农业的提档升级。将沈阳、锦州、朝阳等地作为重点区域，大力发展新型高效的设施棚室，加大高产高效技术的集成应用。通过科技手段提高设施农业的产量和效益，满足市场对各类农产品的多样化需求。

畜牧业也是多元化食物供给体系的重要组成部分。辽宁应扎实推进畜牧业的转型升级，稳定能繁母猪存栏在130万头以上，稳步发展草食畜牧业。同时，做大肉鸡产业链，提高养殖的智能化和规模化水平，并着重培育本省的龙头屠宰加工企业，提升畜牧业的整体竞争力。

在海洋渔业方面，辽宁应加快发展步伐，积极推进大连（辽渔）国家级远洋渔业基地建设。通过建设国家级海洋牧场示范区和海洋深水网箱，提高海洋渔业的生产能力和可持续性，为海洋渔业的发展提供有力支撑。

（三）加快建设食品工业大省

坚定地以产业兴农、质量兴农、绿色兴农为原则，致力于建设41个特色产业发展优势区。通过协同推进农产品初加工和精深加工，努力构建一个粮经饲统筹、农林牧渔多业并举的产业体系，真正将农业打造成一个大产业。

在粮油、畜禽、水产等3个千亿级关键产业领域，要加速推进产业集群的建设，使集群的规模和影响力不断扩大。对于小粒花生、大豆、粳稻等农作物的种植和加工，以及白羽肉鸡、良种奶牛、辽育白牛等畜牧产业的养殖和深加工，要积极推进建设国家优势特色产业集群项目，努力新增数家省级以上农业产业化重点龙头企业，提升农业产业的整体竞争力。

要进一步完善农产品加工集聚区的配套功能，包括加强仓储设施建设，提升物流运输能力，提供金融服务支持，引入先进的科技手段，以及建立健全检验检测体系等，提升集聚区的综合服务水平。推进43个农产品加工集聚区的基础设施建设和服务升级，增强集聚区的产业集聚能力，全面提升农产品加工业的规模和效益。

切实提高农产品的市场竞争力，要深入实施“三品一标”行动。这意味着辽宁要重点发展高品质、有特色的农产品，强调“土特产”的独特性和优势。要重点支持辽米、辽鲜、辽药等“辽字号”农产品的发展。通过推进“辽字号”农业品牌建设，着力培育一批具有影响力的农产品区域公用品牌和知名农产品品牌。将辽宁打造成食品工业大省，让辽宁的食品在全国乃至全世界享有盛誉。要畅通“北粮南运”通道，确保农产品的顺畅流通。要坚定不移地承担起维护国家粮食安全的政治重任，在保障粮食等重要农产品的稳定供应方面，积极发挥自身优势，展现责任与担当，将更多优质的“辽字号”农产品端上中国人民的餐桌，为国家的粮食安全战略贡献辽宁的坚实力量。

（四）扎实推进宜居宜业和美乡村建设

乡村建设是乡村振兴战略的重要组成部分，也是实现农业农村现代化的重要基础。要深入学习借鉴“千万工程”等成功经验，扎实推进宜居宜业和美乡村建设。

首先，要加快推进现代农业大基地、大企业、大产业建设，促进农业转型升级和提质增效。加强农业基础设施建设，提高农业科技创新能力，培育壮大新型农业经营主体，推动农业全产业链发展。

其次，要加强乡村规划建设，提升乡村风貌。因地制宜编制村庄规划，注重保护传统村落和乡村特色风貌，倾力打造乡村旅游重点村、美丽宜居村以及乡村振兴示范带。同时，要推进农村环境综合整治，加强农村生活垃圾、黑臭水体治理，完善农村生活污水收集处理设施，推动农村生活污水设施运行率稳定在87%，治理农村黑臭水体，提升农村人居环境质量。

再次，要推进农村公路、供水、电力等基础设施建设。加大投入力度，建设改造农村公路6000公里，建设“一事一议”村内道路5500公里，提高农村交通便捷性和安全性。同时，要推进建设农村供水工程300处，保障农村居民饮用水安全。此外，还要加强农村电网改造升级，提高农村供电可靠性和稳定性。

最后，要稳妥深化农村改革，激发乡村发展活力。推进农村宅基地制度改革，完善农民住房保障政策，让农民群众住有所居。同时，要深化农村集体产权制度改革，发展新型农村集体经济，增强集体经济组织服务能力和带动能力。积极发展乡村旅游等特色产业，通过拓展相关业态，为农民提供更多的增收机会、拓宽致富渠道，巩固拓展脱贫攻坚成果，助力乡村经济的稳定和可持续发展。

（五）激发农业农村发展活力

农业农村的繁荣发展对于我国经济社会发展至关重要。为此，需要进一步深化农村改革，以释放农业农村的发展潜力。稳妥推进第二轮土地承包到期后再延长30年试点，确保土地制度的稳定性和连续性，为农民提供长期土地使用权保障。同时，要积极完成农村宅基地两项试点任务，探索宅基地有效管理和利用方式，促进农村土地资源的合理配置和高效利用。

在发展新型农村集体经济方面，要因地制宜，根据不同地区的实际情况和资源禀赋，制定有针对性的发展策略。积极培育新型农业经营主体，鼓励和支持农民专业合作社、家庭农场等新型农业经营主体的发展，提高农业生产的组织化程度和效益。同时，要完善联农带农机制，让农民深度融入产业链、价值链，共享农业产业链增值收益。

实施农民增收促进行动是激发农业农村发展活力的重要举措。要通过拓宽农民增收致富渠道，提高农民的收入水平和生活质量。巩固拓展脱贫攻坚成果与乡村振兴的有效衔接是确保贫困地区持续发展的关键。要继续推进扶贫工作与乡村振兴战略的有机融合，壮大乡村特色产业，提高脱贫攻坚质效。同时，要牢牢守住不发生规模性返贫的底线，建立健全防止返贫的长效机制，确保贫困地区稳定脱贫并逐步走上富裕之路。

第五节　高品质文体旅融合发展示范地

辽宁的冰天雪地间蕴藏着无尽的文化底蕴、社会价值与经济潜力。这是大自然的馈赠，更是未来的金山银山。要深入学习贯彻习近平文化思想，全面落实习近平总书记在新时代推动东北全面振兴座谈会上的重要讲话精神，以更坚定的决心和更务实的行动，迎接挑战，开创新局。秉持“以文塑旅，以旅彰文”的发展理念，通过文化的力量，为冰雪经济注入新的活力。勇于创新，敢于变革，汇聚各方优势，形成发展合力，从中汲取前行的能量，推动文体旅产业的高质量融合发展，为培育万亿级文体旅产业奠定坚实基础，将辽宁打造成高品质文体旅融合发展示范地。

一、文体旅资源丰富充沛

近年来，辽宁的文化事业呈现出蓬勃发展的态势，是社会发展的重要支柱。在中华文明探源工程下，牛河梁遗址被确认为“古国时代”第一阶段的代表，为深入研究中华文明的起源和发展提供了宝贵的实证资料。长城国家文化公园（辽宁段）的建设工作也取得了显著的阶段性成果。作为中华文明的重要象征，长城的保护和传承工作对于弘扬民族文化、提升国家形象具有重要意义。在辽宁段的建设过程中，相关部门不仅十分注重保护文化遗产的原貌，还积极探索文化遗产与现代社会的融合发展，让古老的长城焕发出新的生机与活力。

辽宁省博物馆的“和合中国”特展，汇聚了董源《夏景山口待渡图》、明仇英《清明上河图卷》、元织锦《百鸟朝凤图卷》等400余件横跨时空、地域与种类的珍贵文物。揭示了“和合”文化所蕴含的深厚宇宙观、天下观、社会观与道德观，阐明了中华民族崇尚仁爱、民本、诚信、正义、和合与大同的精神特质及其发展脉络，彰显出中华文明的当代价值与世界意义，荣获全国博物馆十大陈列展览精品奖，为弘扬中华文化、传承中华文明贡献了力量。此外，舞蹈《散乐图》也荣获了中国舞蹈的最高奖“荷花奖”。该舞蹈以散乐为创作灵感，通过优美的舞姿和深邃的文化内涵，展现了中华文化的独特魅力。

为了更好地推广和传承传统文化，辽宁还成功举办了省第十二届艺术节、“家乡美”辽宁旅游歌曲演唱会、第二届地方戏曲小戏展演等一系列文化活动，涵盖了艺术、音乐、舞蹈等多个领域，为人民群众提供了丰富多彩的文化盛宴，更多地了解和欣赏地方文化的独特魅力。此外，辽宁还积极开展了千余场公益惠民演出活动，将高水平的文艺演出带到基层群众中去。

体育事业作为国家发展的重要驱动力之一，一直备受关注。近年来，辽宁省体育事业取得了显著进展，展现出蓬勃的活力和强劲的发展势头。近日，辽宁省成功获批承办2028年第十五届全国冬运会，标志着辽宁冰雪运动将迎来前所未有的大发展契机。冬运会为辽宁提供了一个展示冰雪运动发展成果的平台。通过承办冬运会，辽宁省将进一步加强冰雪运动场地设施建设，提升冰雪运动竞技水平，普及冰雪运动文化，推动冰雪产业的发展。

此外，辽宁省还成功举办了辽宁省第十四届运动会暨辽宁省残运会。这次规模宏大的体育盛会，展示出辽宁省在体育事业方面的综合实力和竞技水平，同时，还激发了广大群众的体育热情，提高了全民健身意识，也为辽宁省培养和选拔优秀体育人才提供了重要契机。在篮球领域，辽宁男篮卫冕中国男子篮球职业联赛总冠军，这是对辽宁体育事业的巨大鼓舞。辽宁男篮的优异成绩，不仅代表了辽宁省在篮球领域的实力和水平，更是充分展现了辽宁人民团结拼搏、奋发向前的精神风貌，极大提振了辽宁人民振兴发展的精气神，激发了全省上下投身于体育事业的热情与活力。

辽宁省旅游产业同样呈现出强劲的复苏态势。在国家政策的大力支持和市场需求的有力推动下，全省旅游业取得了显著的发展成果。辽宁省新增了6家国家4A级旅游景区，这些景区各具特色，风景秀丽，文化底蕴深厚，为游客提供了更多元化的旅游选择，满足了人们不断升级的消费需求。同时，2家国家级旅游休闲街区的设立，进一步提升了辽宁省的旅游服务品质和吸引力，为游客提供了更加舒适和便捷的旅游环境，丰富了旅游体验。

在冬季旅游方面，辽宁的“欢乐冰雪·辽宁冬韵”主题旅游线路成功入选全国十大冬季旅游线路，这充分展现了辽宁省在冰雪旅游领域的潜力和优势，也反映出辽宁省对冰雪旅游资源的深度挖掘和精心策划，以及对冬季旅游市场的精准把握和用心服务。这条线路将冰雪活动、民俗文化和地方特色有机融合，为游客呈现了一个充满冬日韵味的旅游体验，提升了辽宁省冬季旅游的知名度和美誉度，也为全国冬季旅游市场注入了新的活力。

全省接待游客人数和旅游总收入的增长是辽宁省旅游业复苏的重要标志。与2022年同期相比，全省接待游客人数和旅游总收入分别增长了1.4倍和1.7倍，这一增长不仅表明市场对辽宁省旅游产品的需求持续增加，也反映出游客对辽宁省旅游服务的认可和满意度的提升。

二、文体旅产业潜力无穷

（一）抓好文旅产业发展，全面推进“辽宁文旅”品牌升级

文旅产业作为辽宁省的重要支柱产业，其持续发展对于推动经济社会发展具有重要意义。为此，要采取切实有效的措施，持续抓好文旅产业发展，打造一批具有鲜明特色和市场竞争力的文旅新场景、新空间和新点位，叫响“山海有情，天辽地宁”的旅游口号。

首先，要深入挖掘辽宁省的文化和旅游资源，将传统文化与现代旅游相结合，推出一系列独具特色的文旅产品，通过精心策划和创意设计，打造具有浓厚地方特色的文化旅游项目，提升辽宁省的旅游品牌形象和市场竞争力。同时，加强旅游法、旅游条例的贯彻实施情况检查，调研边境旅游发展，跟踪监督旅游发展情况专题询问审议意见的落实，听取审议冰雪运动和冰雪经济发展相关报告，为旅游业创新发展提供有力的法治保障和政策支持。

其次，要充分利用冬季冰雪旅游资源，抓住冰雪旅游旺季的市场

机遇，大力发展冰雪经济。应倾力建设沈阳王家湾冰上运动中心和抚顺龙岗山雪上运动中心等重点项目，为游客提供丰富多彩的冰雪旅游体验。同时，不忘加强冰雪旅游产业的配套设施建设，提高服务质量和管理水平，确保游客能够享受到安全、舒适、愉悦的冰雪旅游体验。此外，还要注重冰雪文化的传承和推广，将冰雪文化融入旅游产品开发中，提升游客的文化体验，通过举办冰雪文化节庆活动、冰雪运动赛事等，吸引更多游客参与冰雪文化活动，促进冰雪文化的传播和交流。

最后，要深刻认识到服务质量和水平对于展示辽宁省对外形象的重要性。各行各业特别是窗口行业要注重服务水平的提升，提高员工的服务意识和专业素养。通过加强培训、完善服务流程和规范服务标准等措施，提升整体服务质量和形象，展现出辽宁的热情好客与专业水平，让辽宁处处呈现出文明和谐的新风尚，为外地企业和游客留下难忘的良好印象。

（二）加快服务业创新发展，全方位推进“辽宁服务”品质提升

在当下全球经济格局中，服务业的创新与发展已成为推动地区经济增长、优化产业结构、提升人民生活品质的关键力量。文体旅产业作为服务业的支柱性产业，其加速发展有赖于整个服务业的提档升级，深化现代服务业与先进制造业的融合发展，有利于构建更具竞争力的现代化产业体系。

加快发展商务服务、创意设计、检验检测等生产性服务业，为制造业提供专业化、高效率的服务支撑。同时，提质升级生活性服务业，推动家政服务、健康养老、教育培训等领域的创新发展，满足人民群众日益增长的美好生活需要。此外，要畅通金融服务实体经济有效途径。大力发展科技金融、绿色金融、普惠金融、养老金融、数字

金融等新兴金融业态，为实体经济提供多样化、便捷化的金融服务。加强金融监管和风险防控，确保金融市场的稳定健康发展。

在交通运输业方面，要推动行业持续恢复和转型升级。深化客货运挖潜增效，稳定运量基本盘；推进大宗货物“公转水”“公转铁”，优化运输结构，降低物流成本；大力推广多式联运，提高运输效率；加快港口岸电、公路沿线充电基础设施建设，推动绿色交通发展。同时，要推动邮政通信业加快发展。完善寄递物流体系建设，提高快递服务的质量和效率；推动“双千兆”网络协同发展，提升信息通信基础设施水平，为数字经济发展提供有力支撑。

最后，要大力推进“辽宁服务”品牌孵化、提升、创新和整合。通过培育壮大辽企、辽院、辽菜等省级企业品牌及区域品牌，提升“辽宁服务”的整体形象和市场竞争力。

（三）推动文体旅深度融合，共绘辽宁特色发展新篇章

在当前的经济发展大背景下，文化、体育和旅游的融合已成为推动地区经济转型、增强内需动力、提升人民生活质量的重要途径。辽宁作为中国的东北门户，拥有丰富的文化资源和独特的地理风貌，为文体旅产业的深度融合提供了得天独厚的条件。

深入挖掘特色文化资源、充分利用自然生态资源是推动文体旅融合发展的基础。辽宁的文化底蕴深厚，其独特的关东文化、满族文化、工业文化等都是中华文化的重要组成部分。此外，辽宁还拥有大量的历史遗迹、古迹和自然景观，如千山、本溪水洞、大连滨海路等，这些自然景观与人文景观的交相辉映，为旅游业的可持续发展提供了源源不断的动力。

坚持以文塑旅、以旅彰文，推动文化、体育和旅游更广范围、更深层次、更高水平融合发展是关键。文体旅产业作为服务业的核心业

态，具有高度的关联性和带动力，对相关产业的发展具有明显的拉动效应。应牢牢把握这一大势，转变观念，开拓视野，聚焦高质量发展，创新思路和举措，推进旅游兴业、体育健身、文化铸魂深度融合。

辽宁的文化艺术团体，如辽宁人民艺术剧院、歌剧院、芭蕾舞团、歌舞团等在国内乃至国际上都拥有崇高的声望。这些艺术团体是辽宁的文化瑰宝，也是展示辽宁文化魅力的重要窗口。加强与国内外文化艺术界的交流与合作，提高艺术创作水平和表演质量，是推动文化强省建设的重要举措。同时，要加快实施文艺精品创作工程和广电视听提质创优工程，通过推出更多优秀文艺作品和广播电视节目，更好地满足人民群众的精神文化需求，提升文化软实力；推进文化惠民和智慧广电建设，让广大群众共享文化发展成果。

公共文化设施建设也要成为辽宁关注的重点。要加强图书馆、博物馆、美术馆、文化馆等公共文化设施的建设和运营管理，提升服务质量和管理水平，为人民群众提供更加优质、便捷的公共文化服务。

辽宁的自然风光资源也是得天独厚的，山水、冰雪、滨海、温泉等各种生态场景一应俱全，四季皆宜的旅游目的地满足了不同游客的多元化需求。特别是冬季，辽宁的冰雪资源和温泉资源吸引了大量游客前来体验和休闲。要依托这些生态环境和生物资源优势，大力发展冰雪经济和文旅产业，将资源优势转化为发展优势，实现绿色发展、可持续发展，真正让冰天雪地成为群众致富、乡村振兴的金山银山。

辽宁作为体育大省，在发展竞技体育和群众体育运动方面有着坚实的基础和广阔的前景。随着“体育+文旅+消费”模式的推广和实施，辽宁的体育产业将迎来新的发展机遇。辽宁应积极把握这一机遇，加强与国内外体育产业的合作与交流，深入实施“三大球”振兴计划，提高体育产业的整体实力和市场竞争力。要持续推进足球、篮球、排球等运动项目的普及和发展，加强青少年体育培训和竞技水平的提升，努力培养更多的优秀运动员和后备力量。为此，更要加强体育设施建设，提高场馆设施的专业水平和利用率。同时，要持续开展形式多样的健身活动，鼓励更多的人参与体育锻炼，提高身体素质和健康水平。加大对公共体育设施的投入和管理，完善全民健身服务体系，为群众提供更加便捷、优质的健身服务。

要高度重视第十五届全国冬运会的筹备工作。要加大宣传推广力度，提高赛事知名度和影响力。通过多种渠道和媒体平台，向国内外宣传赛事的特色和亮点，吸引更多的观众和参赛者参与其中，为大家呈现一场精彩绝伦的冬季体育盛宴。

推动文体旅深度融合发展，也要建设一批文体旅融合发展综合体。要将文化、体育、旅游等多种元素集于一体，提供全方位的服务体验，提升对游客的吸引力。同时，还要采取一系列措施提升旅游景区和线路的质量。通过加强基础设施建设、提高服务质量和创新管理，打造一批高品质的旅游景区和线路，为游客提供更加舒适、更具精华的旅游体验，吸引更多游客畅游辽宁、乐享辽宁。

辽宁人民以热情好客和豪爽大气著称，完全有信心、有决心、有能力将资源优势转化为产业优势和竞争优势，激活国内市场，拓展国际市场，塑造新时代辽宁旅游新形象。“山海有情、天辽地宁”，这不仅是一个美好的口号，更是辽宁对未来的坚定承诺和美好愿景。

第六节 东北亚开放合作枢纽地

中共辽宁省委十三届六次全会审议通过的《中共辽宁省委关于深入贯彻落实习近平总书记在新时代推动东北全面振兴座谈会上重要讲话精神奋力谱写中国式现代化辽宁新篇章的意见》指出，打造东北亚开放合作枢纽地，就是要充分发挥区位优势，坚持敢为人先、开放包容、互利共赢，深度融入共建“一带一路”高质量发展，全力推进向北开放，拓展俄蒙，深耕日韩，紧盯欧美，巩固提升东南亚、中西亚，高标准建设东北海陆大通道，积极对接国家重大战略，打造对内对外开放合作的中心枢纽，在畅通国内大循环、联通国内国际双循环中发挥更大作用。东北是我国向北开放的重要门户，也是推进高水平对外开放的排头兵、顶梁柱。辽宁作为东北地区唯一沿海又沿边的省份，是我国对接东北亚、联通欧亚大陆桥的重要枢纽。打造东北亚合作开放枢纽地辽宁责无旁贷。

一、全力向北开放

东北地区是我国向北开放的重要门户，其中辽宁是我国向北开放的桥头堡，是建设东北亚经贸合作的先行区，在东北全力推进向北开放进程中发挥引领辐射作用。辽宁地处东北亚经济圈核心地带，拥有漫长的海岸线资源、良好的港口资源、雄厚的产业基础等众多优势条件。近年来，辽宁不断挖掘自身的优势，将内在优势转化为开放优势、发展优势，激发东北亚区域合作潜力，大力建设东北向北开放门户。

首先，辽宁具有独特优越的天然区位优势。地理距离与贸易往来有正相关关系，空间上的毗邻为开展区域内经贸合作提供了十分有利的条件，东北地区接壤蒙俄、毗邻日韩，这也决定了东北必然成为我国向北开放的门户，具有不可替代的作用。辽宁地处欧亚大陆东部、东北亚经济圈的核心地带，是中国面向东北亚唯一的陆海双重门户、东北地区唯一的沿海省份，与日韩隔海相望，与欧洲陆海通道相连。辽宁省陆域面积5.65万平方公里，海岸线长2920公里，海域面积6.8万平方公里。绵长的海岸线使其成为便捷的出海大通道，为辽宁转身向海创造了天然优势。作为东北唯一出海口，辽宁省毗邻渤海和黄海，包括大连、丹东、锦州、营口、盘锦和葫芦岛六个沿海城市所辖行政区域，在打造对外开放新前沿上要勇挑重担。因此，作为东北亚经济圈的核心，辽宁畅通海陆大通道，为国内及日韩等国货物通过辽宁港口北上、西进通达欧洲等国家和地区，提供了更加便利快捷高效的服务，扮演着连接日韩、蒙俄和欧洲的重要桥梁角色。

其次，辽宁具有显著发达的海陆双重交通运输优势。在海运方面，辽宁致力打造东北海域大通道，特别是发挥大连港的枢纽地位，加快建设大连沿海集结中心，深化港口改革，为中国与蒙古国、俄罗斯三国之间的海上运输提供便利。辽宁沿海有大连港、营口港、丹东港、盘锦港、锦州港、葫芦岛港六个主要港口作为向海支点。其中，大连港、营口港是全国排名前十位的大港。近年来，辽宁省科学定位沿海六港功能，稳步推动“六港合一”，整合提升港口枢纽能力，加强港口集疏运体系，基本形成了以大连港为中心、营口港为骨干、其他港口共同发展的沿海港口群。辽宁省全省共有生产性泊位449个，其中沿海港口万吨以上泊位达到249个，居全国第五位；拥有集装箱、油化品、矿石、煤炭、粮食等专业化泊位194个，70%以上为万吨级泊位。集装箱海铁联运量达134万标箱，占比全部运输量的118%，居全国第一位，大连港、营口港国际多式联运通道获批国家示范工程。2022年，全省货物吞吐量7.4亿吨，集装箱吞吐量1196.5万标箱，增长55%，外贸集装箱吞吐量335万标箱，增长11.6%。2023年一季度，全省货物吞吐量1.9亿吨，增长2%，集装箱吞吐量295.6万标箱，增长17.6%。在陆运方面，辽宁全面打通中蒙俄三国之间的陆路物流通道，进而借助良好的港口资源，通过海上航线将我国东南沿海地区与日韩、东南亚地区联通起来，极大地缩短了物流时间和成本，提升了区域经济开放的前沿地位。辽宁省交通网络干支结合、四通八达，已初步构建以海港、空港为龙头，高速铁路、高速公路为骨架，干线铁路、普通公路、客货枢纽为补充的综合立体交通网络格局。全省铁路营业里程6733公里，居全国第六位，铁路线网密度是全国平均水平的2倍，省域内连接沿海港口和内陆各口岸铁路已全部贯通；高速公路县级节点覆盖率100%。“辽满欧”“辽蒙欧”“辽新欧”“辽珲俄”等4条连接俄罗斯、蒙古国、中亚、欧洲的交通运输国际通道开通运营，全长1443公里的滨海公路全线贯通。同时，辽宁建立的第一个东亚—中亚多式联运通道，显著降低了区域间的运输时间和成本，增强了三国间的经济联系。辽宁加快推进沈阳中欧班列集结中心，完善集疏运体系，推动多式联运“一单制”。辽宁已构建起西、中、东三条“中欧班列”出境通道，途径满洲里、绥芬河、二连浩特、阿拉山口和霍尔国斯5个主要口岸线路的发运格局，沈阳，大连实现至别雷拉斯特双向贯通，可直达汉堡、杜伊斯堡、法兰克福等11个境外终到站，辐射全球近20个国家50余座城市，最长线路运距达到1.13万公里。2022年，辽宁省中欧班列开行

807列，同比增长23.6%，完成集装箱操作量17万标箱，增长42%；2023年一季度，开行397列，同比增长71.9%。在海陆大通道建设中，锦州港作为辽宁的重要港口，发挥了举足轻重的节点作用，成为连接中国、蒙古国和俄罗斯的关键窗口。锦州港的地理位置使其成为最靠近蒙古国和俄罗斯远东地区的中国北部港口。辽宁省政府将明确把锦州作为中俄经贸合作的重点城市。通过锦州港的出口，可以使从蒙古国和俄罗斯远东地区出口的货物与其他港口相比，运输距离缩短数百公里，成本优势显著。这不仅为三国间的物流和贸易提供了便利，也为深化与蒙古国和俄罗斯的实际合作提供了独特优势。

再次，辽宁具有雄厚完备的产业基础与科教优势。东北地区作为老工业基地，在我国完备工业门类中占据着重要的一环。辽宁工业基础雄厚，产业门类完善，工业体系完备，居全国领先水平，在新材料、精细化工、高端装备制造、半导体芯片制造设备、工业基础软件等领域具备深厚的产业底蕴。辽宁与东北亚各国的产业结构互补性强，既能“走出去”又能“引进来”。此外，辽宁科教资源丰富，高水平科研院所林立，科技人才、高素质劳动力丰富。2023年上半年，全省重大科技创新平台数量和建设水平都稳步提升，全国重点实验室数量达到11个，国家级科技创新平台数量由34个提升至40个。辽宁完全有条件、有能力将产业基础与科教人才优势转化为振兴发展优势。

最后，辽宁具有背靠国内大循环与大市场的优势。东北地区人口近1亿人，GDP总量约为5.8亿元。作为东北三省中人口第一大省，辽宁拥有庞大的消费市场，既有利于本地企业的发展壮大，也有利于吸引外部企业的选址。在国家不断加强国内循环的战略布局下，东北地区与京津冀等地区的紧密联系进一步形成了更大的对外市场规模。

拥有巨大的市场潜力、位于东北亚核心地带的辽宁也有利于成为东北亚地区的产业集聚中心，助力我国全面向北开放。

二、积极拓展蒙俄合作

在当前国际政治经济环境下，随着中俄关系稳定发展、中蒙关系不断深化，推进中蒙俄合作是提升我国对外开放水平、打造东北亚开放合作枢纽地的重要一环。2023年是共建“一带一路”倡议提出十周年，作为“一带一路”的重要组成部分，中蒙俄经济走廊建设是三国在新的地缘政治和经济环境下寻求合作与共赢的象征。通过走廊的建设，三国致力于加强经济联系，提升区域一体化水平，并响应全球化带来的挑战。这不仅涉及农业、能源和跨境物流等领域的合作，还包括政策协调、市场准入等方面的努力。

辽宁省在中蒙俄经济走廊中扮演着关键角色。首先，作为政策背景，辽宁对外开放战略特别强调向北开放，这充分利用了其地理优势、港口设施和合作机制，有助于促成中蒙俄三国间更紧密的经济联系，加深区域经济一体化的进程。其次，在定位和作用上，作为中国东北地区的重要经济和交通枢纽，辽宁发挥着连接中国内陆与东北亚地区的关键作用，在中蒙俄经济走廊中的地位不断强化，尤其是在促进区域经济合作和提升基础设施互联互通方面，作用更加明显。作为枢纽港口的大连港为中蒙俄三国之间的海上运输提供了便利，作为中俄经贸合作重点城市的锦州市举办了中国—蒙古—俄罗斯区域经济贸易博览会，展示了辽宁在推动三国经济合作中的重要地位。此外，在合作项目及成效上，锦州港不仅缩短了中国与蒙古和俄罗斯的贸易运输距离，还计划与俄罗斯铁路等合作伙伴共同建设中国首个中国—蒙古—俄罗斯物流示范园区，为中国—蒙古—俄罗斯货物贸易提供端到端的包装服务和综合解决方案。在区域经济贸易博览会期间，锦州还启动了中国—蒙古—俄罗斯电商直播基地，为蒙古和俄罗斯企业创造新的销售渠道，推动中蒙俄三国间经贸往来。未来，要把辽宁建设成为深度融入共建“一带一路”高质量发展的重要节点、国家向东向北开放的重要战略支撑、东北亚区域合作的中心枢纽。全力推进向北开放，完善政府间沟通协调机制，辽宁积极谋划建设境外合作园区，加强与俄罗斯的贸易、产业、科教、旅游、人文等领域交流合作，鼓励企业开拓蒙古国市场，深度融入共建“一带一路”高质量发展，成为我国向北开放的重要节点和区域合作中心枢纽。

三、深耕日韩贸易往来

2022年正值中日邦交正常化50周年、中韩建交30周年。中日韩具有良好的国际合作基础，中国是日本和韩国的最大贸易国，韩国和日本分别是中国第二大、第三大贸易伙伴。中日、中韩双方的贸易结构也在不断优化。中日韩贸易贡献了亚洲经济增量的70%和世界经济增量的36%，可以算是世界经济版图和国际经贸合作的稳定增长极。2015年6月，中韩自由贸易协定签署，2022年7月，中韩开启自贸协定第二阶段谈判，以负面清单模式开展高水平服务贸易和投资自由化磋商，中韩高水平开放合作基本形成。2020年11月，中国与日、韩等15国正式签署了《区域全面经济伙伴关系协定》（RCEP），2022年1月，RCEP对中日正式生效，次月对韩国生效。至此，中日韩三国间自贸协定首次达成，推进中日韩贸易自由化进一步发展。

辽宁在深耕日韩经贸合作上发挥了桥头堡作用。RCEP签署大幅降低了中日韩三国间的关税壁垒，有效提升了辽宁省与日韩经贸规模。2022年，日本、韩国对辽进出口总额分别为914.1亿元和585.6亿元，占进出口额的11.56%和7.40%，是辽宁省第一和第四大贸易伙伴。辽宁省对日本出口总额597.5亿元人民币，同比增长0.4%；对韩国出口总额328.5亿元人民币，同比增长3.9%。截至2023年10月，辽宁省对日进出口总额763.06亿元，同比上升0.54%；对韩进出口总额536.34亿元，同比上升9.73%。辽宁与日本、韩国毗海相邻，应当抓住RCEP正式生效的历史机遇，推进中日韩自贸区建设。

辽宁是我国面向东北亚唯一的陆海双重门户，是东北亚地区最便捷的中转枢纽之一。辽宁省与日本、韩国地理位置相近、经济相融、人文相通。日韩在辽对外开放关系中占据重要地位，提升辽宁与日韩两国经贸合作深度，是推进我国向东开放战略的重要支撑，是实现东北亚区域合作、让辽宁重新迈进沿海开放强省的核心环节。近年来，辽宁以经贸合作为主轴，加快建立自由贸易试验区、区域发展合作示范区，努力搭建日韩贸易合作平台，不断推进对日韩招商引资工作，积极建设东北亚海陆大通道，持续加大与日韩产业合作力度，取得了东北亚经贸合作的显著成果。

首先，在建设自由贸易试验区、区域发展合作示范区方面，辽宁大力发挥主观能动性，不是坐等批复，而是先行先试，不断推进改革创新。辽宁不断加快制度型开放探索，在知识产权、数字经济、环境保护等方面主动探索试点，对标RCEP和CPTPP等高标准国际经贸规则体系，积极学习他省经验，加快形成一批可复制可推广的政策经验，全面提升东北营商环境水平，由此带动东北海陆大通道战略落地。辽宁省的自由贸易试验区（如沈阳、大连和营口地区）吸引了众多企业，包括大量来自东北亚的外资企业。这些区域不仅推动了辽宁省的经济发展，还促进了跨境电子商务和区域经济一体化。例如，沈阳地区的自由贸易试验区成功实施了与首尔的新空运货物航线，进一步增强了与东北亚国家的联系。辽宁与日本建立了中国—日本（大连）区域发展合作示范区，专注于高端制造和新材料，计划引入日本资助的企业，这不仅促进了辽宁的经济发展，也加强了区域内的国际合作和技术交流，充分凸显了大连在中日经贸合作中的领头羊地位。

其次，在搭建日韩贸易合作平台方面，辽宁举办了泛黄海中日韩经济技术交流会、辽宁出口商品（日本大阪）展览会、中日（大连）博览会、辽宁国际投资贸易洽谈会等专项国际交流平台，深化了与日韩间的经贸合作，深度融入“一带一路”建设。第四届辽宁出口商品（日本大阪）博览会组织146家辽宁企业与8000余家日本采购商进行对接，意向成交13.8亿元。2023年举办的辽宁国际投资贸易洽谈会共吸引271个项目签约，总投资额达5863.4亿元，并举办了包括中国（沈阳）韩国周、辽宁—日本新能源合作交流会、东北海陆大通道国际合作论坛在内的多项活动。其中，中国（沈阳）韩国周包括开幕式和主题展览2项主题活动，以及沈阳市与韩国重点企业座谈会、中韩企业“B2B”对接洽谈会、中韩食品产业链招商推介会、首届东北亚医美之都合作洽谈会、中韩跨境电商发展交流洽谈会等8项主题经贸合作活动，邀请到500多位嘉宾参与开幕式，参展企业150余家，展品涵盖氢能源汽车、装备制造、高端医疗、生命健康、食品、现代服务等9大类600余种。在辽洽会及韩国周期间，沈阳市与韩国地方和企业共签约合作项目159个，投资总额2613亿元人民币。开幕式现场签约18个重点合作项目。第四届“辽洽会”延续了深耕日韩的特色，扮演了“鹊桥会”的角色，为辽宁加强与日本、韩国等经贸伙伴联系提供了众多平台，力推东北亚经贸合作。

再次，在推进对日韩招商引资工作方面，2021年，辽宁实际利用日、韩外商投资额分别为1.65亿美元和7.91亿美元，分别列辽宁实际外资利用的第3位和第2位，招商引资实现稳步增长。作为辽宁第一大贸易合作伙伴、第二大外资来源地，2023年上半年，日本对辽宁实际投资3131万美元，同比增长67.3%；辽宁对日本进出口450.2亿元，同比增长1.2%，占比11.6%。日本累计在辽宁设立外商投资企业7953家，累计投资245.8亿美元；韩国累计在辽宁设立外商投资企业1.1万家。日本拥有相对丰厚的资本和尖端科技，韩国是新兴工业化国家，而辽宁制造业产业基础雄厚，区域间经济产业存在互补空间，产业链高度融合，打造自贸区可以实现多方共赢。

此外，在积极建设东北亚海陆大通道方面，辽宁积极畅通中日韩各国之间的海运往来，实现海铁联运协同发展，打造稳定安全绿色的中日韩供应链。东北海陆大通道有效推动了辽宁港口建设和海铁联运的快速发展，基本形成了以大连港和营口港为外港、内贸航运枢纽的错位发展格局。依托海陆通道建设成果，2023年1月至7月，韩国商品车国际中转业务实现落地，日本商品车过境运输超1.1万辆。大连以日本商品车过境通道为试点，推进日韩货物在辽宁口岸登陆集结，通过跨境班列运抵俄罗斯、中亚等国家和地区，构建陆海联运通道。截至2023年8月底，“日本—大连—哈萨克斯坦”商品车过境发运30列，发运量5620辆，同比增幅121%，远超去年全年完成总量。

最后，在持续加大与日韩产业合作力度方面，辽宁以沈阳和大连为核心，发挥中日韩自贸区建设的桥头堡作用，提升辽宁营商环境的市场化、法治化、国际化水平，深化中日韩产业合作和项目落地。近年来，辽宁不断强化双方产业合作，推动在沈阳、大连、沈抚新区等地区与日韩共建高起点、高水平、高质量的地方合作产业园，加快电子信息产业、医药制造、汽车制造等优势产业高质量发展，积极推进金普新区、沈抚新区围绕日韩优势产业，发展一批面向日韩、主业突出、特色鲜明的产业集群。在重点产业上，辽宁吸引人工智能、电子信息、新能源等新兴技术产业的投资；加强与日韩在高端装备制造业领域的合作，促进科研机构和人才交流，引进先进的技术和装备；借助日韩两国在医药制造领域的产业优势，鼓励辽宁高校、医院和药企进行合作。随着辽宁与日韩的合作不断深化，世界500强日韩企业纷纷在辽投资，互相促进创新发展，并有效优化了辽宁产业结构。

四、拉紧欧美经济纽带

习近平总书记指出，中国愿将欧盟作为经贸合作的关键伙伴、科技合作的优先伙伴、产业链供应链合作的可信伙伴，追求互利共赢，实现共同发展。2023年是中国同欧盟建立全面战略伙伴关系20周年。20年来，在双方的共同努力下，中欧经贸合作往来密切、成绩亮眼。如今，欧盟是中国的第二大贸易伙伴、第二大进口来源和第二大出口市场，中国是欧盟的伙伴、第二大进口来源和第二大出口市场。中欧经贸合作具有高度互补性，我国正在推进高质量发展和高水平开放，拥有超大规模的国内市场，这将为欧洲经济增长带来新机遇与新动力；欧盟作为世界主要发达经济体以及具有大量人口规模的统一市场，也将为我国推进中国现代化道路提供助力。

欧美是辽宁推进高水平对外开放、高质量引进重大外资项目的重要区域。辽宁正积极搭建与欧美企业的合作交流平台，拉紧欧美经济纽带。对于北美市场，辽宁保持出口规模稳定。欧盟是辽宁第一大贸易伙伴，2023年上半年欧盟对辽宁进出口总额为614.5亿元，占比为15.8%。欧洲是辽宁的重要的外资来源地，截至2023年，欧洲国家和地区在辽宁累计设立外商投资企业2605家，累计使用外资165.5亿美元。其中，德国是辽宁最主要的外资来源地，也是辽宁开展面向欧盟的经贸合作及招商引资工作的前沿阵地。2023年，辽宁第四届“辽洽会”举办了辽宁—欧洲经贸合作交流会暨第10届中德轻量化技术年会，旨在扩大辽宁与欧洲全方位经贸合作，积极吸引德国等欧洲国家企业来辽投资发展，巩固高端装备、新材料等传统领域合作，积极拓展生物医药、新能源等新的合作领域。辽宁与中国欧盟商会积极对接，并邀请了欧盟镁业协会、欧洲轻量化协会、宝马、米其林、凯梅瑟等欧洲协会和企业代表与辽宁轻量化研究院所和相关企业开展交流对接，用轻量化技术为辽宁与欧洲企业经贸合作赋能，全力把辽宁打造成为中德轻量化合作标杆。截至2023年9月，辽宁现存德资企业198家。2010年以来，世界百强企业德国宝马集团累计在辽宁投资1000亿元人民币，沈阳已成为宝马全球最重要的生产基地。大众、采埃孚、利安德巴塞尔、米其林等知名欧洲企业纷纷到辽宁投资合作，推动辽宁与欧洲经贸合作关系更加紧密、合作更加深入。此外，辽宁高标准建设中德（沈阳）高端装备制造产业园，不断推进经济开发区体制机制创新。

五、巩固提升东南亚经贸联系

2020年11月15日，东盟10国和澳大利亚、中国、日本、韩国、新西兰共同签署RCEP，并推动协定于2022年1月1日正式生效。RCEP的实施对我国稳外贸稳外资、加强与东南亚国家的经贸往来发挥了重要作用。如今，东盟连续4年保持中国第一大贸易伙伴地位，中国也连续多年为东盟第一大贸易伙伴。2023年，双边贸易继续增长，规模达6.41万亿元，如图10-4。

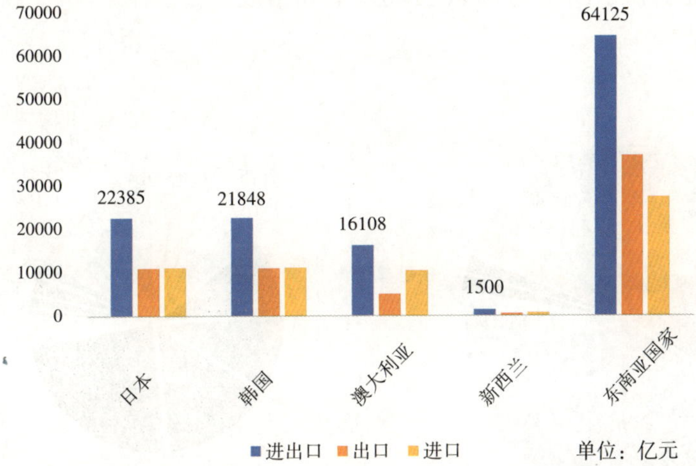

图10-4　2023年中国对RCEP其他成员国（分国别）进出口贸易额

数据来源：中国海关。

辽宁不断加深与东盟的经济融合，提升与东盟的贸易活跃度。辽宁地区外贸企业积极利用RCEP协定享受关税优惠政策，与包括东盟在内的RCEP成员国经贸往来密切，积极引导企业利用RCEP原产地累积规则等政策。2022年，辽宁签发RCEP原产地证书的规模为1.5万份，是全国签发规模最大的前五名省份之一，占全国总量的10%，如图10-5。2022年，辽宁对RCEP成员国进出口增长2.7%，对RCEP进出口占全省外贸比重为32.9%，占比高出全国平均水平2.1个百分点。其中，辽宁对东盟贸易增长13.4%，涨幅最为明显，对新加坡、泰国、印度尼西亚、菲律宾、缅甸、柬埔寨进出口均保持增长。据海关统计，2023年前三季度辽宁对东盟进出口456.2亿元。此外，辽宁正加深与东盟的产业链供应链深度互联，双方在绿色能源、消费电子等方面的产业合作不断深化。辽宁对东盟主要出口机电产品和船舶，东盟是辽宁农产品、机电产品的重要进口来源。与此同时，辽宁充分发挥港口区位优势，增强港口综合服务水平，提升面向东南亚国际近洋航线和东南沿海内贸航线数量和密度。

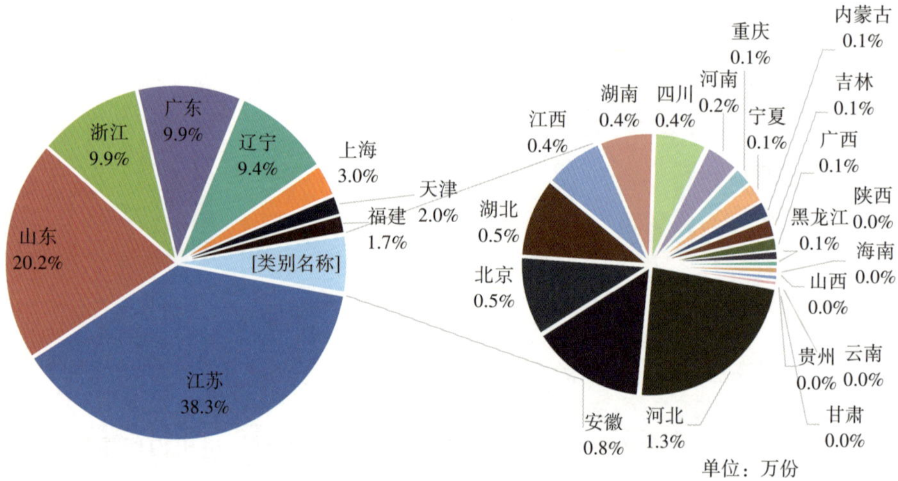

图10-5　2022年全国各省RCEP原产地证书签发数量占比

数据来源：中国国际贸易促进委员会和课题组计算。计算数据不含香港、澳门和台湾。

好风凭借力，扬帆正当时。总体来看，辽宁沿海又沿边，是“一带一路”的重要节点。凭借“一带一路”的东风，辽宁目前正处于难得的机遇期，只有站在风口才能“飞”得更高更远。打造东北亚开放合作枢纽地，可以弥补东北经济中缺乏开放合作的不足，通过开放来推动改革，以此带动发展，充分发挥潜力。要实现高水平对外开放，就需要找到自身的优势和独特定位。随着世界地缘政治的深刻变化，向东向北开放成为“一带一路”建设的重点方向。辽宁地处东北亚经济圈的核心地带，和东北亚国家本身有着地缘优势，与蒙俄、东北亚及东盟等地区有着良好的合作基础，是我国对接东北亚、联通欧亚大陆桥的重要海陆门户，将会有更广阔的合作空间和更多的合作机会。

近年来，由于RCEP的实施，粤港澳大湾区“近水楼台先得月”，成了对外开放的先行者，取得了显著的发展成效。辽宁人杰地灵，拥有扎实的经济基础和庞大的人口规模，经济总量、进出口总额和总人口分别占东北三省的50%、65%和44%。如果能够拓宽视野，全力打造东北亚开放合作枢纽地，相信辽宁也将成为对外开放的“领头羊”，成为东北向北开放的“桥头堡”。

后　记

弹指一挥间，我来东北工作已经一年半了。

2022年8月，感恩组织的厚爱和信任，我离开工作了16年之久的北京大学，来到辽宁大学工作，有幸来到了东北的这片神奇土地。在此之前，我只来过沈阳一次，而且还是因为是去办理签证，黑龙江和吉林我也只是去讲过几次学。总之，自己从来没有想过会到东北工作。

毕竟，正如自己在2017年北京大学毕业典礼作为教师代表发言时所说，“把在北大工作的每一天当作自己在燕园的最后一天”，我本以为人生就这么简简单单，日复一日地写论文，年复一年地上课授业，一直到退休。有时候，我常常自我解嘲，人生的经历，冥冥之中好像在画一个圆：老家在广东，本科在广州的中山大学读书，然后到北京大学读研究生，之后又到美国留学，第一份工作是在香港大学，然后又回到母校北大。本来以为一路向北，到北京应该就是句号了，没想到现在又来到了东北，真是让人不得不感叹生活的神奇！

一直到现在，还常有朋友问，你为什么到东北呢？甚至有朋友还在开玩笑：打开百度，输入你的名字，自动搜索第一个跳出来的就是“余淼杰为什么去辽大？”答案其实很简单：一辈子工作几十年，除了发表几篇论文以外，能有机会得到组织信任厚爱，见证一个底蕴深厚的“双一流”大学的建设再上一个台阶，能培养出更多优秀学生，这是多么的幸运和幸福！

因此，从来到辽大工作的第一天起，我就非常喜欢这里。毕竟，一方面是因为各级组织的高度信任、省委省政府的亲切关怀；另一方面是因为辽大诸位领导、老师、同学的全力支持，我工作起来得心应手，内心也非常开心。

自然，这和我内心深处一直对北国的偏爱也是分不开的。我非常喜欢北国的恢宏大气，非常喜欢东北的千里冰封、万里雪飘！来到辽大工作之后不久，就从心里深深地喜欢上了这个地方。自己常在想，东北的今天，天时地利人和俱在，不可能发展不起来。特别是辽宁今天的发展更是一日千里：以习近平同志为核心的党中央多次亲切关怀、亲自部署谋划东北全面振兴总体战略，辽宁本身的要素禀赋优势在全国数一数二，当前，辽宁省委省政府的三年新突破的新时代“辽沈战役”已经首战告捷！今天的辽宁政通人和，百业俱兴！

酒香还怕巷子深。东北这么好的地方，遗憾在于外界了解不深。因此，我内心其实有个愿望，希望能好好地向大家介绍东北。也一直在想，用什么话来宣传东北最好呢？突然想起邓小平同志曾经说过“新疆是个好地方”，灵机一动，对！大道至简：

东北是个好地方，
辽宁是个聚宝盆！

最后，需要指出的是，本书的写作和出版，得益于我在北大和辽大课题组众多老师和同学的倾力奉献！这里，我要衷心感谢杜明威、尹如玉、曹健、黑烨、吴双、徐睿迪、陈卓宇、马嘉文、杨伯烨、申澳、孙永涛、顾源、陈子怡、庞俊涛等各位老师、同学的大力帮忙！要特别感谢辽宁省委宣传部的全力支持，辽宁大学出版社徐振利社长、金华编审和陈晓东副编审出色的编辑出版工作，使得本书可以在最短的时间内出版，献礼今年的全国两会！最后，感谢家人对我一直以来的默默支持，特别是同意支持我离开北京，到东北来工作。还要特别感谢禹燊小朋友帮我设计的封面。他和我一样，都对东北的明天充满信心，都深深喜欢上了东北这个好地方！

余淼杰

2024年元宵节